パンツを脱いだサル

ヒトは、どうして生きていくのか

栗本慎一郎

現代書館

パンツを脱いだサル＊目次

序章　それは病から始まった

病になったことの意味

私は一九九九年十月末、重い脳梗塞に倒れた。厳しい後遺症とも闘い、いまはリハビリのためのゴルフでも、ベストなら八〇台で回れる。一時は左半身不随だったから、強いスイングに必要な左体側の壁を作れない。だから、右手を中心にやや強めに打ち下ろすことしかできないが、うまく当たると二二〇ヤードほどのドライバーショットを打てる。四人一組でプレーしていても、ビリの四番目にはそれほどならなくて済む。ちょっと見には病人に見えないくらいのところまで回復したわけだ。よって、いまの私の姿を見れば、誰もが「軽くてよかったですね」と言ってくれる。

だが、実際にはとても重かった。

脳梗塞には、ラクナ梗塞、アテローム血栓症、心原性脳塞栓と三種があるが（このほか、くも膜下出血というのも脳梗塞の一種だが、これは発症の場所を示す呼び方である）、私の場合は日本人にいちばん多いラクナ梗塞だった。奥のほうの細い血管が詰まるものである。あるベテランの専門医が「すでにラクナ梗塞の範囲ではないです」と言うくらい大きなサイズの脳細胞の死をもたらしたのだ。

「ある限度を超したら、もう脳梗塞患者とは言ってくれないのかい」と聞き返したら、彼は黙ってしまった。多くの患者が死ぬようなものだったからだ。

かくて、生きるためにやむなく脳梗塞つまり血栓症との闘いやリハビリの工夫が私の仕事に加わった。最後にはなんと血栓症と闘う体力を養うサプリメントまで作り出すことになった。このサプリメント「クリールベール」（および他の後続品）の意味については、日本の医療と血栓症治療の弱さの構造を分析する部分で触れる。少しだけ予告すると、『パンツをはいたサル』（光文社）で提起した過剰―蕩尽という生きることの基本スタイルは、ヒトの進化と歴史の根本に繋がっているということである。

進化と歴史が繋がるところ

ともあれ、脳梗塞は私がひそかに進行させていた仕事にストップをかけた。一時は、私を諦めさせもした。では、何をあきらめかけたのか。表面的に言えば、『パンツをはいたサル』で書き残したことのとりまとめだ。つまり『パンツを脱いだサル』というこの完結篇を書くことであった。さらにその中身はと言えば、ヒトの生命および進化の根源と歴史の真実群とは繋がっているということだったが、一度はそれを論じることを諦めかけた。

実は、倒れる前から私は、自分の生きてきた時代に重要きわまる真実群が隠されていることを、強く感じていた。饒舌で鳴らしたはずの私なのに、それについては、じっと観察を続けてきた。一九八〇年代前半に私は、『パンツをはいたサル』および『ブダペスト物語』（晶文社）という著書を出した。テーマはそれぞれ生命論と東欧文化論である。また、都市（根源）論をテーマとした『光の都市闇の都市』（青土社）という本も書いた。これらの本を書いているときにも、その重大性をいたく感じながらも書き残してしまった問題群を意識していた。つまり、ある一連の真実の群れの存在を察知していながらも、その全貌について明確なことを語れないがために、私はそれをあえて舞台の後景に退けておいたのだった。

たとえば、私は『ブダペスト物語』という本を書くためにアーサー・ケストラーの初恋の人にインタビューしたことがある。しかし、その内容を含めて、ケストラーについて調べたことはその本には書かなかった。また『光の都市闇の都市』では、都市の二重性の原点については言葉を濁している。それは、カール・ポランニーさえもが間違いなく強く意識しながらも、まったく触れようとしなかったある事実の意味が、私のなかで処理しきれていなかったからだ。

『パンツをはいたサル』では、ヒトをサルから分かつものとしてヒトの持つ諸制度を「パンツ」と表現したが、それらすべてのものの背後にある真実群の繋がりについて断言することを慎重に避けていた。

ある意味で、私が経済人類学において研究の対象としてきたことどもも、すべてそのことにかかわっていたように思う。私の師の師にあたるカール・ポランニーという学者は、普通の学者から見ると異様なほどさまざまな分野の研究を行なったが、私が見たところではそのテーマ選びには常に一貫したものがあり、まさにそれがこの真実群にかかわっていると思えた。貨幣論も文明論も都市論も、本当は、この真実群の力の考察なしには語れない。

だから私は一九八〇年代半ばまでに、それまで溜め込んだほぼすべての研究成果を本にして放出し、それ以降は、ポランニーも表に出していないこの問題群の研究に力を注ごうとしてきた。だが、大学の中だけではこの研究は進まない。それが私をして一時、大学の世界から離れて政治の世界に身を置かせた理由のひとつである。

もともと明らかにしたいと思ってきたこの研究は、ある意味では私の学問の中核であるポランニーの経済人類学にとって「先端」であると同時に「根底」であるようなものであった。当然のことかもしれないが、考察を続けていくうちに、これはそう簡単に中間発表などできない性質のものであることがわかってきていた。

なぜなら、その真実群が指し示すものは、ある種の闇の力であったからである。

公然とは語られていないという意味において、「闇」の中にあるものだった。しかし、確かに公然とではないが、あるときは露わに、ある場所では図々しく、思いがけないかたちで隠然とその存在を主張しているような力でもあった。それゆえに、ポランニーだけでなく、私も私の友人たちの一部も、そういう力の存在に気づくことができたのだった。そして当然ながら、その存在に言及する人々はこれまでにもかなりいた。誰もがその存在のどこか一角に触っていたのだ。いろいろな人が、いろいろな部分に触れて、いろいろな感想を抱き、報告もした。だが、そのいずれの場合も、「何か凄いものがある」ということ以外は言えなかった。

いわば超巨大な象の体の一部だけを、目をつぶって手で触るようなものであった。まさに、「群盲象を撫でる」状態である。しかし、問題なのはその全貌である。象の全貌は、ある距離を置いて見ないとわからない。また、距離を置きすぎてもわからない。さらにその奥に潜むであろう力、それらを動かしている力は何かということも、まったくわからない。

しかしそのことこそ、私が長いあいだ考え続けてきた問題にほかならなかった。そしてそれこそが、私がこれまで論じてきた「交換からは生まれない貨幣」「都市や王権や社会制度における二重性」「ヒトの文化の根源的成り立ちと進化との関係」などといった、経済人類学における次の議論の主題となるはずのものであった。そこを解き明かすことができれば、学問や思想にとどまらず、これからの人類の将来に向けたひとつの展望に手が届くだろうと思われた。

飛び込んできた血栓症――なんと進化の鍵であったとは

ところが、そのことを洗い出し、誰にでもわかるようにして明らかにし、後世に託したいと思ってきた希望は、ある日突然の重い病気によって中断された。すでに馬鹿げた議員生活（夜ごと日ごとの盆踊り、新年会めぐり）で研究のほとんどの時間を殺がれていたし、そこへ病気の到来があって、一時、考察は中断どころか絶望的状況へと変わっていった。まったく知りもしなかった日本の血栓症治療（および予防医療）の手薄さが大きな影響を持ったのだ。最初から結論が決まっているため考察の省エネ化となる陰謀史観に立って、「私の仕事によって真実が世に知られるとまずいと懸念する勢力が脳梗塞を仕掛けた」と言いたいくらいだった。

病気のため私は、自分の足では立てなくなり、左半身はまったく動かなくなった。前の晩に、「あなたみたいに薬なしに体の自己コントロールのできている人はいない」と病院で誉められていたのに、その翌早朝倒れていたのだ。あれはいったいなんだったのだろう。医師も看護師もみな、優秀そうで良い人たちだったのに、そして挙句の果て、それらの人々がみな私の健康への努力を誉めてくれていたのに、どうしたというのだろう。

　検査の数値がひどく良くても倒れたのだから、いつの日かその悪夢が再現されるに違いないという不安もやってきた。不安は一時すべての問題の前に手を広げて立ちはだかり、私自身の思考力はいやおうなしにすべて病に向けられた。発病直後のある一週間、私の左まぶたは朝起きても上に上がらず、指を使って持ち上げねばならなかった。すると麻痺のため開きっぱなしになりかかった瞳孔に一年分くらいの（とまで思える）まぶしい光が襲来してきた。また、寝る前には頭の中で「シャッシャッ」というマラカスが鳴るような大きな音がした。

　その一週間、私はいやでも毎朝毎朝、ああ俺は今日も生きて朝を迎えたなと痛感することになった。朝、私は意識がこの世に戻ってくる（というのが実感だった）たびに、右目だけを自分で開けることができた。左まぶたは麻痺していて上がらなかったのだ。だからベッドの上で私は右手を出して、左まぶたを持ち上げねばならない。そうすると左の目から入ってくる光は、緩んで開いてしまっている瞳孔を通じて、本当に怒濤のごとく入り込んでくるのだった。光が私の左目を貫いて入ってくるという感じだといってもまだ足りないぐらいだった。

　かくて私は、毎朝、あたかも顔の左半分を砲弾で吹き飛ばされた兵士のように手で押さえながら、そっとこわごわまぶたを開いて恐る恐る光を見たのだ。

　東京医科歯科大学病院の高い階にあった私の病室は北東を向いていた。晴れた日には筑波山とそのやや東のほうがよく見渡せた。霞ヶ浦や水郷の方角である。

「ああ、そうか、これが日が立つ方角なのだ」と思えた。大和からひたすら（陸の）道を行くところだから、ひた道すなわち常陸になったというのが常陸という国名の起源を説明する定説のひとつだが、とんでもない俗説に違いなかった。なぜなら常陸以外の多くの国も、ひたすら陸路を行くことができる。そうして着いた常陸の国は、霞ヶ浦や北浦で水の国・水郷を作っていて、利根川も古代には東京湾に注いでいた。要するに常陸とは水の国であり、水の上の道を行った地である。だから常陸はひた道の国ではなく、日が立つ国なのである。

私の病室の窓からは、立ちのぼった日の光が入ってきていた。まぶしい光が「襲う」という感じで、私は襲われるたびに今日も命があったと実感していたのだった。あの日は明らかに立ちのぼっていた――左目を東からの光に射られながら私は、これが日立ちで日の本の方角からやってくるのだと確信を得ていた。いや暗黙知がそう感じさせてくれたようだ。本書と並行して書いた『シリウスの都 飛鳥――日本古代王権の経済人類的研究』(たちばな出版)は、のちにその暗黙知が導いてくれたことを科学的に考察した結果である――。

ともあれこの時期に、私の思いが病気のことに集中してしまったのは仕方なかった。

かくて、血栓および血栓症の研究は、私にとって生き延びるための当面の課題となった。当初は、その研究にかかる時間と手間が例の真実群の力やいわゆるパンツの根源についての考察には邪魔になると思われた。それも当然であろう。

ところが、人体の仕組みの中でも特に複雑なものである血液の流れや凝固や血栓の形成とその溶解について研究していると、やがて再び不思議な思いにとらわれることになった。

奇妙なことがわかってきたからだ。

これはただの医療の問題ではない、いわば生命の哲学の問題であり、ヒトの進化と生命の基本の問題にかかわることだと気づいてきたのである。また、それが理解されていないことと基礎研究および医療技術が進んでいないこととが結びついている、と気づくことになった。これは大変な驚きであった。読者だとて、ここだけ読んだら信じられないはずだ。そのことについては進化を語る次章で語ろう。だが先んじて多少は述べておかねばならない。普通に考えるとまったく不思議にしか思えないことだからである。

ヒトの進化を考察するとき、化石と同じくらい重要な手掛かりになるものがある。それは「病」である。病は、身体の仕組みが壊れたとき発生する。どう発生するかが、我々の身体がどう変化または進化してきたかを考えるうえで大きなキーになるからである。

まずは糖尿病だ。それがなぜ進化の問題なのか。

我々の祖先がサルとして厳しい環境で生きているとき、食糧は少ないから、得るのに大変な苦労があったうえ、摂取できたらできたで食糧はできるだけ迅速に糖に分解せねばならなかった。飢えていて体力がなくては外敵と戦えない。食べた物を早くエネルギーに転換できるほど、厳しい環境に耐えやすく、生存率は高かったのである。

得られる食糧も多くは殻のついた穀物や木の実が中心であった。糖分への分解能力がいかに高くても、血糖値が高くなりすぎることなどありえなかった。たまに肉にありつけても多くなどなかった。だから動物性たんぱく質は、やはり殻を持っている昆虫などにも頼らねばならなかった。

ところが、ある時期から急に、食糧には肉という動物性たんぱく質が豊富になるようになった。豊富になっても貯蔵性が限られていたから、迅速かつ大量に食べねばならなかった。これがヒトに糖尿病の根源をもたらす。ヒトはいつかどこかで急に肉を大量に消費することになったのである。

マンモスの肉だろうか？　いやそれならたかだか地質時代第四紀更新世（164万年前～1万年前）

のことだ。肉は氷の中で貯蔵することができる。それにマンモスの肉はそう頻繁に獲得できるものではなかった。ヒトの体質の大変化を引き起こすようなものではあるまい。ヒトが糖尿病になったのは、もっと暖かい場所、暖かい時期のことでなければならない。この謎は次の第一章で解明する。

進化の理解が脳梗塞の救急治療を改善する——日の本で、それができずにヒトは死ぬ

私が倒れた脳梗塞という病は血管に血栓が詰まり、血流が止まり（ときには血管が破れ）、その先の細胞が死ぬといういわゆる血栓症のひとつだ。それが脳で起これば脳梗塞、心臓（の筋肉）で起これば心筋梗塞だ。

この血栓症は、癌やエイズよりはるかに昔からヒトを苦しめている。特に心臓の梗塞は痛みを伴うのが普通だから、古くから人類の病の代表のひとつだった。心臓の医者も、心臓の薬も古くから存在した。だから、心臓病は風邪やケガについで古くから知られている身体の障害である。

ところがなんといままでも、これが癌やエイズ以上のヒトに対する脅威として存在している。なぜなら血栓を溶かす薬がいまでも医療で使われていないからだ。

医療上、血栓溶解剤と称する薬はいくつかあるが、どれひとつとして血栓を直接溶かすものではない。それらは「たかだか」、血栓を溶かす酵素を人体内で活性化するだけなのである。つまり間接的に、血栓を溶かすのである。そしてシステムも完全には理解されていないから危険な副作用の抑制も十分できていない。特に日本で使われる薬はそうなのだ。

他方、遺伝子や免疫にかかわる病気のほうが、医学のアプローチはまだしっかりできている。それ

なのに意外にも血栓症についてはあまりに研究が進んでいなさすぎるのが現実である。

そもそも、脳梗塞も心筋梗塞も同じ血栓症だという当たり前すぎること自体が一般に理解されていない。その理解がちょっとでもあっただけで、野球監督の長嶋茂雄氏はアテネ五輪に行けただろう。長嶋氏は二〇〇四年三月に脳梗塞で倒れる前の年の十二月に心臓の病で入院していた。ということは血栓症があったわけだ。

その場合、次にアタックがあるのは心臓ではなく脳のほうかもしれないのは当たり前なのだった。ところが、日本の医師はそれを本人にも家族にも知らせなかった。これは欧米では異常でも日本では普通である。夫人や一茂君がそのことを知っていたら、長嶋氏が最初に気分の悪さや頭の重さを訴えたとき、すばやく適切な病院に運んだだろう。もちろん、救急車を呼ばなかったことは正しい。日本の救急車は、患者を危険な病院に連れて行くことをよくやるのだ。

でも、日本の医療は病院の中でさえ、平気で時間を浪費する。長嶋氏は、実はきわめて適切な病院に運ばれたのだが、適切な科に運ばれるまで病院内でなんとさらに数時間かかった。うっかりすると長嶋氏は病院の中で死んだのである。

これほど有名な病気、有名な人物でさえ、適切な治療が受けられないのが我が先進国・日本の医療の現実だ。

考えてみれば、厚生労働大臣よりはるかに偉いはずの総理大臣・故小渕恵三氏もほとんど医療ミスに近いかたちで亡くなっている。小渕氏のケースは、長嶋氏以上に脳梗塞の救急治療が有効であったはずのものだが、なんと心臓が専門の大学病院医師によって「すぐには病院に来ないでよい」と言われた（翌日から大学は新年度に入り人事も替わる。医師は別のことが気になって夜、病院に行きたくなかったのだろう）うえ、倒れたあとも心原性脳塞栓に決まっている（小渕氏は心臓が悪かった）のに心原性脳塞栓に使うと危険とされている薬を投与されて死んだのだった。

大学病院側は、「心原性脳塞栓であるか他の脳梗塞であるかどうかわからなかったから」と言い訳した。だが、どちらか決定できていないのに、その一方を用いると危険だとわかっている薬をなぜ投与したのか。おかしいではないか。心臓が悪かったのだから、まず心原性であることを疑うのは常識ではないのか。それをしなかったということはほとんど初歩的なミス、あるいは単純な怠慢によるミスである。

なぜそのようなことが起きるのか。治療や薬の遅れの前に、まず研究上、血液、血管、血栓の位置づけ自体に問題があるからだ。血液、血管、血栓の問題こそがヒトの進化の謎を解く重要な鍵であることがわかっていないからだ。

そのことを理解しない医学の研究は、土俵のないところで相撲をとるようなものだ。土俵がないから、もしも素晴らしい発見があってもまるで評価されないということも起きる。血栓が血の「栓」になるのは、血小板を中心にできた仮の血栓の上にフィブリン（線維素）が絡まり付くからだ。それで仮の血栓は本血栓になって溶けなくなる（九二ページの図参照）。だから逆に言えば、血栓はフィブリンを溶かすと流れ去る。このフィブリンを溶かす物質を医学界はきちんと探してきたのだろうか。いまだに間接的効果のものだけ（つまり血を凝固・凝集させる系に対するものだけ）を薬剤として使っているということはちゃんとやってこなかったということである。

ところが、「そういう研究」がちゃんとこの世に、それも日本にあったのだ。私は病後のあるとき、そういう「発見があったこと」を発見した。それを発見したとき私はあまりのことに呆然とした。その研究報告は、社会的にはいわば放置されていた。血栓を直接溶解するミミズから採れる血栓溶解酵素ルンブロキナーゼの発見である――そこから私はミミズ乾燥粉末食品ということになるサプリメント、クリールベールを作ることになる。なんとも唖然である。私は、この本の執筆の間に血栓症の病気になり、クリールベールを伴って帰ってきたのである。

だが、その唖然呆然も、かのダーウィンが「フィブリンを溶かす物質がミミズの体内にある」と書いているのを読んだときの驚きには勝てなかった。これがルンブロキナーゼなのである。ダーウィンがそれを言ったのは一八七〇年代のことだった。血栓の実質的本体であるフィブリンを溶解する物質をダーウィンが発見しているのに、いったいなぜ、このような研究の遅れが起きたのだろう。

それもすべて、進化とパンツについて理解する目の欠如が基本原因なのである。

このこと「ヒトはなぜ血栓症の袋小路に入ってしまったか」を含めて、進化の根本とパンツをはくに至った経過と根拠をまず考察しよう。やがて、その真実群の力が（突然でも）郵政民営化にどうかかわるか理解できることになる。

象と現在

その力は、普通考えられるように、政治や経済の世界にだけあるものではない。学問や文化の世界にも太い根を伸ばしている。文学や批評の世界にも、だ。私には、その真実群の力が時の流れを作っているようにさえ感じることがあった。

その力に対抗することなど私には不可能に決まっていたが、だからといって、それを利用して生きることなど、まったくもって願い下げであった。そのように生きている同時代の流行学者を、（流行学者の先輩であった）私は不快な気持ちで見ていた。政治家になったのは、そういう力の一つを利用するのを拒否しつつ、そういう力が働く磁場の少しでも近くでフィールドワークを行なおうと思ったからだ。

おそらく私は、多様な方面で多少目立ったことだろう。いまから振り返ってみれば、それを利用して生きるというカードも配られてきたような気がする。単純な話で言えば、小泉純一郎は、ある時期、私をいちばんの個人的な側近としていた。私はむしろ、小泉と安部晋三や細田博之の間に立っていたのだが……。もっとも、小泉はいつでも最終的には自分勝手な思い込みで決めてしまうのだった。私がその気で悪魔に身を売って、小泉のヒトラー化に協力していれば、二流大臣程度のおこぼれは簡単にいただけたことだろう。ユダヤ資金資本の一部を貸してもらって、有名企業の株の買い占めでもさせてもらっていたかもしれない。でもそれは、私の選択肢にはなかった。出世主義者には絶対理解できないだろうが、小泉との交友は私のほうからお断りしたのだった。

その表面上のきっかけは、盗聴法（通信傍受法）の賛成議員として後世に名を残したくなかったため、自民党議員でありながらこの法案の採決を棄権して除名されたことにある。盗聴システム・エシュロンは、米英による世界支配の陰のシステムであり、通信傍受法の成立は日本がこのシステムに露骨に組み込まれる土台を作るものだった。私が反対しても止められないのはわかっていたが、私は賛成議員に名を連ねるのが絶対にいやだから反対した。それはそれだけだ。しかし実は、そのかなり前から、私は彼の派閥を離脱していた。かつて大学で同級生だった男が、とんでもない嘘つきであることを確認したからである。それらは、私自身の生き方にかかわるわずかな誇りの問題でもあったのだ。

ともあれ私は本書において、隠された真実群の扉を開ける鍵となることどもについて、どうしても書いておかねばならない。なぜなら、そういう真実群を直視してこそ初めて、ヒトはどうすれば袋小路に追い込まれずに生き延びることができるかという問題に、光が当てられると確信するからである。

そうだ。間違いなく、我々は袋小路に入り込んでいる。既成の宗教は愛をもたらさず、愛の死をもたらしている。過剰な貨幣だけが、暴れまわっている。科学技術や情報は差別と富の偏りをもたらしている。そして地球は、言うまでもなく病んでいる。この袋小路から脱出する方法は、これまで断片的に、その一部しか触ることができなかった巨大な象の姿を、像として捉えることでしか見つからないのではないか。

「進歩」という名のもとでなされてきた、人間の欲望を満たすためのさまざまな試み――それらはしばしば「学問」とか「科学」とかいう衣をまとっているのだが――、表だって語られてきた人類の歴史や宗教のあれこれ、そういった枠組みを捉えたうえで、この巨大な象の姿を、すべての存在の「共存」のためにしっかりと認識しなければならないだろう。

真実を知りたい、そして知りえたことを公にしたい。さまざまな真実群を洗い出し、それを明らかにして後世に託したい……。その思いは、最初に述べたように、私がずっと棚上げにしてきた宿題でもあった。その宿題を仕上げるため、私はいまこの本を書いている。そこから先は……私よりはるかに多くの時間とエネルギーを有する、読者のみなさんに託したいと思う。本書で主張したことの証拠は必ず見つかるだろう。時間はかかるかもしれないが、ぜひ見つけてもらいたい。

本書は、現在地球上に起こっている問題群に対して、ひとつの展望を示すためのものである。

第一章　ヒトはいかにしてヒトになったのか——そしてなぜなったのか

第1節　ヒトはサルから進化したのか

進化論の堅固な土俵

一九世紀にダーウィンが提唱した進化論の土俵はまるで牢獄のように強固であり、その根は生物学の中ばかりか科学のあらゆる場所に植えつけられた。だから、一九世紀を「進化論の世紀」と呼ぶ科学史家もいる。

確かに進化論は革命的な考えであった。それまであった土俵はといえば神学であり、生物や生命の起源についてさえもキリスト教やユダヤ教の古典、旧約聖書の天地創造説からはみ出していなかった。ヒトは神に選ばれた特別の存在であり、万物の霊長であるということが何の疑いもなく信じられていた時代に、「ヒトの先祖はサルだ」というダーウィンの理論が引き起こした衝撃は、はかりしれないものだった。

しかしその後、「神学から科学へ」という大転換が起こって、ダーウィンの進化論は絶対的事実としての「土俵」の地位を獲得することとなった。そして今度は逆にダーウィンの進化論があたかも神学のような位置についたのだった。そして、このダーウィンの理論を大前提として、そこから進化のプロセスを何とか説明しようという努力だけが続けられてきた。神学に替わって科学が神になり、進化論はその神たる科学の象徴になったのである。

しかしその過程で、批判されるべき事態も起こっていた。ダーウィンの理論は基本的には正しいものであったために、いくつかの無視すべきでない欠陥があっても、あえて無視されることになったのである。なかには、ダーウィン自身も疑問だと言っていることさえもあえて見過ごされた。それは進化論が新たな神の位置についたからだった。

たとえば、サルとヒトの中間形態の化石が発見されなくても「そのうち出てくる」としてあと回しにされたが、イラクの大量破壊兵器と同じでずっと出てきていない。化石は本書でのちに指摘する場所以外では今後も見つからないだろう（物理的な準備さえできれば、我々には見つける用意がある）。あと（四〇ページ）で詳述するようにヒトの新生児は最初にサルと同じ位置に喉頭が、ある時期に口腔の中で後退を開始して、ヒト独特の位置につく。生まれたあとにこの動きが起きることは、進化途上であるとすれば説明がつく。けれども、その喉頭の後退がなぜ進化なのかが大疑問なのだった。喉頭が後ろに行って気管が口腔にむかって口を開けている状態になったため、ヒトは常に食物が気管に詰まる危険にさらされている。また鼻から入った水を気管に入れないように軟口蓋を開閉する必要が生まれた。ダーウィンはこれを変だと考えたし、結論は持てなかったが、後世の学者は無理やり、「進化のはずだから、何かいいことなのだろう」と考えることにした。いわば神のご託宣の護持である。

喉頭が下に下がったため軟口蓋ができ、それを上げ下げするためにさまざまな音を出せるようになったとかいう理屈だ。そんな馬鹿で瑣末なことはない。この喉頭の位置のおかげで気管と食道が並んで口を開けて口腔に繋がった。おかげでいまもヒトは多数の個体の命を神にささげているのだ。老人がもちを喉に詰まらせたり、口蓋垂（ノドチンコ）が気管をふさいで乳児が突然死に襲われるということだ。これは進化ではなく退化ではないのか。

こういうものも「そのうち証明されること」として、「あとに回しておいてもよい」と考えられていたのだ。その間に「神学にとって代わる新しい土俵を、まず確固たるものにしなければならない」と思われてきたのである。

その中には、結局のところ、サルからヒトへの「進化」はどうして起きたのかという問題も含まれていた。それこそそれは根本問題ではないか。直立二足歩行自体がいったい本当に進化なのかという大問題を含んでいるからだ。実はダーウィン自身がその問題に気づいていたのだった。彼は、進化は確かに興隆（エボリューション）ではあるが、生命形態として「進」化なのかどうかには疑問を抱いていたのだ。だから彼は、ミミズやサンゴのような原始生物の強力な生命のメカニズムに大きな関心を抱いて最後までそれ（特にミミズ）を研究していたのである。

ダーウィンが言ったのは「人類と類人猿とは共通の祖先から分かれて進化した」ということだ。この点に関しては、研究者たちのあいだで異論の余地のないこととして、完璧な合意ができている。しかし、「その分化が、いつ、どこで、なぜ、どのようにして起こったのか」「そのとき何が起きたのか」という点についてはいまだに謎が多く、さまざまな説が提唱されては、それこそ淘汰されていった。

ヒト（人類）とサル（類人猿（現存種ではゴリラ、チンパンジー、ボノボの三種））との最後の共通の祖先といわれるラマピテクス類の化石が、９００万年ほど前の地層から見つかっている。また、確実に直立二足歩行していたとされるアウストラロピテクス類の化石が、３５０万年前の地層から見つかっている。その間に、我々をヒトとしてサルから進化させる分かれ道を歩き始めさせるような何かが起こったはずなのだが、その間の化石は見つかっていない。これは、大雑把に言って５５０万年もの、気の遠くなるような空白期間があるということだ。それも、この肝心な時期に。

よく知られているように、サルとヒトとの中間形態を示す化石に限らず、進化の中間形態なるものが発見されていないケースは多々あり、これが進化論の大きな弱点となってきた。しかし一九世紀以来、この失われた空白期間を繋ぐ環は、いまは発見されていないけれどもいつかは見つかるはずだと言われ、「ミッシング・リンク」と呼ばれることになった。しかし、４００万年±５０万年前の地層から見つかった先の化石にしても、霊長類とヒトの中間とまでも言えないものである。

ルーシーという、ヒト並みの名前をつけてもらったその化石は、体だってほとんどサルだ。何よりも言葉や道具、つまり私が〝パンツ〟と名付けたヒトの文化のかけらすら、持っていた証拠はない。直立二足歩行をしていたといっても、それは「ときには」という条件付きだったし、その歩行の姿も不細工で、「直立」といっても背骨はまだ曲がっていた。ただし乳房がはっきりあったため、ルーシーという愛称を得たのだった。つまり、これまで科学者は、ルーシーくらいで歓喜するほど、サルからヒトへの進化の痕跡をまったく追究できずにきたといえる。

ルーシーは学問的に大変な発見だともてはやされた。既知の類人猿の体からちょっとでも「進んだ」ものがあったことと、それまで人類の直接の祖先とされていた化石の年代をかなり遡るものだったために、大発見と言われたのだ。「ときには」であっても、二足歩行をしていたらしいということも、ルーシーの人気の理由だった。だが、彼女はやはりヒトの祖先であるとは断定できない。

では、サルとヒトとの断絶を繋ぐ化石は存在しないのか。存在するとすれば、どこか思いもかけない局地に集約されているという可能性しかありえないだろう。ただし、それを発見するには、新しい「土俵」が必要である。つまり、ある「枠組み」の蓋然性のもとに推論するのでなければ、見つかる可能性は少ないということだ。また「土俵」がないと、重要な発見があってもその重要性に気づかず、見捨てられてしまう可能性も大きい。ここではまず大前提に戻って、サルとヒトとは本当に似ているのか、そんないまさらながらの疑問に答えることから始めてみよう。

ミッシング・ヘア――消えた体毛の謎

ヒトと類人猿の共通の祖先たちが、森林地帯で暮らしていたことは、まず間違いないと言われている。そして、近いほうの説をとれば、ほんの500万年くらい前にヒトは体毛を脱ぎ捨て、皮下脂肪を厚くして、直立二足歩行を開始した。そして、文化的には集団生活や道具や言語を発達させてヒトになった。ここまでの大雑把な「進化」については、合意してよかろう。問題はその後である。いわゆる「ミッシング・リンク」の間に何が起こったのか、ということだ。

サルとヒトとの外見上の大きな差異は、体毛の有無である。サルはその豊かな体毛によって体温を調節しているが、ヒトは体毛がないため、皮下脂肪と汗腺によって体温調節を行なっている。体毛を直立させたり寝かせたりすることで断熱や保温ができるサルにとっては、どうしてわざわざ体毛を捨てて厚い皮下脂肪や汗腺を獲得しなければならないのか、その理由がわからないだろう。

ヒトがなぜ体毛を捨てて「裸のサル」になったのかということについては、これまでにも一応の説明はされてきた。それは、ネオテニー説とか幼形成熟説とか言われているもので、類人猿の場合も胎児のある時期にはほとんど体毛がない。その時期の特徴を、ヒトは生涯持ち続けているのだというものだ。

この幼形成熟の結果としては、体毛以外にも頭の大きさがそうだと言われている。胎児期の類人猿は体に比べて頭が非常に大きい。ヒトとそっくりである。しかし大人になるとそのバランスは大きく崩れ、ヒトとは似ても似つかなくなってしまうのが、その証拠だとされている。確かに、ヒトの外見は大人のチンパンジーにはあまり似ていないが、子どものチンパンジーとは非常によく似ており、特に胎児や新生児同士はそっくりだ。

そもそも幼形のまま成熟しようという選択は、大人の形態になるよりも、子どもの形態のままでいたほうが生き延びやすい環境になった場合に起こるものである。サルからヒトへという時期にそういう状況があったとは、とうてい、考えられない。

ネオテニー説はいずれも結果から見た説明であって、根拠や原因を示すものではない。しかもいま述べたように、それが生きるために有利であったと言えない重要な欠陥を伴う説明である。だが、一九七〇年代にハーヴァード大学のスティーブン・グールドが改めて提唱し、まだ力を持っている。信じ難いことだ。

だが、ヒトをヒトたらしめている特徴は、いずれもサルの幼形ということから説明できるものではない。ほとんどがサルにはなく、ヒトにしかない特徴ばかりだからである。つまりグールドの間違いは、彼がサルを知らないことからくるのではなく、ヒトを知らないことからきているのである。

なにしろ、ヒトの胎児にはサルの胎児とは決定的に違う特徴がある。ヒトの胎児は、母親の胎内にいるある時期だけ、毳毛（ぜいもう）という体毛を生やすのだが、サルにも他の霊長類の胎児にもまったくそういうことはないのだ。

　この毳毛というのは不思議なもので、六カ月目くらいから生え始めるのだが、生まれるずっと前に消えてしまい、最後はつるつる肌の赤ん坊として生まれてくるのだ。ヒトの胎児において一時期だけ現われるこの毳毛は、胎児がもしそのまま水の中に泳ぎ出ることがあるとすれば（もちろん、そんなことはないのだが）、水の流れに沿うかのように生えている。この意味するところは何なのだろう。

　これは実はサルとヒトとの決定的な違いでもあるのだが、これまた「土俵がない」ために、その意味が理解されないま

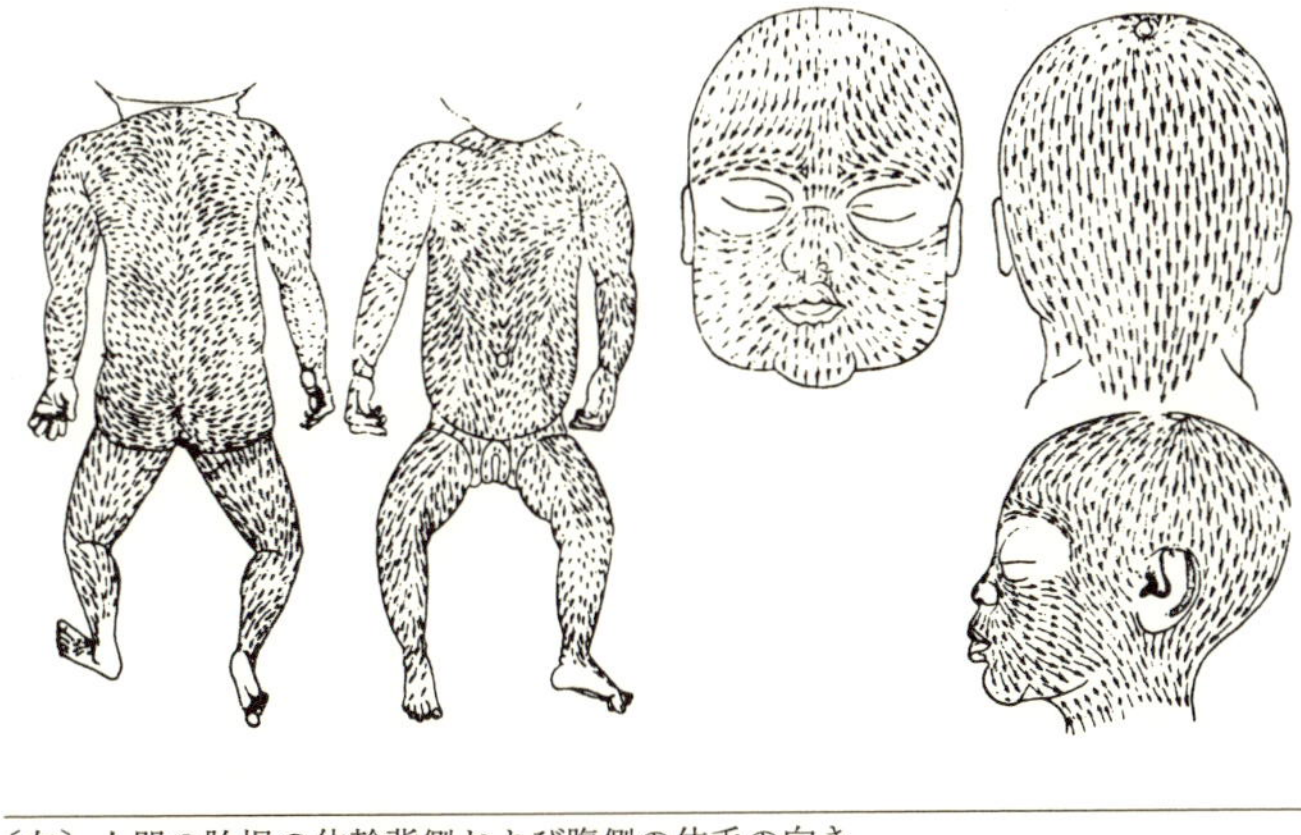

〔左〕人間の胎児の体幹背側および腹側の体毛の向き。

〔中央〕人間の顔の体毛の向き。

〔右上〕頭髪の向き。

〔右下〕頭部の体毛の向き。

いずれも、フレデリック・ウッド・ジョーンズ著『哺乳類の中で人間の占める位置（Man's Place among the Mammals, Edward Arvold & Co. Ltd.）』内のデッサン。サー・アリスター・ハーディが〈ニュー・サイエンティスト〉誌に寄せた論文からの転載。

（エレイン・モーガン著、望月弘子訳『人は海辺で進化した』どうぶつ社、P.35より）

ま放置されてきた。この問題に気づいた学者の中には、ヒトの胎児が母親の胎内で泳いでいるからだと言った者もいた。もちろん、そんなことはない。胎児は羊水の中をゆっくりゆっくりと回転しているが、それは羊水という水の流れに影響されるようなものではまったくないからだ。

さらに、ヒトの胎児とサルの胎児とを比較すれば、体毛の有無以外にも大きな違いがあることがわかる。いま述べたように、ヒトの胎児は最後はつるつる、すべすべの赤ちゃん肌で生まれてくるが、生まれた直後を除けば、みな「ふっくら」している。ところが、他の霊長類の赤ちゃんは、例外なく痩せている。これもまた重大な違いなのだが、幼形成熟説の主張者たちは、自分たちに都合の悪い事実は些細なものであるとして、ことごとく退けてきたのである。

ヒトはサルの幼形のままで大人になる道を選んだという、この幼形成熟説は、必然的に機能の一部的「後退」があることを認めている。しかしヒトの場合は、退化した身体能力を道具と「知恵」を用いて補っているという積極的な点が、他の種の幼形成熟のケースと決定的に異なっていることをすべての生物学者が忘れている。また、サルの幼形には見られない要素がたくさんあることも、まったく説明できないでいる。

もうひとつの砦――サバンナ説

現在、幼形成熟説よりも一般に流布しているであろう仮説は、いわゆるサバンナ説である。サバンナ説によれば、先に述べたミッシング・リンクの時期に起こったことは、こう説明されている。すなわち、我々の祖先は当初アフリカ大陸の森林地帯に暮らしていたが、気候の急激な変化が起こって森林地帯にサバンナ化が進行した。そこで、一部の類人猿のなかからは、木から降りて、サバンナでの暮らしを選び取るものが現われた。サバンナで生きていくためには、果物や木の葉など、それまでと同じような食生活をしているわけにはいかない。

狩りをする必要に迫られた彼らは、獲物を見つけるために直立し、両手に武器を持って二足歩行することを学び、道具を工夫することで脳が発達し、大きくなった。体毛を失ったのは、木の上よりも厳しい暑さをしのぐためである――。この説は、一見、なかなかの説得力がある。また根強いファン（？）もいる。実際、NHKなどのテレビ番組でも、いまだにこの説に基づいた「人類の進化史」的な番組をよく放映しているし、イギリスの有名なデイビッド・アッテンボロー卿の制作した自然番組は完全にそうだ。しかしこの説にも、やはりおかしな点がいろいろある。

足が短く、全速力で走っても大型哺乳類の何分の一の能力もないヒトが、たかだか立ち上がって周りが見渡せるようになったところで、生きるのに決定的に役立つわけではない。最初に述べたラマピテクスの身長は一・二メートル程度で、背骨も曲がっていた。それでは遠くまで見渡すことはできないし、仮に獲物や敵を見つけたとしても、二足なので走るのが遅くて何にもならない。

また、道具に頼るようになったため筋力や身体能力が衰えた。つまり、道具なしには以前よりも環境に対して弱くなっているような「進化」があったと言っていることになるが、そんな例は他に絶対にないし、だいたいなぜそういう必要があったのかまったく説明できない。

あるいは、もともと森林にいた我々の祖先は、進化の途中で樹上の生活と草原の生活とを中途半端に行なっていて、やがてしっかり道具を持てるようになってから完全に木から降りたというのだろうか。もしそうだったら、ヒトは途中で都合よく「パンツ」を用意したうえで、おもむろに樹上から降りてきたということであり、言うまでもなく馬鹿げている。自然界においてそういうかたちで進化が起きたことはない。

この説が言っていることは何かと言えば、身体的生存能力をいったん環境に対して弱くしておいて、改めてそのマイナスから立ち上がって「リベンジ」をしたということである。まるで相撲の〝後の先〟というやつだ。だがそんなことはありえない。そういう生物は、リベンジの余裕もなく死に絶えるのが普通である。

また、こういう進化論がすべて説明できない別の不思議がある。『パンツをはいたサル』初版を制作中に担当編集長故新田雅一氏が言った。

「サルからヒトに進化したって言いますが、それならなぜサルもちゃんと生きていたうえ、我々にいやいやつかまって動物園なんかにいるんですか。彼らは気の毒じゃないですか」

そのとおりである。

木の上に残ったサルと、木の下に降りたサルとに分かれ、その両方ともが生き続けている。そもそも両方とも同じ環境において生きていけるのならば、どうして二つに分かれる必要があったのか。まさか、気が向いた奴だけ進化して、気が向かなかった奴は進化しなかった、そんなことがあるとでも言うのか。進化しなかったほうも少なくとも立派に生きているのだから、環境に適応するためには進化しなければならなかったという理論はここでは成り立たないのではないか。幼形成熟説もその他の説も、実は最初からこの点において正しい説明を持てなかったのである。ただ、ヒトとサル以外の進化ではだいたいのところの説明はできている。

要するに、問題はヒトだ。ヒトはなぜ、ヒトにならなければならなかったのか、その必然性をめぐる土俵の作り直しが、ここでも要求されてくる。

ヒトについては、実際のところ、ほぼ優秀な学者の間では見当がついてきている。だが、なかなか思い切っては言い出せないところなのである。理由は、もうひとつ決定的な（分子生物学者のデータのような）証拠を待っていることと、ヒトにおいては私がパンツと呼んだ文化が進化に相互作用をしているという特殊な点の理解がまったくできていないからである。つまり、生物学者が一番わかっていないのは我々ヒト（人間）なのだ。

その理解があれば、問題の解決は一気に進む。そうここまできたら、一気だ。ただし、それは我々人類が明るく考えようとしているものとは大きな差があるかもしれないぞという覚悟を持っていることが必要になるかもしれない。

ほとんどの科学者は、ある仮説を大々的に喧伝してしまったあとで、それが誤りであることがわかっても、公に謝罪し撤回するということはしない。これは科学者の一般的習性の問題である。間違った説を、ときには四半世紀にもわたって世の中に宣伝してきたあげく、その間違いを公式に認めることは、ほとんどない。それでは、老人ホームに行ったとき「俺は偉い学者だったんだよ」といって威張ることができないではないか。だから、過去の定説というものは、うやむやになりながらも残っていくものだ。

サバンナ説に引導を

ここで、サバンナ説および修正サバンナ説については、はっきり引導を渡しておかねばならない。

なぜなら、『パンツをはいたサル』をはじめ、私の本の最も身近な読者であるだけでなく、元歴史教師にして大の「動物好き」、ほうっておけば必ず衛星放送の自然番組を見ているほどの私の妻が、この説の信奉者であるからだ。それは個人的な問題だろう、などと言ってはいられない。彼女は、私がこの本で述べようとしている「進化の真実」に最初に異論を唱えたサルだ。彼女の進化観は、テレビで見たアッテンボローの進化観のままであり、サバンナ説を捨てていない。

そして、肝心の「進化の真実」について明かされたときの反応ときたらなんと、「プッ！ ンな馬鹿なこと言わないでヨ」というものだった。忘れもしないが、最初の反応はなんと、「プッ！」だった。彼女は、そのまま私の説明を拒否して台所に立った。そして餌をねだりについてきた小チンチラに、「あのおじさんの言うことは聞かないようにね。あなたにも馬鹿な考えがうつるから」と言った。小チンチラは、餌が欲しいため迎合して、ニャアと鳴いた。私は頭にきた。

小チンチラには、あとでヒゲを左右にプチンとひっぱって反省させた。妻には、人間だから言葉を使っててていねいに説明した。しかし、妻の説得には苦労した。何年もともに暮らし、ともに多くの自然番組を鑑賞し、しばしば熱心に意見を交換した妻が、私がこの本を書くよりはるかに前に考察の結果到達していた結論がわかっていないとは驚いた。だがそういえば、順序だててきちんと説明したことはなかったかもしれない。それでも、あんなに説明を要するとは、この本を書いたいまでも考えてしまうくらいだ。それほどアッテンボロー的（ダーウィン的－根本への疑問＝能天気）な態度は強いものだ。

人間は、自分にとって信じがたい事実は、なかなか認めようとしない。その事実を示唆する証拠をいくら出しても、自分の信念を変えない生き物なのである。

一例をあげよう。一九一二年、ドイツのアルフレート・ウェゲナーが大陸移動説を提唱したときのことを考えればよい。ウェゲナーは、最初から十分に科学的な証拠を整えたうえでこの説を提唱したのだが、二十年もの長きにわたって、素人はともかく、各地の科学アカデミーなどでも馬鹿にされ、それについて討論する機会すら拒否された。

つまり議論の対象にすらされなかった。その理由は、「プッ、そんな馬鹿な」という感情的反応があったことに尽きる。いまや誰でも知っているこの事実は、長い間、人々の想像の範囲を超えるものだったからだ。この点では、科学者も一般大衆と同じレベルにあったのだ。

ヒトは自分の身体感覚で理解できないものについては、考えることすら拒否するものだ。逆に言うと、自分の身体感覚を基準にして考えようという態度で、それはそれで悪いことばかりではない。だが、のちに述べる（『パンツをはいたサル』ではすでに述べた）暗黙知によらない状況（ただの近代社会的日常感覚）では、目の前の真実がまるでわからないことが起きる。科学の世界では、一般大衆のそうした気分を背景にして、間違った説を固持する科学者が多い。

わずかな化石からヒトの起源を推測していた一九六〇年代までの人類学者は、類人猿とヒトの分岐点を２５００万〜３０００万年前と考えていた。そのくらい前のことに違いないという「気分」が学界を支配していたからだ。根拠はただの気分と願望である。

けれども、一九六〇年代に分子生物学が登場してＤＮＡについての研究が進むと、ヒトとサルとの分岐点は５００万年前だという新しい説が提唱された。なんと一気に、五分の一から六分の一も期間が短縮されたのだ。人類学者はこれを無視しようと試みたが、分子生物学者の提出したもののほうこそ真実に近いと考えられるようになった。分子生物学は進化論の土俵より、もっと厳密な科学だったからだ。ヒトとサルの分岐点は一気に近くなり、およそ500万年前から700万年前の間ではないかというのが定説となったのである。

これは私がすでに研究者の道を歩き始めていたころのことだから、よく覚えている。3000万年前というのと500万年前というのとでは、数字だけではなく哲学にかかわる大きな違いがあるはずだ。けれども、生物学者たちは根本をごまかして数字だけとしてそれを(しぶしぶ)受け取ったのである。

それなら進化はなんと突然起こったもので、サルからヒトになるのに3000万年はかかると考えるパラダイムを根本的に転換しなければならなかったはずだが、そうしなかった。だから、まだ基本がわかっていないのではないかというほどの状況なのである。

進化という名の退化

さて、ここからいよいよ話は本題に入る。

ヒトはサルと共通の祖先から進化したという、いまでは当たり前の前提となっていることの中に、実に多くの重大な謎が隠されている。

確かに、ヒトとチンパンジーの遺伝子は酷似している。その違いは、わずか一パーセントに過ぎない。だが、体の各所も酷似している部分が多いとはいえ、両者にはいかにも違う部分が多すぎる。そこにはどうも断絶または隔絶がありそうだという気持ちは、ぬぐいがたい。しかも、その違いをよく見てみると、サルに比べてむしろ「退化」したのではないかと思える要素が実に多いことに気がつくであろう。

実際、サルから進化したはずのヒトは、サルには身体的に可能なことのほとんどができなくなった。ヒトの下肢は物をまったく摑めないし、何かにぶら下がることも不可能だ。上肢もサルに比べて非常に短く、確かに器用に動かせるようにはなったが、筋力が著しく減退して、上肢一本で体を支えることはできなくなった。手がある、足があるという点ではサルとヒトとは似ているが、実際の機能を比べると、大きな違いがあるではないか。

たとえば、ヒトの大きな特徴とされている直立二足歩行だが、これはどう見ても四足歩行より欠陥が多い。進化などでは全然ない。

そもそもヒトの祖先が生きてきた環境のなかでは、前にも述べたとおり直立するメリットなど何もない。それなのに、なぜヒトは直立二足歩行になる道を選んだのか。

広い草原を見渡せるように直立したのだとか、道具を扱うために常に両手を自由にしておく必要があったとか、大きくなりすぎた脳を体の中心軸で支えるためだとか、さまざまなことが言われたが、いずれの理由もそうなるべき必然性の根拠が薄弱であり、理由はすべて「後付け」である。

サルだって必要なときには二足歩行ができるし、たまには両手で物を摑んだり、簡単な道具を使うこともできる。しかし、何かに追われて逃げるときや速く走りたいときなど、自らの生存にかかわるような場合には、必ず四足を使う。物を持っている場合でも、片手でそれを摑んで、残る三本の足で走る。また、サルは前肢でも後肢でも物を摑めるのであって、その点でもヒトより優れている。

ただ、確かにサルは複雑な道具を用いたり、組織的に用いたりすることはできない（しない）。この違いは何なのだろう。サルがアホで、ヒトが優れているからであるなら簡単だが、そうではないことをのちに示そう。

動物界には、鳥類（ダチョウ）や有袋類（カンガルー）のように高速二足移動をする種があるが、ダチョウはその長い首で、カンガルーは体の後方に尾を伸ばすことで、バランスをとっている。前肢は速く移動するときには邪魔なのだ。しかし、ヒトには長い首も尻尾《しっぽ》もない。高速で移動するにはまったく不都合なのが直立二足歩行なのである。

それに、二足歩行だと、転ぶ危険性も大きくなる。脳が大きくなったのだから、なおさら不安定である。転ぶ危険が増大すればケガをしやすくなり、それに伴う出血の危険性も増大する。

ところがヒトは、なぜかケガから身を守る体毛すらも捨てて「裸のサル」になってしまっている。これをいったい、どう説明するというのか。

かてて加えて他の霊長類と比べるとヒトの体には、多数の末梢血管や末梢神経が皮膚の表面を通っている。ヒトはそのくせ、ゾウやクジラやサイのように内臓を守る厚い皮膚を持っていない。腹部は骨にさえ守られていない。それなのに、直立することによって、その腹部を無防備に正面にさらすことにもなっている。そんな状態で体毛を捨てたら、生存の可能性を自ら低くしているのと同じである。

にもかかわらず、なぜ、ヒトは直立姿勢を選び、さらに体毛も捨てて、あえて危険が増大する道を選んだのか。少なくとも、それを「進化」として選んだと言えるのであろうか。むしろ、直立して二足歩行を選び取ったこと自体、「進化の結果」とは言えないと考えるべきだ。

だが、これまでの生物学者たちは、そのように考えなかった。なぜなら、サルからヒトへの変化をとにかく「進化」だと考えたいという「土俵」が先にあったからである。

環境に適応して身体を変える、あるいは適者が生存していく。だから結果的に、あとから出てきた種のほうが環境に対して進化した種であるという観念の土俵が、まず作られてきたからなのである。

繰り返すが、ダーウィン自身は決してそのような固定観念を持っていなかった。だから「最も進化の遅れた」ミミズの研究を最後まで続けていた。だから彼の遺著はなんとミミズの研究であった。そこで彼は、血栓の本体であるフィブリンを溶かす物質を発見している。これは大変な発見であったが、血栓症はヒトの進化の主要な問題点であるという土俵がまったくないため、忘れ去られてしまったのは残念である。言うまでもなく、この固定観念は、彼のあとに続く者たちが作って持ち込んだものである。

ヒトがヒトとなることで失われてしまったもの、退化したとしか考えられないものはたくさんある。それだけを論じたとしても、本の一冊や二冊では収まりきらない。そういうテーマの研究書はすでにたくさん出されているのだが、お偉い学者のほとんどがそれを気に入らないため、公然とは論じられなかった。気に入らないものは認めないという態度は多くの学者の特徴である。それはまさしく「土俵」の問題であり、その土俵は信奉者の飯の種であるからだ。

血栓作りに励むサル

ヒトが直立したことによって得てしまった数あるデメリット（？）の最大のものはなんだろうか。それが血栓症である。つまり私の病気、私の天敵である。

どういうことか。まずは直立二足歩行である。

我々が日常的に実感しているように、直立という姿勢をとると腰に負担がかかり、背骨をいためやすい。また、地球の重力により体内の血液が下半身に集まってしまうため、ヒトはただ立ち上がるだけで、寝ているときや四つんばいのときに比べて、下肢以外の部分に行く血流量が二割も減少してしまうのだ。さらに、四足歩行のときはほぼ水平に送ればよかった血液を、一メートルもの高低差をアップダウンさせなければならないため、心臓の負担も増えた。ヒトの高血圧はこのことが基本原因で生じると考えてよいくらいだ。

これに対処するためには、平常直立時に対するシフト・チェンジシステムを作っておけばよい。車のギアで言えば、ローからセカンドにシフトできれば心臓の負担はいくらか軽減するわけだ。一般に哺乳類は、血圧を調節するためにアルドステロンというホルモンを体内に分泌させる。そのためにセンサーを持っていて、それはだいたい首のところについている。四足であれば、脳も内臓もほぼ心臓と並列になっているから、首にあるセンサーは有効に働く。血流もスムーズに維持される。

草原で高い木の葉を食べ、ついでに遠くも見られるように首を伸ばしたキリンは、心臓の位置も少し引き上げた。それでもやはりかなりの高低差で血流を通さねばならないから、彼らも哺乳類としては体形上リスクのある選択をしている。しかし、彼らは、サバンナという環境における身体的能力については、（ヒトと違って）ものすごく強化されている。大きな体と強い筋肉を持ち、びっくりするほど高速で走行し、戦闘に対して「ン、いつでもこい」の姿勢を持っている。その結果、誰もキリンを襲って出血させようとしないのである。また、彼らだけが食べられる高いところの葉も容易に確保できる。背が高くなっただけで、直立しても二足でもなく、その背の高さはヒトと違って極めて有効だ。だから、出血に対する凝固・凝血の特別な体内メカニズムも必要なく、血栓症にも悩まないのだ。

我々ヒトもこのアルドステロン・センサーを持っているのだが、ヒトは直立して重力がかかったとたん、いきなりトップギアに入ってしまうため、外科手術時と変わらないほどのアルドステロンが副腎皮質から分泌されてしまう。このセンサーは、自分の足で直立しなくても重力を感知して働くようになっている。たとえば、人間ドックで使うような台にくっつけられ、他動的に直立したような場合でも、アルドステロンは通常（寝ているとき）の六倍も分泌される。重力が働けば、必ずそうなるのである。

四足動物にとって普通、アルドステロンの過剰な分泌は、臨戦態勢を取れという指令として働く。その結果、戦いに備えて急いで血糖値を増やすいっぽうで、万が一の出血を警戒して凝血を強化し血管を収縮させる成分アドレナリンを分泌する。つまり、血糖値と血圧を上げるとともに、凝血作用を強化するのである（九二ページの図参照）。我々ヒトは、このような緊急態勢を、一日に何回も何回も取っている。たいした緊急時でもないくせにだ。なんという心臓に対する負担だろう。

本当の緊急時には、食べた物はできるだけすばやく腸で吸収され、糖分となってエネルギーになるのが生きるために都合がいい。けれども、我々ヒトの緊急時はいわば疑似緊急時なのである。

我々が頸部に持っているセンサーは、いわば無用な情報を感知して疑似警報を鳴らしているといえる。ヒトは進化して「恒常的に」直立二足歩行となったはずなのに、ちっともそれを「恒常的」なものとして受け取る態勢をとっていないということだ。起立して重力を受けるのが緊急時であったときのままの体内システムを維持し続けている。進化としてはおかしなことではないか。

おかげで、食物は無用に早く糖分に分解されて（されすぎて）、糖尿病体質を生むことになった。緊急時に血流をいつも維持しようとする必要は高血圧のもとだ。だから、ヒト以外の哺乳類でも生きる条件によって糖尿病も高血圧も生まれるのだが、ヒトよりはるかに少ないのである。

同じく、動物も血栓症にならなくもないが、いつくるかわからない不時のケガや出血に備えるため大変複雑で強力な凝固・凝血のシステムを体内に用意して、さらに最後の仕上げにフィブリン（線維素）を絡み付かせて強力な血栓にすることにしたヒトのシステムとは、似ても似つかぬシンプルで有効なシステムを持っている。彼らのシステムはシンプルなのだ。よって、壊れにくい。

だから、血栓の問題には動物実験の有効性が限られる。ヒトの体内にできた血栓がどう溶かされるかは、人為的に血栓を作らされた人間を対象にした人体実験が最も有効だったのである。

で、恐ろしいことにその人体実験を第二次世界大戦中、日本軍の軍医部隊（悪魔の満州石井部隊とか七三一細菌部隊と呼ばれるあれである）が実施した。この結果、日本しか持たない血栓症のデータができた。

それを欲しがったアメリカにデータを売った石井部隊関係者は、当然下されるべき戦犯の宣告を受けるどころか、起訴すらされず、むしろその「業績」によって東大、阪大などの医学部で出世していった。その個人名を調べたら、およそ日本医学界での名声赫々たる連中である。いまのお偉方も旧厚生省の役人（医師）もほとんどその直接の弟子である。その一部が再びあざとく朝鮮戦争で儲けようとして作ったのが血液製剤専門会社ミドリ十字だった。

だから、この医療分野自体がもとから汚れているのだ。特にこのミドリ十字が開発した血栓溶解剤ウロキナーゼ（効かないうえに、副作用があり、危険）だけを脳梗塞に使わせているのは日本だけだ。他の先進国では一般的である薬（危険が少なく副作用も少ない）を日本では使わせていない。

おそらくこれにより死んだ日本人の数は、薬害エイズの被害者数などはるかに上回っているはずだ。これは医薬利権と治療研究の怠慢による人殺しのようなものである。

よって日本で脳梗塞になるのは非常に危険だ。満州で行なわれた悪魔的人体実験の犠牲者の亡霊がまだ日本の病院を歩いていると言える。日本の医療は、一部にとんでもない闇を抱えていて、それが特にこの血栓症に突っ込まれているのだ。ミドリ十字が引き起こしたエイズ作り出し事件などは、ほんの一角であろう。これもヒトがヒトになったため起きたことでサルや猫の社会にミドリ十字など存在しない。

かくのごとく、ヒトに特有な血の固め方、血栓の作り方、またその体内での調節法はまことに複雑なものだ。それはどんなに短くまとめようとしても無理だ。短くするためには嘘をつくか、重要な部分を削除しなければならない。簡単に書いてあるものはいくらでもあるが、それらは全部「間違い」といってよいくらいだ。実際、私は二冊の医学部の教科書に嘘が書いてあるのを見つけた。

したがって、それについては最も簡単で正確な図と注釈を、本章末につけておくことにする。

それを読んでいただければ、血の凝固から血管の収縮、血栓形成とその溶解のプロセスは、もしそれを一つの巨大な象にたとえると、まだ全体像が（まったくと言っていいほど）摑めていないものだということがわかるだろう。この問題が直立二足歩行や体毛喪失などの進化の問題にかかわっているという理解が不十分なままでは、残念ながら大きな進展は望めないのである。問題は細胞内の化学的反応過程になってきている。

ヒトはいま、その詳細を知らぬまま、この薬を投与すると、こういう反応が止まるようだなという手探りの治療に命を預けねばならない状況にある。そんな状況なのに、それがまた心臓病と脳梗塞という、合わせれば癌を超える死者を出す病となっているのに、これをまだ進化だと思えるのだろうか。

確かに、ダーウィンが最後に研究していたミミズの社会（社会はある）には大学も医学部もない。

だが彼らは血栓なら自分で溶かすし、また癌なら自分の体が粉末になっても残る強力な免疫細胞（ナチュラルキラー、ＮＫ細胞）があるため初期に体内で食い殺せる。つまり大学も医学部も医者も要らないのだ。どちらが進んでいるのかわからない。

喉頭が移動する！――ヒトは特別「喉頭」動物

ダーウィンは気がついていたにもかかわらず、のちの学者たちによって問題ごと無視されてきたり、あるいは解決されずにきたことのなかに喉頭と口腔の問題があった。これはヒトの嬰児を殺すということ以外にもヒトの進化について考えさせる重大な問題である。

ヒトの赤ちゃんは生後三カ月くらいから、喉頭（気管の入り口）を奥のほうに後退させ始める。当初はサルと同じように、喉頭は気道とともに鼻の奥まで届いている。だが、なぜか生まれたあと後退し始める。この後退は生後六カ月くらいでほぼ完成し、以降は大人と同じ位置（口腔の奥で食道入り口のすぐ前）となるのだが、他の霊長類では、このようなことは起こらない。つまり、ヒトだけが乳児期に喉頭をぐっと喉の奥に移動させ、そこで大人になるのである。このため、喉頭は舌よりもさらに下部に位置することになった。

この奇妙な現象が意味するところの重要性を、ダーウィンは注目したのである。気管の入り口が食道の入り口のすぐ前まで下りてきて、食道と同じ高さで口を開けているという状態は、食べ物がうっかり気管に落ち込んでしまう危険性をはらむからである。なぜ、そんな危険を冒してまで喉頭を移動させたのか？　危ないではないかと、ダーウィンは心配したのだ。

そもそもヒト以外のすべての陸生哺乳類は口蓋よりも上の部分に喉頭が届いている。だから、口蓋は気道と食道を仕切る壁となっている。

　これが意味するところは簡単である。彼らが食べたり飲んだりした物は決して気道には入らないということだ。食べた物は必ず食道へ入って胃に達する。一方、吸った空気のほうは、鼻から入って喉頭から肺に達する。

　これなら、食べ物が気管に入るという問題はまったく起こらない。しかし、その一方で、これらの哺乳類は口から呼吸することができないことになる。筋肉を使って軟口蓋（口蓋の後方の部分で、しばしば膜になっているため、多少は動かせる）を動かし、少し隙間をつくって呼吸する場合もあるが、ほとんどの場合、彼らは鼻で呼吸している。イヌが体温を下げるために口を開けてハッハッとやっているときは、喉の部分を前方に突き出して、少しでも軟口蓋を動かしやすくしているのだ。

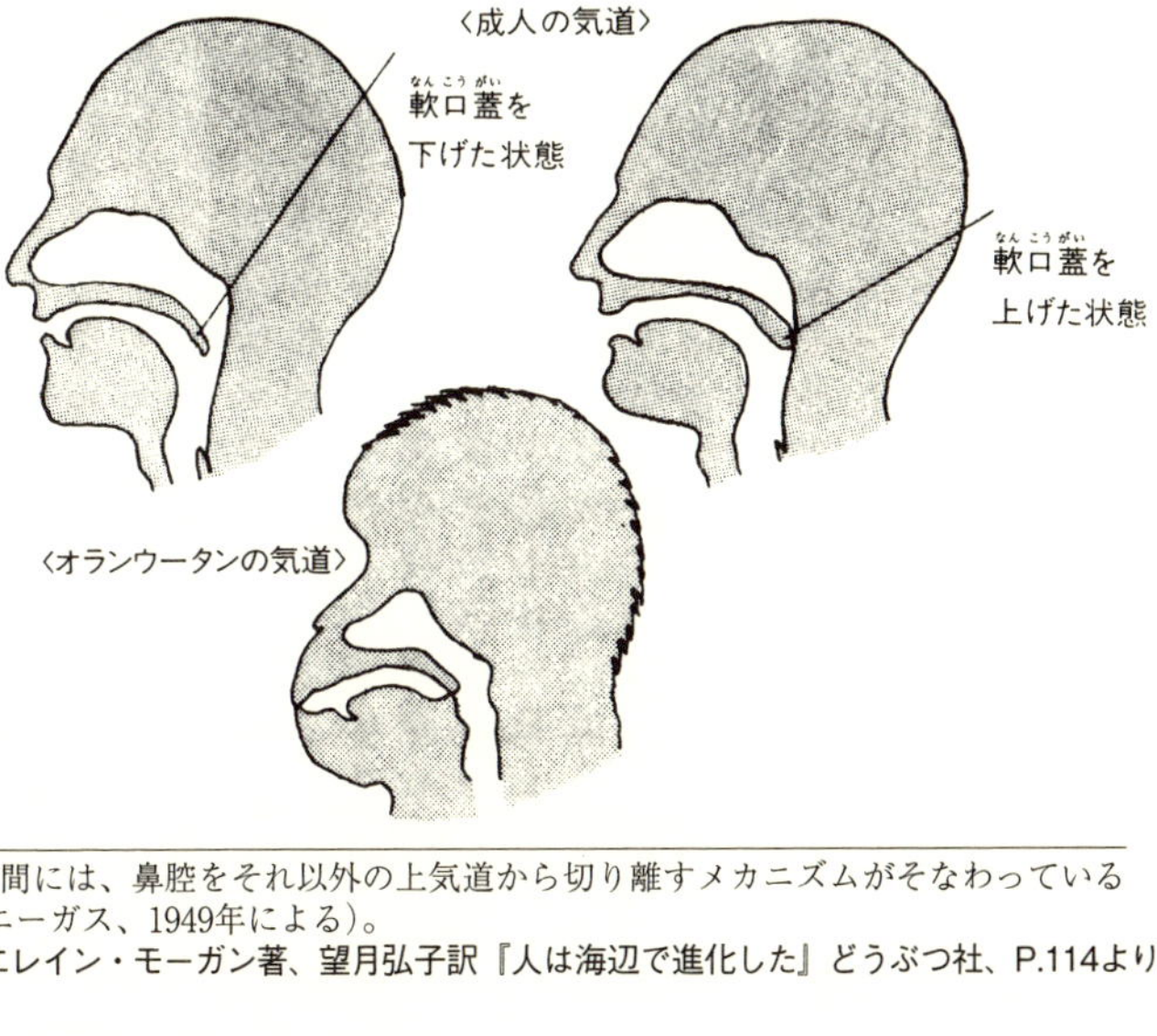

人間には、鼻腔をそれ以外の上気道から切り離すメカニズムがそなわっている（ニーガス、1949年による）。
（エレイン・モーガン著、望月弘子訳『人は海辺で進化した』どうぶつ社、P.114より）

ところがヒトの場合、喉頭がぐっと後ろに下がったため、口蓋（上顎）の一部である軟口蓋からはっきり分離している。そのためヒトの軟口蓋は上げ下げが可能で、食べ物を飲み込むときには蓋を引き上げ、食べ物が鼻腔に入らないようにする。話をするときには蓋を引き下げ、鼻から喉へ、あるいは喉から鼻への空気の通り道を確保する。ヒトが鼻からでも口からでも呼吸ができるのも、鼻濁音を出せるのも、また、鼻に入った空気や水を気道まで入れず、一時、鼻腔の中に留めておくことができるのも、この仕組みがあるからである。いずれもサルにはできないことだ。

逆に、サルにはできる「飲みながら息をする」ということが、ヒトにはできない。いったいどちらが「進化」しているのか。ヒトの不思議な喉頭の位置が生み出した危険について考えれば、それはむしろ「退化」であろう。

生命の危険が大きいほうが「遅れて」いると考えるべきだからであり、その危険を上回るメリットは、いまのところ考えられないからである。だいたい、鼻孔を通った空気を肺に入れるほうが、咳によって有害物質を体外に出すという余計な機能を不要にする。

実際、食べ物を気管に詰まらせて死ぬ人間の数は、いつの時代もかなりの数にのぼる。だから、ヒトの親は昔から、「ものを食べながら（口に含みながら）、おしゃべりしてはいけませんよ」と、子どもに注意しなければならなかった。これは単に下品だからとか、口から食べ物が飛び散って汚いからとかといった、躾の問題だったのではなく、生死にかかわるからなのであった。

ダーウィンもこの問題には注目したのだが、答えは出せなかった。彼はもともと大学の研究者ではなかった。それどころか生物学者でもなく、民間の農学者、土壌の研究者で、生物に関することでは、主としてミミズとかサンゴなどのいわゆる下等動物の研究を行なっていたため、後継者がいなかった。

いま下等動物と言ったが、正確には第一義的な（primary）という意味からくる原始的（primitive）な生物である。

ダーウィンは生物体の原始的メカニズムに関心と敬意を払っていたのであり、彼自身は決して、その著書において「進化とは偉いものだ」とは言っていない。ただ、進化がいかに必然であったか、広範な現象であったかということを力説したのである。だが、彼に続く生物学者は、いわゆる進化論を新しい科学上の神学として祭り上げたため、ダーウィンが感じた疑問点は、その存在すら忘れ去られてしまった。

忘れられた重要問題のひとつが、このヒトの喉頭の位置だったのだ。

ここまでみてわかっただろうが、ヒトの喉頭は、哺乳動物のなかで、ひどく特別な位置にある。つまり特別「喉頭」動物なのだ。本当は、喉頭だけでなく咽頭、軟口蓋、気管、食道などの空気や物を体内に入れる部分のすべてが問題である。

これらの器官はヒトやサルがどういう環境で生き、どういう環境で進化したのかに最も強くかかわっているもののはずだ。だから、血液、血管の問題と同じくらい重要なことのはずなのである。

要するに、ヒトは生後三カ月から六カ月の間に喉頭の位置を喉の後方に移動させる。それは、ひとつには直立したことの結果であるように見える。生まれたあとに喉頭の移動が起きるということは、この変化がサル以降にヒトが獲得したものだと思わせる。サルとヒトとの連続よりも隔絶を推測させるものだ。

けれどもこの喉頭の移動、すなわち口腔の変質は、先にも述べたいくつもの変化が環境に対する不適応を生んだということと同じく、環境に不適応なもう一つの例である。鼻からだけ息をしなければならないサルからヒトへの「進化」は、実は「退化」なのではないかという私たちの疑問に合致する。

乳幼児突然死症候群の悲劇

このような「変化」には、いったいどういう意味があったのだろうか。なぜ、ヒトはそのように「変化」してきたのだろうか。こういう疑問から、我々は長い間、目をそらされてきた。一九世紀にダーウィンがこの「変化」を発見したにもかかわらず、その後、生物学者も医者も研究を放置した結果、実は大きな悲劇が起こってしまった。

「乳児はうつぶせに寝かせるほうがよい」という育児法によって、数多くの赤ん坊が死なねばならなかったのである。

「うつぶせ寝」は、一九七〇年代にオランダの医師たちによって主唱された育児法である。この育児法は、それ以前からあった乳児の突然死を増加させた。乳児の突然死は、そのほとんどは窒息が原因だが、特に生後三カ月から六カ月の期間に集中して起こる。乳幼児突然死症候群（Sudden Infant Death Syndrome, ＳＩＤＳ）と呼ばれるものだ。

当時、赤ん坊はうつぶせに寝かせるほうがよいと指導された。一九八〇年代に入るころには、およそ六〇パーセントの赤ちゃんがうつぶせに寝かされていたと推計されている。その結果、一九七〇年ごろには〇・四六パーセントだったＳＩＤＳの発生率が、八七年には一・一三パーセントに上がった。増加率は、なんと一四六パーセントだ。

そこで、八七年に保健所がうつぶせ寝をやめるよう呼びかけた。すると、翌年には四〇パーセントもＳＩＤＳが減少したのである。これほど明らかな因果関係が示唆されたにもかかわらず、医学界はまだ公式にはうつぶせ寝がＳＩＤＳの主要な原因だとは認めていない。医者はいつでも自分たちの責任を認めたがらないのだ。

医学界は、もっと真剣に原因を追究しなければならなかったはずだ。この結果から原因を摑むことは、それほど難しいことではないはずなのに、脳の異常が原因なのかもしれないなどと言って、いまだに原因究明を怠っている。確かに、うつぶせ寝以外の原因、たとえば脳の異常が原因の場合もわずかにあるかもしれないが、数的に主要な原因はうつぶせ寝である。

脳の異常説は、うつぶせ寝を推奨してしまった学者たちが、「いやそれ以外にも原因がある」と言って、自分たちの責任を回避するために生まれたものだ。その結果、恐ろしいことに、ＳＩＤＳによる乳児死亡率はいまだに日本では二位、欧米では一位という信じられないくらいの状況にある。

実際に起こっているのは、こういうことだ。先に述べたとおり、生後三カ月くらいになると、乳児の喉頭は舌よりもさらに下の位置に向かって後退を開始する。すると、乳児は鼻だけでなく口でも呼吸ができるようになる。このことは、ヒトをヒトとして特徴づける方向のものでもあるのだが、その時期の乳児の身体的反射運動のほうは、まだ鼻呼吸のままなのだ。

つまり、「進化」の方向と具体的な発育においてはズレが生じていると言える。赤ん坊は風邪などで鼻が詰まると苦しくなって泣きだす。そして、声を出して泣くことにより喉頭が口蓋から離れ、口から呼吸できるようになるため、赤ん坊はいったん楽になるのである。大きな声で泣くことで、赤ん坊は自分の呼吸を楽にしているとも言えるわけだ。

そして、ほっとした赤ん坊は、口を開けたまま眠りに落ちる。そのとき、うつぶせに寝ていた場合や、仰向けでも頭が後ろに下がった状態で寝ていた場合には、喉頭が再び口蓋の上に戻ってしまう。このときが危険なのだ。口蓋垂（のどちんこ）が気道の上に降りてきて、ちょうどそこにはまり込んでしまうことがあるからだ。

かくて恐ろしいことに、空気の通り道が塞がれて、赤ん坊は窒息死してしまう。死の直後には筋肉が弛緩するため、驚いた母親や医師によって赤ん坊が抱き上げられると喉頭は元の位置に戻る。そのため死因が不明になってしまう。これがＳＩＤＳである

さらに付け加えれば、赤ん坊の頭が柔らかい布団やベッドの端から真下にぐっと下がっている場合は、うつぶせ寝以上に危険な場合である。この姿勢のほうが喉頭が口蓋垂によって塞がれやすくなるからだ。この突然死は、喉頭の位置が後退移動をする生後三カ月から六カ月の間に主として起こる。発生時期がほぼ決まっているのである。

それ以外の時期に起きたものは、無呼吸症候群の結果ではないかと思われる。睡眠時無呼吸の問題については、一九七〇年代から注目されてきた。これは、無意識時に舌が気道に落ち込んでしまうために起こるものだ。舌が気道に落ち込むと、ヒトは肋骨や横隔膜を振動させるなどして、呼吸を続けようとする。このような現象は、特に筋力が落ちてきた老年世代に多く見られるものだが、何らかの原因で同じようなことが乳幼児にも起こりうるということなのかもしれない。これについては、はっきりしたことはまだわかっていない。

確かに、うつぶせ寝だけがＳＩＤＳの原因ではない。うつぶせ寝それ自体が赤ん坊を殺すわけではない。だが、特にうつぶせ寝がＳＩＤＳを引き起こしやすいことは明らかなのである。これは医療が結果的に殺人を犯した例のひとつに挙げることができる。医者たちがそれでも脳の異常がおもな原因

だと言うのなら、いまだに乳幼児死亡率の上位を占めているこの「病」をなくすため、その研究の成果を我々にもわかるように示すべきである。

ＳＩＤＳの重大な原因は、ヒトの喉頭の特別な位置および、その気管と食道との関係である。したがって、ヒトにおいては喉頭や口蓋垂など、口腔全体の設計が悪いと言わざるをえないだろう。ＳＩＤＳもまた、ヒトの「進化」あるいは「退化」の問題だと言えるのである。

この「事実」は、私が唱えたものではない。新たな進化論の嚆矢を放ったエレイン・モーガンが、すでに一九九〇年に身体「進化」上の問題として分析していた。医学の世界が、その隣接の分野のうち、進化にかかわる生物学にしばしば無関心であるのはよくあることだ。二一世紀の今日でも、「先進国」日本で、乳児の死者二〇〇〇人に一人がＳＩＤＳで死んでいるのはもっと悲しいことだ。生後三カ月から六カ月の赤ん坊が火がついたように泣いたとき、そのノドチンコの位置を意識しつつ寝かせ方を変えてやるだけで、その死はほとんど防げるのだ。

一九八〇年代後半のある時期、「ＳＩＤＳ家族の会」代表を務める福井ステファニーさんが、我が家の隣に住んでおられた。福井ステファニーさんは、一九八六年に最初のお子さんをこのＳＩＤＳで亡くされた。その直後のころであった。

ステファニーさんはそれ以来、ＳＩＤＳの原因を探るとともに、社会的な理解を進める運動をしておられた。子どもを失うという悲痛な体験にさらに追い討ちをかけるように、「親の不注意で子どもを死なせた」として周囲から責められて苦しむ親が、たくさんいたからである。周囲の無理解により、子どもを失って苦しんでいる母親をさらに責め立てるという馬鹿なことが行なわれていたのだ。そういう母親を精神的外傷から救おうという運動を、ステファニーさんは立ち上げられた。その運動はまだ続いている。ということは、まだ無理解があるということだ。医学界がきちんと原因を究明しないせいである。

その当時、私も妻もＳＩＤＳについて基本的に無知であったため、申し訳ないことだが、ほとんどお役に立てなかった。だからここで、ＳＩＤＳの根本的な原因には、喉頭の移動という、ヒトを特徴づける奇妙な「進化」（あるいは退化）がかかわっているのだということを改めて明らかにしておきたい。

余談だが、ステファニーさんは、私たちが隣人であった当時、二番目のお子さんの育児にかかっておられた。いまにして思えば、喉頭が後退移動している危険な時期であり、最初のお子さんを亡くされたのと同じ時期でもあったのだから、当然、非常に気をつかって育てておられた。そのせいで、夫人の母国アメリカから日本までついてきた巨大な長毛の猫（ノルウェーイジアン・フォレストキャットとメインクーンの混血で、私は最初、毛の長い中型犬だとばかり思っていた）が、ステファニーさんの愛を失ったと思って（？）我が家に住みついてしまった。

遊びに来たのではない。帰そうとしても、断固として居ついてしまったのである。夜、すべて戸締まりしておくと、両家の間の塀に登って来て、大きな肉球のついた掌から爪を出して我が家の窓ガラスをコンコンと叩いた。カーテンを閉めておくと、人間のいるところに回ってきてコンコン叩く。私が最初に「これは風の音さ」とカーテンを開けたとき、大きな猫の顔と一五センチくらいの間隔で出会ってしまって、びっくりした。まるでトラのようにさえ思えたものだ。窓を開けておうちに帰りなさいと言うと、巨大な猫はびっくりするほどの敏捷さで我々の脇をすり抜けて我が家に入ってきた。我が家と福井さんの家は同じ設計になっていたから、ルイという名のその大猫は自分の居場所である二階にとっととあがって行くのだった。一度など、それを止めようとした妻はシューと大きな声で脅されていた。「いいんだ。ここにいるんだボクは」ということだったらしい。

我々はステファニーさんの運動を直接は助けられず、臨時の猫シッターとなって間接的に助けることしかできなかったというわけである。これが、現在まで続いている、我が家の長毛種猫飼育の始まりである。

進化か断絶か

ここまで述べてきたように、ヒトとサルとの間には大きな断絶がありそうだということ、そしてその断絶は、もしかしたら進化ではないのかもしれないということは、実は、多くの人がはっきり意識はしないまでも、うすうす気づいていたはずだ。この「うすうす気づいて」いるということが大切なのである。既成の前提を取っ払って、何の先入観も偏見も持たずに素直に眺めてみると、そういう「暗黙知の次元」にこそ、壮大なこのミステリーを解く鍵が潜んでいることがわかるであろう。

結論は明らかだ。ヒトは類人猿から全体的かつ直接に進化したのではない。だから、類人猿とヒトとを結ぶ中間の化石は見つかっていないが、ある意味でミッシング・リンクはもともとなかったのだ。だが、これまでとはまったく視点を変え、「土俵」を作り直したうえで探し直せば、この二一世紀に、別の意味でのミッシング・リンクが必ず見つかるはずである。しかし私は、進化の道筋を見つけたことを語りたいのではない。

それを含むさまざまな真実群の存在を踏まえたうえで、ようやく考えることのできる、進化（？）

したヒトの現在と未来（もしもあればのことだが）について語りたいのである。これを忘れないでいただきたい。

そこで、進化（？）についてである。そのとき何が起こったのか。次節で我々は、この疑問への答えを手に入れるであろう。

第2節　ヒトはいつ、どこで、ヒトとなったのか

ここに述べる結論は（現在の遅れた学問の水準からは）一応は仮説に見えるだろうが、いくつかの手続きを経て最終的には科学的に確認されるだろう。そして、我々の心に残っている遠い記憶に合致するはずだ。それはここに述べる出来事こそ、我々の祖先が体験した恐ろしい事実でもあるからだ。

それはあまりにも強烈な出来事の連続であったがために、いまも我々の深層心理の奥底にトラウマとして残っている。したがって読者のなかには共振や共鳴といった心の装置を通じて、体内の遠い記憶が強く呼び覚まされる人もいるに違いない。

それはまた、その後の我々が自分たちに都合よく作り上げた幻像とは必ずしも一致しないが、それはそれでよい。ヒトが言語として心の中に残している記憶とはそういうものだ。

ヒトに都合のよい物語を作って言語に変えて、その不安を鎮めてくれるのが世界宗教の役割である。だがもちろん、嘘を言っている。その世界宗教がいまだに大きな影響を持っていることを含めて、過去の真実はいまも社会のあちこちで影響を及ぼしている。我々はその不安を、逆に真実を直視するこ

とによって取り去ろうではないか。

たとえば、これはこの節で述べることを少々先走って言うことにもなるのだが、大きなプレートとプレートが近くの海底でぶつかっている日本の伊豆半島では、その地殻の動きを感じて、「ここが人類の生まれた地だ」と主張する宗教者がいる。地中における大地の動きとそれに起因する磁気の変動がしばしば、いわゆる霊感のきっかけとなるからである。

プレートのぶつかり合う地域では、地震が起こるだけでなく、地中で他の火山と繋がらない「単成」火山が生まれる。そういう単成火山はしばしばご神体として崇拝されるものだ（たとえば伊豆の大室山ほか）。磁気の流れを乱し、そこだけが何か別の存在感を主張するからである。

実は、プレートとプレートの大激突は、サルがヒトになった場所とその時代の特徴でもあった。なるほど。では、そのとき、何が起こったのか。実際に起こった出来事はこうである。

大地溝帯の入り口で

いまからおよそ2400万〜530万年前までの地球は中新世と呼ばれる時代だった。そのころの地球は湿潤で暖かく、森林が豊富だった。この中新世後期に、いわゆる類人猿およびヒトの祖型と考えられるラマピテクス類が登場した。

彼らの化石は、北インドのシワリク丘陵（1200万〜900万年前のもの）やケニアのフォート・ターナン（1400万〜1250万年前のもの）から見つかっている。つまりラマピテクスは、1000万年以上前にすでにメソポタミアを通って地球のあちこちに広がっていたのである。

そして、この中新世が終わろうとする670万～530万年前に、地球の歴史にとってまことに特筆されるべき天変地異が起こった。実は、それが起こったからこそ、中新世が終わりを告げ、次に冷たく乾燥した鮮新世（530万～164万年前）が始まったのである。

我々の祖先となるラマピテクスは、当時、アジアやアフリカ一帯の森林地帯に暮らしており、その一部は、北アフリカのアファール（アファー）地帯に住んでいた。このアファール地帯は、現在ではエチオピアの東北部の端にあたり（その北部にはジブチ、西北西にはエリトリアという、いずれも現在、エチオピアと紛争関係にある小国がある）、北をアデン湾、東をソマリア断層崖、西をエチオピア断層崖に囲まれた、三角州のような地域である。

エチオピア断層崖から東方の低地帯を経たところにはダナキル山地という山岳・丘陵地帯がある。ここには伊豆のような単成火山が多数あるが、中心となるのは標高一三三五メートルの、その名もダナキル山である。この山地は北東側には比較的厳しい傾斜を持ち、エリトリアからエチオピアへのさまざまなものの侵入を阻んでいる。一方、南西側は断層崖との間の低地に向かって比較的緩やかな傾斜となっている。

実は漸新世（3800万～2400万年前）の終わりから中新世の初期にかけて、地球は大規模な地殻変動期に突入していた。アルプス山脈が隆起し、ヒマラヤ山脈が出現し、アフリカ大地溝帯が生まれるなど、地表の起伏が激しく変動し、今日の地球の姿はほぼこのころに出来上がったのである。

だからアフリカ大地溝帯はすでに存在していて、古くからその帯に沿ってラマピテクス類がヨルダンやメソポタミア方面に北上し、さらにアフガニスタンや北インドに進出していったのは不思議ではない。覚えておいてほしいのは、ヨルダン―メソポタミア―ペルシャ―アフガニスタン―北インドというルートが、人類にとって、エチオピア─スーダン─ケニアという南下ルートとともに馴染み深いものだったということである――このルートは歴史時代に入った時代のヒトにも非常に（ということは旧来の歴史家の想定以上に）重要なものとして登場する。

アファール地帯では、ユーラシア・プレートとアフリカ・プレートとの大きな衝突により、今日の紅海に当たる部分が大きく盛り上がり、エチオピア断層崖となった。

さらに、そのあたりでアフリカ・プレートがくだけ、ヌビア・プレートとアラビア・プレートを作り出した。その作用により低くなった部分は原紅海となって原地中海と繋がったのである。また、原アデン湾はアファール地峡にちょっとばかり食い込んだかたちになり、その海中では隆起が起こっていた。

ただし、中新世の期間を通じて、アフリカ大陸東北部とアラビア半島南東部はまだ陸続きであったと推測されている。この二つを結んでいたのが、ほかならぬアファール地帯であり、その接合部はアファール地峡（現在のソマリアの北西）と呼ばれるべきものだったと考えられている。

この地域にはさまざまな地殻が生まれ、そのうちの小さな一つであるダナキル地塁が、ダナキル山地となったのだ。アファール三角地帯とその周辺では、休止期をはさんで断続的な火山活動が続き、ダナキル地塁とエチオピア断層崖の間に広がるダナキル低地はさまざまな地殻変動の影響を受け続けた。そして、地震も頻発した。

ダナキル山地が南東の端で切れるあたりは、アフリカ大地溝帯の海からの入り口にあたる。その大地溝帯は現在、地球上に二つある〝大地の割れ目〟あるいは〝地球の割れ目〟と呼ばれるものだ――割れ目のもうひとつはアイスランドにある――。

中新世末期におけるアフリカ大陸のヌビア・プレートとアラビア・プレートの位置関係の推測図。

左図と同地域の、鮮新世初期の推測図。

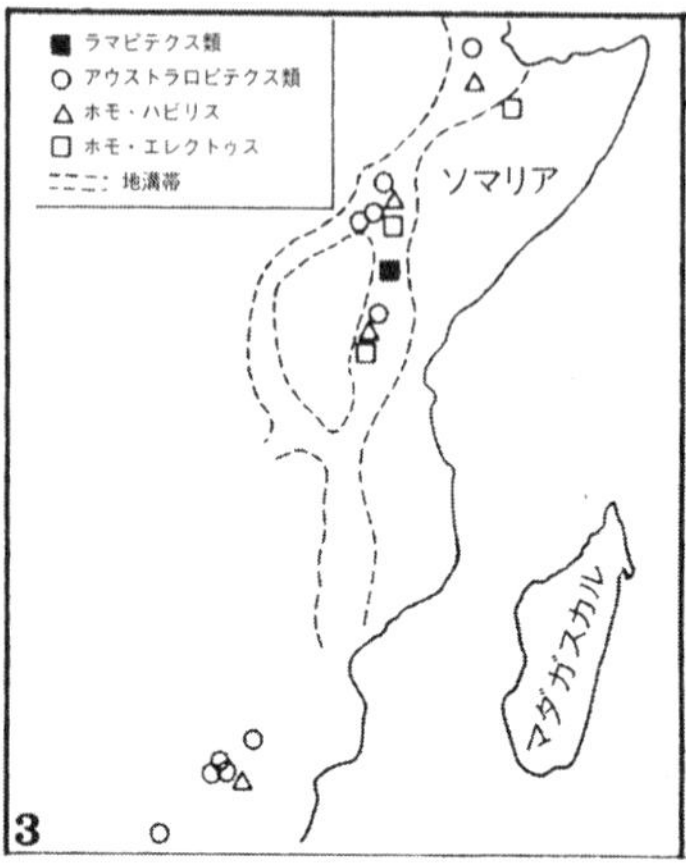

ヒトの化石は、主としてアフリカ地溝帯で見つかっている。

この仮説が正しければ先行人類の化石が見つかる可能性がある、第三紀の堆積物の層がある場所。

ラ・リュミエールによる地図
(エレイン・モーガン著、望月弘子訳『人は海辺で進化した』どうぶつ社、P.155より)

大地溝帯は、先に述べたユーラシア・プレートとアフリカ・プレートとの大衝突、およびそれに伴う断裂（西へ動くアフリカ・プレートと、東へ動くソマリア・プレートとの分離）により生まれたもので、グレート・リフト・ヴァレーを作り出した上、アファール湾に注いでいるアワシュ川の流れに沿って南西へと延びている。

割れ目はさらに南下し、ビクトリア湖を経てモザンビーク海峡南部に至る。全長六〇〇〇キロにも及ぶ地溝帯だ。現在は、ヌビア、アラビア、ソマリアという三つのプレートの境界をなし、ジブチとイエメンとの間は、いまだに毎年一・六センチメートルずつ開いていっている。その意味ではまだ割れ続けている。

天変地異が地球の姿を変えた

中新世のあいだ中、我々の祖先と考えられるラマピテクス類も含めた多くの動物たちは、アファール地峡を通って、アフリカとユーラシアの間を行き来していたと考えられている。ダナキル山地の森林にも、我らがラマピテクスの一群が暮らしていた。この地塁は南北五四〇キロメートル、幅七五キロメートルほどの広さしかなかったが、この森が消えて住めなくなってしまうまで、我々の先祖の彼ら類人猿たちは住み続けていたのである。

ところが、中新世も終わろうとしていた１１００万～９００万年前、この地域で再び火山活動が活発化した。地球規模の気候の変動が起こりつつあったのだ。そして、中新世の終わりから鮮新世の初めごろにかけて、（狂言風に言えば）「このあたりに住まう田舎のサル」だった我々の祖先にとって、およそ理解できそうもない恐ろしい天変地異が起こり始めたのである。もちろん、当時の知識人のサル（ンな者はいないが）にだって何もわからなかったはずだ。

アフリカ・プレートがアラビア・プレートから離れるにつれて、彼らの住んでいたダナキル地塁が反時計回りに回転を始めた。

当初はほぼ南北方向に延びていたダナキル地塁は、アフリカ・プレートからもアラビア・プレートからも切り離され、鮮新世の初期には上端は左に回転して北西に向き、下は南東方向に延びるかたちに変わったのである。アファール地峡はいくつかの地殻によって構成されていたため、そのうちの一つであるダナキル地塁が小さなプレート（マイクロ・プレート）として動いた結果、単独で分離し、回転がかけられたのである。

そしてついに670万年前、ダナキル地塁の南に広がる低地にアデン湾や紅海の海水が流れ込んだ。我々の祖先たちが住処《すみか》としていたダナキル地塁は、孤島となって紅海上に取り残されてしまったのである。

自分たちが住んでいる、四国よりも小さな島が、絶え間ない火山の噴火や地震のなかでじりじりと回転し始めたと想像すればよい。この地殻変動は、およそ百数十万年にもわたって断続的に続いたと考えられている。

中新世の初期には紅海（原紅海）と繋がっていた地中海（原地中海）は、中新世の最後の地層階である「メッシナ階」（670万〜530万年前）の形成が始まって以来、大西洋と繋がったり離れたりを何度も繰り返した。そして、そのたびに陸になったり海になったりしたわけだ。紅海は常にその影響を受け、やはり何度も干満を繰り返した。つまり、紅海の水位はダイナミックに変動したのだ。

それに伴い、ダナキル低地でも海水が入り込んだり干上がったりが繰り返され、ダナキル地塁も孤島になったりアフリカ大陸と陸続きになったりを、この百数十万年の間、繰り返したのである。

アフリカ・プレートがアラビア・プレートから離れるにつれ、アファール地峡に水が入り込み、かつては繋がっていたこの地を分断した。その結果、紅海はアデン湾と繋がり、一方、地中海と紅海の間は陸続きになった。地殻の大変動はソマリア・プレートを分裂させ、ダナキルをも小さな一つのプレートとして、分立させたのだった。

この時代に起こった地殻の大変動は、ダナキル地塁を紅海南東部の海上に、ほとんど島のように孤立させたかたちで一応の終焉を見る。このとき、大地溝帯には海水が入り込み、だいたいは浅瀬となっていた。これが、いまから670万~530万年前ごろの中新世末期に起きたことである。

ダナキル地塁はアファール地帯からも切り離され、百数十万年間に二〇度近くも回転した。つまり北端は、真北から約二〇度西に傾いた——まったく余談だが、前方後円墳応神天皇陵と同じ角度である——。今日では、ダナキル山地はさらにその二倍も左に傾いている。つまり北端は真北から約四〇度西に傾いた。

激しい天変地異はいまはもうなくなっているが、現在に至るまで火山の活動は断続的に続いており、この地はやがて（といっても一億年ののち）海の底に沈むだろうと予測されている。

海が割れ、大地が引き裂かれた——天地創造の真実

この地殻変動は、地球史の中においてはかなりのスピードで行なわれたものだと言えるが、サルた

ちにとっては、気の遠くなるほど長い長い時間であった。

しかも、そのあいだ中、ひっきりなしに火山が噴火し、地震が起こり、山が島になったり、島が山になったり、森林が海に飲み込まれたり、低地が湖になったり、といった変動が繰り返されたのである。

そのころのサルの感じている時間がどういうものであったかわからないが、要するに永遠にかつ常に激震と激動があった、という感覚であったことは間違いない。ダナキル地塁は、紅海に海の水が満ちているときには島となり、水が干上がっているときには山岳地帯となり、それが何度も繰り返されていたのである。

この地殻大変動は、ラマピテクス類の一部であった我々の祖先に、もちろん大きな影響を与えたはずだ。もしも彼らが意識というものをはっきり持っていたならば、彼らは絶望して集団自殺したかもしれない。だが幸いなことに、彼らは自殺という行為を選び取れるほどには進化していなかった。まだ意識というものを獲得していなかったからこそ助かったのである。むろん、テレビやインターネットなどがなくて本当によかった。そういうものがあれば、この天変地異が北アフリカだけではなく中部アフリカにも、さらにはアジア西部にも広がっている、前代未聞の恐るべき規模であることを知り、やっぱり集団自殺してしまったかもしれない。

彼らが体験したのは、何万年にもわたる地鳴りと、頻発地震、火山の噴火である。原アデン湾でも多くの新生火山の噴火があった。我々の祖先は、おそらく今日の我々よりもはるかに鋭敏な感覚を備えていたはずであるから、そのような自然界の前代未聞の異変に対して、恐れおののいたに違いない。現在の我々には感知できない地磁気の変動などに敏感に反応できる能力があれば、かえって恐怖を倍増させたはずだ。

670万年前、紅海の水が初めてダナキル低地にまで入り込んできたとき、火を噴いた山からは溶岩や火山弾が落下し、水辺で急速に冷やされ、礫となった。噴煙は大空を覆い、それは地球のかなりの部分に広がった。そのため日の光がさえぎられ、太陽の熱が地球に届きにくくなった。そのなかで、我々の祖先は、アファール地峡をたたき割って海と化してもなお勢力が衰えずに迫ってくる海を目前にして、恐れおののいていたことであろう。

アファール地峡が分断されたということは、海が割れたということだった。まさに大地が割れ、海も割れて火を噴いたのが事実であった。これこそが、我々の深層の記憶に残る、天地創造の真実の姿である。これが、実際に起こった出来事であることは間違いない。アファール地方はいまでも大きなプレートとプレートがぶつかる地点となっていて、その深部では、中新世末期ほどではないが、いまだに地殻の変動が続いている。

この天変地異は、当然のことながら、我々の祖先に言葉では言い表わせない（どうせ言葉はなかったが）衝撃を与えた。のちの宗教が、紅海が割れて海底が干上がり、そこに道ができることを奇蹟として表現したのは、もっともっと大規模に起こった事実のほんの一部の記憶に過ぎない。さらに、その海底から現われた道が民族の大移動に伴う話として記憶されていることも、この衝撃的な出来事の遠い遠い記憶からきたものであろう。

島に取り残されたサル

中新世の暖かな気候の中で豊かに繁った森林地帯に住んでいたラマピテクスの一群の足元には、ついにアデン湾からの海水が浸入してきた。近隣の森林に住んでいた仲間のラマピテクスたちは、みな内陸部へと逃げていったが、我々の祖先は何らかの理由で逃げ遅れ、島となったこの地に取り残されてしまった。おそらくは、最後に逃げきれないほどの海水の浸入があったのだろう。

彼らは、海水が森林の根元をじわじわと浸していくなか、水を避けて島の森林地帯に逃れて行った。我々の祖先と同様に逃げ遅れて、ダナキル島に取り残された動物たちの多くも、やはりその森林地帯に逃げて行った。

いまから670万年前、このようにしてラマピテクスの一群が、他の動物たちとともにダナキル島上に取り残されたことは間違いない。そして彼らの一部が、我々ヒトの直接の祖先となっていくのであるが、それはまだまだ先の話である。

一方、内陸部に逃げ込んだラマピテクスたちのほうは、アファールの南のアッペ湖やアワシュ川近隣の森で暮らすことを選んだ。彼らは、火山活動や地震が収まれば、その地で安定して暮らし続けることができた。このサルたちは、森林とサバンナへの適度の適応によって、鮮新世（530万～164万年前）の時代をゆっくりと生き抜き、やがてアウストラロピテクス類へと進化していくこととなった。

ところが、ダナキル島に取り残されたラマピテクスたちは、この環境の変化に猛烈なスピードで適応していった。彼らもやがてアウストラロピテクスへと進化するのであるが、他から隔離された環境下では、生物の進化のスピードは一〇〇〇倍になるといわれている。一〇〇〇倍だと、一万年が一千万年、十万年が一億年、百万年が十億年に相当するということである。進化を完成するには不十分だが、進化を開始するには十分だということを忘れてはいけない。

何度も言うが、中新世末期の天変地異は長さ五四〇キロメートル、幅七五キロメートルほどのダナキル地塁を、島として海上に孤立させた。天変地異は気候も変動させる。大気は冷え、地表の乾燥が進み、鮮新世の初めには、ダナキル島を覆っていた豊かな森林のほとんどが枯れてしまった。

我々の祖先は、浸入してくる水を逃れて水辺近くの森林を住処としていたのだが、その森林もどんどん減っていったのだ。乾燥が進むにつれて草も生えなくなり、草食動物も肉食動物も生きていけなくなる。我々の祖先は住処を失い、食糧も乏しくなり、さらには、エサを求めてさまよう大型肉食動物たちの餌食となる危険性も増大したのである。

生き延びるための選択肢は、もはや一つしか残されていなかった。海に活路を求めたのである。海とはいっても、急に周囲が沈んで取り残されたこの島の周囲はもちろん白砂青松の浜などであるはずがなく、陸と海との境では樹木が半分水に浸かっているような状態であった。現在の熱帯雨林の風景を思い浮かべれば、わかりやすい。

かくして、いまだ火山の噴煙が上がり、火山弾が落ちてくるなか、島に取り残されたサル（ラマピテクス）たちは、いまや断固として浅い海の周辺で生きていくことを選択した。

食糧を求め、浅瀬を動き回ったり、ときには海の中に入って魚を狙ったり、海辺近くの陸地で休んだりを繰り返したであろう。あるいは、海水に浸かった木々の根元を渡り歩いたりもしたことだろう。このような動作の反復が、より合理的な移動方法としての直立二足歩行を促したことは十分に考えられる。あるいはまた、しだいに深いところまで海に浸かるようになった彼らが、泳ぎを覚えるようになるのも、時間の問題である。

木の下のほうに浸入している海面あるいは浅い海面下は、外敵を避けるのに都合がよかったし、溶岩や火山弾を避けるためにも都合がよかった。こうして彼らは、必然的に海辺や浅瀬に適応していかざるをえなくなった。島に取り残されたサルたちの「進化」は、こういう状況下で猛烈なスピードで進んでいったのである。

彼らは、火山が爆発し溶岩が降り注ぐなか、孤立した島の海岸近くで暮らすうちに直立二足歩行を行なうようになり、体毛をなくすなど、ものすごいスピードで進化を遂げた。また、熱い火山弾や溶岩が急速に海水に冷やされたときなどは、それが鋭い刃を持つ破片となって礫石器の誕生を促しただろうし、溶岩流によって熱せられたり蒸されたりした動植物を食べることも、「環境適応」として覚えていった。つまり、火山と海辺が、進化に必要ないろいろなことを教えてくれたのだ。料理の根源を追究したはずの文化人類学者、クロード・レヴィ＝ストロースがすっかり忘れていたところの、本来最も多い調理法である「蒸す」料理は、こんな環境のなかから生まれたのだ。

では、その進化とは、具体的にはどのようなものだったのか。ダナキルのサルたちは、その後再び陸の上での生活を選択することになるのだが、その運命を辿る前に、我々の祖先が、いったいどのようにして水に適応していったのかについて、押さえておくことにしよう。

灼熱のヒトの揺り籠――海辺と浅瀬

いまから656万年±26万年前というのが、分子生物学者が推測しているヒトがサルから分岐した時期である。これに加えて地質学者は、約670万年前に、ここまで述べてきたような大変動があったことを認めているから、時期はほぼ合致する。

中新世末期、激しい火山活動によって地球全体が厚い噴煙の層に覆われた。陽射しが決定的にさえぎられて地球表面の温度が下がり、暗く寒くなり、やがて百数十万年後に涼しくて乾燥した鮮新世に移行する。この百数十万年は、ダナキルに取り残されたサルたちが浅い海で進化に専心した時期でもある。百数十万年は短いが、隔絶した環境下での進化の時間としては十数億年にあたる。

サルが直立したのは、先にも述べたように、雨季のボルネオの密林地帯にも似た状況に適応するためであった。ただし、火山活動が活発な時期においては火山弾がひっきりなしに落ちてきて、溶岩流も海に流れ込んでいた。海も浅瀬もしばしば灼熱の熱水となっていた。斜にかまえれば、煮魚が浮いてきていいではないかというところだが、そういうわけにもいかない。自分たちだって煮られてしまうかもしれないからだ。要するに、長い期間を通じて、海はゆったりと浸かれる温泉ではなく、灼熱の海となっていた。海はヒトの揺り籠というが、灼熱の揺り籠だった。まだしも樹木が生えていたであろう浅瀬がいちばん安全だったのである。

浅瀬では、足先を水底につけて歩行するほうが合理的であった。もちろん、ときには泳ぐこともあった。危険回避にも食糧確保にも必要だったからだ。そうなると、泳ぎに適するように体も進化した。サカナのようにヒレが発達する代わりに足が長くなったのは、基本的にはカエルと同じ原理である。カエルは足を長くし、手を短くし、手足に水かきをつけた。サルは腰骨のつき方からして、足を左右に開くことが得意であるが、それが役立った。

ヒトはその足をさらに長くして、膝から下で水を蹴ることにしたのである。いわゆるカエル泳ぎがうまくできるように進化したということだ。今日でも、しばしば手に水かきのある子どもが生まれてくることも、その副産物である。我々の祖先が最初に覚えた泳ぎ方は、平泳ぎだった。

いっぽう体毛は、水の中では不要となった。外敵との戦いがなくなり、出血の危険が減ったからだ。何よりも、体毛が持つ最大の機能である体温調節が、水中では無意味になった。というより不可能になった。かくしてヒトは体毛を失ったのだが、毛が生えてくるもとになる毛包のほうは、チンパンジーと同じぐらい持っている。いや、「残って」いる。しかし、体毛が生えてこなければ、毛包だけがあっても意味がない。

どうしてそんな中途半端なことになったのか。要するに、ヒトは進化しきったかたちで陸上に戻ることができなかったのだ。最近の若者は、感動したときなどに、よく「鳥肌が立っちゃった」などと言うが、本来は誤りである。「鳥肌が立つ」という状態は、もともとは体毛を逆立てて体を大きく見せる必要があったときの痕跡なのである。身の危険を感じて恐怖に襲われたとき、体毛を逆立てて身を守ったり、相手を威嚇したことの名残りなのだ。

それはともかく、我々にはかつてのような体毛はもう生えてこない。ただ前節で述べたように、母の胎内において三カ月くらいの間だけ、毳毛と呼ばれる体毛を生やすのである。この毳毛が、まるで泳ぐときの水の流れに沿うかのような方向で生えていることも、我々の祖先が海辺で進化したと考えれば納得ができる。この毳毛が失われず、非常に濃い体毛を持って生まれてくる多毛症の子どももいる。ほとんどの場合、成長するに従って消えていくのであるが、そのような特徴を持って生まれてくる子どもが決して少なくはないことも、我々の見解を示唆するものであろう。

現在のヒト程度の薄い体毛でも泳ぐのに支障はないのだが、より進化すれば、体毛はまったくないほうがよい。それが水中生活における基本である。オーストラリアの水泳選手が二〇世紀末に始めたこと（体毛をすべて剃る、またはそれと同じ効果を得るためのスイムスーツを着る）は、６７０万年前にダナキルのサルが水辺の環境に適応するために始めたことが、その嚆矢であったのである。

涙を流すサル

体毛が失われたので、体温調節は汗腺の発達によって補われることになった。汗腺にはもう一つ重要な機能があって、それは体内の塩分の排出である。これも海に入ったことの結果であることは言うまでもない。

また、涙腺はすべての哺乳類が持っているものだが、その役割は、眼球を保護し、ドライアイになるのを防ぐための液体を分泌することである。しかし、感情の表現として涙を流す哺乳類はヒトだけである。つまりヒトは「涙を流すサル」になったのである。

感情の表現かどうかは別として、一見、「涙を流しているように見える」動物はほかにもいる。ただし、それらは不思議なことに、海生の種ばかりなのだ。ゴマフアザラシの赤ちゃんが目に涙をためているといって、感傷的にニュースで取り上げられたことを記憶している人も多いことだろう。ウミガメが産卵のときに流す涙（？）は有名だし、ワニやトカゲの仲間でも、涙を流すのは海生の種だけである。

海生の哺乳類が流す涙は、汗腺と同じく体内の塩分を排出し、そのバランスを整えるためのものだ。だから彼らの涙は、ヒトのそれと比べて、びっくりするほどしょっぱい。ヒトの涙もしょっぱいが（涙は心の汗）、体内の塩分バランスを調節できるほどではない。いっぽうヒトの汗は、ときに、体内の塩分バランスを崩すほどの塩分を含んでいる。これらはいったい、どういうことなのか。

ヒトの涙腺も、もともとは海生哺乳類と同様に余分な塩分を排出するために発達したものである。ただその後、陸上生活を営むことによりその必要性が薄れ、他の物質をも排出することで、ストレスに耐えられるよう変化したものだろう。もとは、体の中にたまった過剰な塩分がヒトの悲しみのもとだったのである。確かに、世の多くの女性は、泣くことで大いにストレスを発散させているように思えるから、いまでも肉体的精神的な効果は大きいのである。

ただし汗腺の場合は、陸上に戻ったヒトが体の調子を狂わせたものとしか思えない。ヒトが汗腺を発達させたのはもう一つわけがあって、他の霊長類が持つアポクリン腺という器官をほぼ失ったからだということがある。この腺はしかし、我々にも少しは残っていて、肛門周辺、外耳道、わきの下などに存在する。このアポクリン腺は、わきがのもととなっていることからも明らかなように、性的刺激になるのならともかく嫌がられる臭いであって、除去したい人が大勢いるくらいである。

この腺の喪失と進化との関係はいまのところ不明だが、臭いはともかく、汗で失われる成分のほうは大問題である。暑い夏の日、スポーツや肉体労働をすると、体内の塩分を排出しすぎてしまう。それだけでなく、体に必要なミネラル分まで排出してしまう。汗をかいたら、水分や塩分だけではなく、他の栄養素も補給しなければならないとされているのはそのためだ。

こうなると、ヒトはなんとも中途半端な進化をしたものだとしか言いようがない。いったんは水の生活に適応しようとし、ある程度はそれを成し遂げつつあったのに、再び陸に戻ったことが、このような半端な進化をもたらしたのである。

ヒトは人魚となった

直立二足歩行をする場合、体の重心は頭の真下にあるのが、やはり理にかなっている。我々がペンギンに心からの同情心を抱くのは、彼らが頭の真下に重心がくるように直立し、我々と同じようにもたもたと歩くからである。だが、彼らが歩くのを見るときのヒトの余裕と同情は、彼らが海の中をまことにすいすいと自由に泳ぎ回る姿を見ると、突然、消えうせる。哺乳類の中ではうまいはずのヒトの泳ぎなど、海に適応したペンギンのこの泳ぎを見ると、コンプレックスでいっぱいになるほどの不細工さだ。

つまり、水中生活に適した体になればなるほど、陸上では不適応な体になるのである。ペンギンが地上で不細工に歩くのは、水中で鮮やかな動きの代わりにもらった欠損のようなものなのだ。

そこで納得がいくだろう。我々が直立したことも、尾をなくしたことも、二足歩行も、いずれも陸上での生活には意味のないことだったのである。

それなのに、直立二足歩行になったことを無理やり「進化」として捉えようとしてきたところに、これまでの進化生物学の基本的な間違いがあった。

それでも、我々ヒトの泳ぎは、他の類人猿に比べれば大変優れたものである。かつては数十メートルが限界と思われていた素潜りの記録は、ごくあっさりと一〇〇メートルを超えた。特に訓練をしていなかった日本人の女優・高木沙耶さんがちょっと真剣になっただけで、世界の頂点を狙える位置に着けたことがあった。ヒトの身体構造は、水の中では他の陸生哺乳類より圧倒的に優れているのである。

まず、鼻の形が違う。他の類人猿は例外なく鼻孔が上を向き、呼吸するのに適しているのに対し、ヒトは鼻梁を細く鼻孔も細くして、さらに下に向けている。よく見ると鼻翼もついていて、そこには筋肉もある。これは元来、水に対して開閉できるようになっていたからである。全体の形においても鼻孔においても細くて高い鼻は、いまでも我々に美しいと思わせる。これは、進化した形のほうが美しいと思わせる「共振」の感覚がなせる業である。美しいと思える方向がヒトの快感を高める方向であり、快感を共有する方向が進化の方向となるからだ。

さらに、前節で述べたように、ヒトは鼻腔の奥の口腔に繋がる部分にまで喉頭を移動させ、軟口蓋を開閉できるようにした。つまり、鼻から水が入っても、鼻腔の中に水を留めておくことができるのだ。だがこの点でも、進化はまたもや未熟であって、ヒトの胎児の喉頭の移動は生後三カ月ごろから開始される。そこまではサルなのだった。

その時期以降、赤ん坊はヒト特有の口呼吸もできるようになるのだが、身体反応はまだしばらく鼻呼吸のままである。そのため、うつぶせや頭が後ろに落ちた姿勢で赤ん坊が寝ているとき、ノドチンコが降りてきて気管を塞いで呼吸ができなくなることがある。これが乳幼児突然死症候群（ＳＩＤＳ）の大きな原因であることも、先に述べたとおりだ。この事実も、明らかにヒトが水生用に進化したことの名残であり、その進化が完成していなかったことの傍証でもある。

一九世紀に、ジュゴンやマナティーの棲む海域にヨーロッパの船乗りたちが乗り出したとき、ジュゴンたちのメスが水中に直立し、子どもを胸に抱いて授乳させている姿が目撃された。この場合、体の重心が浮心と一致していることが重要である。ジュゴンやマナティーは、そういう姿勢で人間の乗る船を眺めていたのだ。これが、人魚のイメージの原型になった。もちろん、人魚のように腰をくねらせたり長い髪を持っていたり、まつげが長かったりはしなかったが……。

そもそも、彼らはもともと象の仲間なのである。だが、海に生きるようになってから、メスの乳房が体の上部前面に移動し、子どもを胸で抱いて授乳するようになった。海の中では、その姿勢のほうが安定して楽だからだ。よくよく見れば、目はまん丸だが顔にはひげがあり、首も腰のくびれもなく、まさしく寸胴の流線形である。そう色っぽいわけはない。水夫たちにとっては、「乳房と乳児と直立」という姿が、母のイメージからやがて美女のイメージに変わっていったのである。

海生の哺乳類は、性器が体の前面にあり、腹―腹姿勢の性行為を行なう。ヒトの陸上における腹―腹姿勢の性行為はかねてから疑問の的であったが、ヒトが一時期、水生生活に適応するよう進化してきたことを考えれば、この疑問も氷解するであろう。同様に、前節で述べた「退化」の謎も、そのほとんどが（すべてではない）解明できるのである。

やがて水が引いたあと、彼らは陸上に戻ることを選んだのだが、陸上で直立二足歩行をすることになったヒトは、前節に述べたように必然的に高血圧の危険を抱え込むことになった。水中では二足歩行をしていても水圧によって体重が支えられ、下肢まで下がってきた血を押し返す力があったため、浅瀬であっても高血圧の問題は起きなかったのである。

ヒトがそのまま水生生活を続けていれば、高血圧も血栓症も起きなかったであろう。血栓症の問題も、水中で生きるための進化をしたあとで再び陸上で生活することになったために、出血の危険が生じて生まれたものである。つまり、水の中という環境に適応した「進化」は、陸上に戻れば環境への不適応、「退化」となったのだ。

ダナキルからの脱出——希望と地獄の始まり

さて、670万年前に島となったダナキル地塁は、530万年前ごろから何次にもわたって水が引き、その間、アフリカ大陸と地続きになった。今日の大地溝帯にあたる地域も水が引き、浅瀬となって歩けるようになった。そのような機会を捉えて、ダナキル島にいたサルたちは新しい土地を求め、大地溝帯にできた水辺に沿って南の内陸部へと移動し始めた。

その移動は、ダナキル島が南の内陸部と陸続きになるたびに、何回か繰り返された。ダナキル島の水辺に似た海岸は、数十～百キロほど北方の紅海海岸にも探せたはずだったが、なぜ南の内陸部にだけ移動していったかは我らが祖先に日記をつける習慣がなかったのでよくわからない。ただ、推測できるのは、紅海の海岸が切り立った崖が多かったうえに、道中、水辺に沿って歩くことができなかったためではないかということだ。

必死に水辺の環境に適応してきたサルたちにとって、浅瀬は食糧の宝庫でもあったから、水が引くことは食糧が不足することをも意味した。その結果、生存競争に勝てなくなった弱いものたちが、まず南に押し出された。つまり、環境適応能力の弱いものたちから島を出て行ったのである。

遠征と討伐の始まり

イギリスの古人類学者クリストファー・ストリンガーは、いまの人類がアフリカから中東に進出し

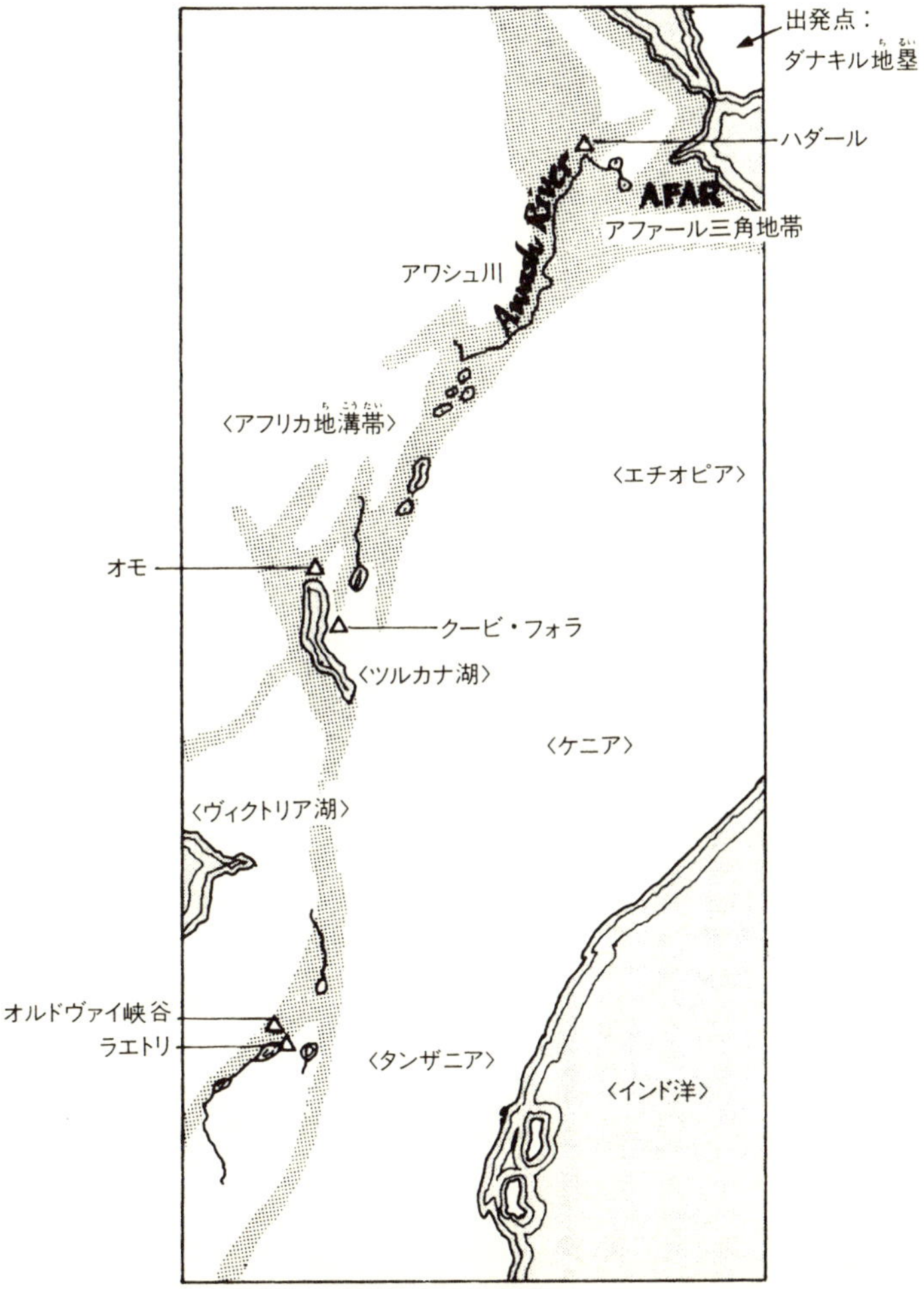

〈水生類人類は水路に沿って南下した……〉

水生類人猿は明らかに、アフリカ地溝帯に沿って移動した。
（エレイン・モーガン著、望月弘子訳『人は海辺で進化した』どうぶつ社、P.147 より）

たのはせいぜい10万年前のころだと言う。これらの年代は、やがて分子生物学者がもっと明確にしてくれるだろう。我々にとって最大の問題は、それがどういうことだったのかということだ。

５３０万年前以降のある時期、ダナキルを出て行った第一陣が、集団といえるものを作っていたかどうかはわからないが、完全な菜食ではなく、小動物を狩るぐらいのことはしていたようである。しかし、彼らはまだ集団的攻撃性を備えていなかったため、身の安全を守るためにも、食べ物と飲み物を確保するためにも、おそらく水辺だけに沿って移動せざるをえなかった。

一九七四年にエチオピアのハダールで見つかった二足歩行の類人猿の骨は、仲間と並んで二足歩行した跡が確認されている。乳房の痕跡があったことから「ルーシー」という名前をもらったが、これは４００万年±５０万年前の化石である。ということは、かなり初期にダナキルを去った一団の子孫ということになる。

だがルーシーは、我々の直接の祖先ではない。ルーシーたちの仲間は、サルからの進化がまだ非常に未発達の段階で、バラバラにダナキル島から出て行ったのだ。というのも、ルーシーはまだ頭の下に重心、浮心が来ていないし、足もつま先からかかとまでが長い。つまり、足先が大きい。このような状態で歩行すれば、あたかも水泳用の足ひれをつけて歩くような不細工なことになるわけだ。

ルーシーにとっては水生生活はすでに終わっていたわけで、さらに直立二足歩行を進化させていく必要性はなかったからだと思われる。むしろ、彼女たちが生きていこうとするなら、もう一度、上半身を強化し、四足歩行と直立とのミックス度を拡大し、樹上でもっと快適に暮らせるように進化していっただろう。だがそうならず、彼女たちは死に絶えたのである。

また、鮮新世（５３０万年前以降）に入ると、中新世の温暖だった気候は一変し、冷たい乾燥期が訪れる。大地溝帯の周辺はしだいにサバンナとなってきていた。そういう状況のなかで、さらに現在のヒトの方向に向かって進化することなどありえないのである。

ヒトとサルとの中間の形態らしきものを発見すると、必ずヒトの祖先であると考えようとするのが、これまでの進化生物学者の欠点だ。北京原人が見つかれば、彼らとヒトとの直接の進化ラインを設定しようとし、ルーシーが見つかれば、とにかくルーシーをヒトの直系の祖先として考えようとする。しかし、ヒトへの進化は、我々の祖先がダナキル島に取り残されたことによって、他のサルたちのような進化の系統からはぐれてしまったことにより起こったものだ。

その場合、はぐれ方やはぐれた時期にバラつきがあって、それらがやがて統合されて今日に至ったなどということはない。

分子生物学者の言うところによると、今日のヒトはネアンデルタール人の子孫でもなく、約20万年前アフリカにいた一人（一頭？）の女性（メス？）の子孫なのである。ハワイ大学のレベッカ・キャン博士は一九八七年に、「現代人のミトコンドリアを分析するとすべてが20万年前ころの一人のアフリカ女性にたどりつく」という研究を科学誌『ネイチャー』に発表した。人々を唖然とさせたこの研究は、その後、多くの分子遺伝学者の研究によって正しいことが確認された。このおかあちゃんには「ミトコンドリア・イブ」というあだ名が奉られた。

このイブ夫人はりんごを一個恥ずかしげに食べるどころか、周りの男をみんな食ってしまったようである。あるいは誰か他の男の食った仲間の女性も食ってしまったのだ。またも、一般の進化生物学者の研究はまったく無に帰したのである。

さらにいままでは、スタンフォード大学のピーター・アンダーヒルによって、父系にしか遺伝しないY染色体を研究すると、東アジア、東南アジア、オセアニア、シベリア、中央アジアの一六三民族、一万二一二七人の男性がすべてY染色体の三つの座位にM168という突然変異があった痕跡を持っていることがわかった。アンダーヒルはこの突然変異を追跡して、それが3万5000年前から8万9000年前のアフリカに起源を持つことを明らかにした。つまり我々アジアの男性は、どんなに古くとも8万9000年前にはアフリカにいたらしいのである。

一人だか少数の集団だかは不明だが、とにかく精力絶倫の我々の曾《ひい》じいちゃん（たち）はがんばって子孫を残し続けた。相手の女性はみなイブの子孫だということになる。

だから、人類はみな間違いなく兄弟なのだ。そして10万年前にヨーロッパで出現したネアンデルタール人は兄弟ではなかった。

兄弟ではないものには気の毒にも悲惨な運命が待っていたと考えるべきである。もう絶対にサルではない（埋葬もしていた）ネアンデルタール人を殺して、おそらくは食べてしまった我々は、原罪の一つをそこで犯した。あなたは、ヨーロッパでネアンデルタール人が身を寄せあってけなげに生きていた（埋葬も宗教的儀礼もあった）遺跡を見たとき、どこか胸が締め付けられる気がしなかっただろうか。

複雑なことに、ある程度まで進化したものたちが、その時期なりのパンツを携えて順繰りに陸のほうに戻ってしまったようだ。このパターンは、約3万年前、ダナキル低地に最後の乾燥のときが訪れるまで、何度も何度も繰り返された。したがって、その途中の進化の中間形態に見えるものはすべてメインの系統からはぐれたものだと考えなければならない。

ここまで述べたように、水辺に適応するように進化した身体は陸の上では退化した身体となる。だからはぐれたものはそのまま死に絶えていくのが、当然の宿命だった。ルーシーもサバンナではなく、エチオピアの森の中で命を落としている。彼女（彼）たちの状況を牧歌的に考えることはまったくできない。

遅くまで島に残ったのは、環境適応が比較的うまくいったものたちであった。そして、さらにそこで進化を続けたのだった。

ダナキルが島になって以来500万年もの間進化を続け、いまから175万年ほど前、「第二陣」が島を出た。

第二陣も、やはり地溝帯に沿って内陸部に入り、有名なオルドヴァイ峡谷などに化石を残した。この人々がホモ・ハビリスである。だからホモ・ハビリスはルーシーの孫ではない。ルーシーは、アウストラロピテクスのなかでも最古といわれるアウストラロピテクス・アファレンシスに属しているが、ルーシーの子孫たちはホモ・ハビリスと一時、共存していたことがわかっている。

ホモ・ハビリスは、オルドヴァイ型と呼ばれる石器群の製作者で、言語〝のようなもの〟も使えたらしい。おそらくは、共存といっても、その力関係は圧倒的にホモ・ハビリスのほうが上だったはずだ。ときには、ルーシーの子孫たちを集団で襲い、殺戮することもあったというのが当然の推測である。ルーシーたちは弱く、武器をろくに使えず、更においしい肉を持っていたからだ。

「第三陣」は、約100万年前に島を後にした。この仲間が、原人と呼ばれるホモ・エレクトゥスである。

第三陣のホモ・エレクトゥスは、ホモ・ハビリスより進化した特徴を持つ、彼らの子孫である。彼らは火を熾《おこ》す方法を知っており、ある種の美意識をうかがわせる道具を作り、言葉によって意思の疎通を行なっていたと考えられている。火をめぐる争いはあっただろうが、同胞殺しの痕跡はいまは見つかっていない。

彼らは、その祖先が初めて島に取り残されて以来、およそ600万年以上もの間、その地で進化を続けたのだ。そして水が引くたびごとに、あるグループは内陸に南下し、他のグループは島にとどまり、進化を続けた。最後の一群が島を出て行ったのは、ダナキル低地の最後の乾燥が終わる3万年前のことである。

ホモ・エレクトゥスたちはその後、長い時間をかけて（長いか短いかはただ単に基準の問題だが）、アジアやヨーロッパの温暖な地域に広がっていった。やはり地溝帯となった死海の横などを通って、その北東側にも歩を進めたのである。北京原人やジャワ原人も、彼らの仲間である。

彼らが歩んだ道は、ヨルダン地溝帯―メソポタミア―カスピ海南部―北インド―タリム盆地―中国であるか、またはヨルダン地溝帯―メソポタミア―カスピ海南部―北インド―ジャワである。これが歴史時代の文明の発祥地になっていくのは偶然ではない。

結局、三波にわたる民族大移動が起きたのは、環境に対する適応力が限界にきて、地続きになった内陸部に新天地を求めたからである。新たな土地に集団で出かけていくこと自体が、集団で狩りをすることや集団でポトラッチを行なうことと同じ意味を担っていたのだ。

つまり、およそ175万年前までに、ヒトは狩りや攻撃などの集団的な行動を可能にする「パンツ」を、ほぼ獲得していたことになる。

ミッシング・リンクの発見

670万年前から530万年前ごろのこのアファール三角地帯で、ヒトはサルから分かれて独自の進化への道を踏み出した。このことは、疑いようのない事実である。

その正確な時期は、そう遠くない将来、アフリカ大地溝帯の北部にあたるこの地域の地層から発見される化石によって、決定されるだろう。

その化石が発見されるのは、およそ2400万～530万年前の中新世の化石を含む、第三紀の堆積物の中からだ。この地層は赤色層と呼ばれ、ダナキル低地の両側に堆積している。そのなかでも、530万年前のものを最上層とするメッシナ階の、当時、海と陸とが接していた地域の地層に、ミッシング・リンクが見つかるはずだ。

東アフリカ大地溝帯の地層からは、ラマピテクスからホモ・エレクトゥスに至る、さまざまなヒトの化石が発見されていることも見逃してはならない。

ただ、残念ながら現在、その地域は戦争に近い混乱状態となっている。先進的な学者たちが、この地域こそ徹底的に発掘すべき場所として意識して以来、少なくとも二十年が経過しているのだが、今日を生きる人間たちの紛争が発掘を妨げている。現在の内戦がやめば発掘も行なえるだろう。

いずれ、発掘が行なえる状態になれば、第三紀の化石だけではなく、さらに進化が進んだ第四紀の化石が発掘される可能性も大である。いわゆるミッシング・リンクにあたる化石が、この地域のこの時期の地層から発見されることによって、ここで述べた「推論」の正しさが立証されることだろう。

大移動の快感と原罪

我々が真にヒトとなることができたのは、私が「パンツ」と呼んだ文化の制度を組み込むことによってだった。ヒトはパンツによって身体的欠損を補い、生き延びることができたのだ。

陸の上では、糖尿病や高血圧や血栓症に悩む体質はどうにも変えようもなかった（そしていまでもそれに悩んでいる）が、緊急時歩行の遅さや、腕力の脆弱化や、木登り能力の衰えなどは、先にも述べたように、ダナキルの水辺で拾った火山弾や溶岩の破片から礫器をつくり、武器や道具として使うことを覚えたことにより、補うことができた。

また、火山の活動が活発だった時期に、その火によって自然に料理された魚や動物を発見して、火を使うことも覚えた。あるいは、言語のようなものを発達させて、仲間同士コミュニケーションを取ることもできるようになったと考えられる。

身体の不能を道具や社会行動で補うこと、これがパンツをはくことの出発点だった。パンツは環境の意味を変え、ときには（近世以降には特に）環境そのものをも変えることになったのである。

だから、「パンツをはく」とは、身体の欠陥を道具や組織行動によって補うということと同義である。何にせよ、行動を起こす欲望は快感に基づかねばならない。そして、我々にとっての快感は、過剰を無理やり作り出し、それを使い尽くす（蕩尽）というところから生まれるのである。たとえば、大地溝帯で食糧となるべき動物たちと出会ったとき、先方は腹を空かせていないと攻撃してこないのに、こちらは内面的快感に基づいて一方的に攻撃するということが生じてくるのである。

かつて同類だったサルから見れば、我々の祖先は島で取り残されている間に、食糧を得るためだけに戦うとか、縄張りを守るためだけに戦うとかいった動物界の基本「ルール」からずれてしまったのだ。

余談だが、動物界の基本ルールのことを、英語で「アニマル・エコノミー」という。「エコ」とは「ともに」というのが本来の意味であり、「ノミー」とは「基本の摂理」とか「根本の理法」という意味の「ノモス」からきている。だから、動物界だけでなく、植物や地球全体を含む生態系の基本的理法については「エコノミー・オブ・ネイチャー」という。「エコノミー」を「経済」とだけ訳したのは、近世の中国におけるひどい誤訳である。

それはともかく、ヒトは、このアニマル・エコノミーもしくはエコノミー・オブ・ネイチャーのぶち壊し屋になってしまったのである。つまり地球という「調和水槽」のはみ出し者となったのである。ヒトによる戦いは、動物界の基本ルールを無視して、ある意味でのべつ幕なしに行なわれる。自分たちの勝手な気分に基づいて殺戮が行なわれたのである。戦いたい、殺したい、支配したいという欲望が、新たなサルたちの内面的衝動になっていった。かつての仲間だったサルたちにも、多少の攻撃性や集団的狩猟の原初形態があるとはいっても、それはサルとヒトとの外見上の相違以上に格差があるものなのである。

それは、必要以上の過剰を作り出し、それを蕩尽するという快感を得るために、新たに作り出されたシステムであった。

そして、我々の祖先は、その快感をどこまでも拡大していこうとしたのである。そういうかたちで別種のサルとなった我々の祖先たちには、もちろん、そんな自覚はなかった。自覚そのものがまだないのだから、仕方ないが……。

いずれにしても昔の仲間に対する大量虐殺が、ダナキル島を出て行ったサルたちの生きていく道になったのだ。たとえばルーシーの仲間、あるいは彼女たちの子孫を、我々の祖先は残虐に殺した。集団的戦闘、集団的虐殺こそが、ヒトのヒトたる道となったのである。生き延びたものたちは、安全な場所を求めて（ヒトを避けて）森林地帯に逃げ込んだ。だから、ヒトとサルは、ほぼ同じ地域に隣同士で暮らしていくことになったのである。

その意味で、最初にダナキルから出て行ったサルたちと第二陣以降のものたちとでは、移動の意味と様相が大きく異なっているのは当然のことだ。第一陣のものたちにとって、動物たちを殺すのは自分たちが生きるためだったわけで、やむをえないものである。ところが、第二陣以降の行動には、それまでとは大きな断絶がある。そこには、ある種の「飛躍」があったのだ。

「遠征」という名の虐殺

ダナキル地塁からの第二波以降の大移動は、まさしく「遠征」であった。

遠征「軍」は武器を携え、初歩的な言語を話し、初歩的な軍団構成を維持する能力を持っていた。直立という不恰好な姿勢から生まれた身体的能力の欠如は、集団行動で補った。行動のエネルギーとなったのは、先にも述べたように、必要以上のものを溜め込んで、それをある一定のときに蕩尽して快感を覚えるという、「過剰―蕩尽」のシステムだった。

「狩り」のできる場所を求めて遠征し、その狩りが恒常的に行なえるようであれば定住する。ホモ・ハビリスに始まる、この大移動とそれに続く定住という行為は、生きるための直接的必要性で行なわれたものではない。

それ自体が快感を高める行為として行なわれたのだ。

そしてその結果が生きることに繋がるというヒト独特のパンツの制度だった。そのパンツをはくための推進力が過剰─蕩尽という燃料によってもたらされたのだった。この推進遂行のご褒美が快感である。

動物には普通持っていないところの、行為の自己目的化とか耽溺というあり方はここに生まれた。これ以降、移動のための移動、遠征のための遠征、そして戦いのための戦いが、ヒトの行動様式のなかに身体的に組み込まれていくことになったのである。

そのような欲望（行動の自己目的化）に突き動かされた人類の行動は、その後の我々の歴史の中に、いくらでも見出すことができる。有史以来、「大遠征」が行なわれたという結果についてはよく知られているが、なぜそのような「大遠征」が行なわれなければならなかったのかという根拠や理由が、まったくと言ってよいほど解明されていない。そういう例は山のようにあるのだ。

たとえば、先に述べた不要な虐殺を伴うアレクサンダー大王の東征、匈奴やゲルマンの大移動、モンゴルの西征、サラセン帝国の遠征、それにバイキングの南征、十字軍もある。これらはいずれも、経済的必要性や地勢学的必然性などだけではほとんど説明不可能な行動で、根拠のわからぬ、嵐のような大移動であった。

そもそも遠征自体が必ずしも必要なものではなくても、ある程度社会が円熟してくると蕩尽したいという欲望が抑えがたくなってくる。それを無理に抑圧してばかりいると、欲望の矛先が社会の内部に向かい、メチャクチャになるから遠征するのである。無理やりにでも「過剰」を人為的に作り出し、蕩尽しなければならなくなるのだ。

内圧を外征によって解消させるという、今日のヒトの社会がもつ悪癖がここですでに始まっていた。先に挙げたものよりいささか規模は小さいものの、当時の民衆を熱狂させ、局地的には大きな影響を持った運動となると、数え上げればきりがない。ボーア戦争、太平天国の乱、義和団事件、中世ドイツの東方殖民運動、古代パレスチナからのユダヤ人のディアスポラ（大離散）、千年王国運動、近代ではユダヤ人のパレスチナ奪還運動（イスラエル建国運動）などである。

これらの遠征、移動、ときには逃走が、ある種の熱情を持って行なわれるのは、ホモ・ハビリスに始まる大遠征の快感が、我々の記憶の奥の奥底に残っているからである。

移動の快感は、最後には存在自体の過剰を蕩尽するパンツ的快感の発露なのである。ダナキルからの大移動は、その嚆矢であり、遠征と移動は、ヒトのパンツの強化要因だった。

山登りをする人たちの好きな言葉がある。なぜそんなに無駄な苦しい登る行為をするのかと問われると、「なぜなら、そこに山があるからだ」と答えるというものである。これは要するに、遠征の自己目的化と同じである。つまり遠征の代償行為だろう。そして代償にとどまれば、それは良いことだ。

大地溝帯に沿って南下していった我々の祖先の行く手には、かつて兄弟であったサルたちも現われた。彼らは基本的に穏やかな動物だったが、我々は彼らを襲い、そして料理して食べた。文化人類学者レヴィ＝ストロースがすっかり注目し忘れた「蒸す」という調理法は、我々がダナキルの海辺にいたときからの基本調理法だった。こういう行為こそが、宗教で言う「原罪」である。もとは兄弟であったサルの肉こそ、アダムが食べたリンゴなのだ。もちろん既成宗教はそこをごまかしている。

心理学者フロイトが注目した肉親殺し（王殺し、父殺し）のトラウマは、ギリシャではなく大地溝帯で起きた兄弟殺しに始まる。

先の民族移動と同じように、この当時の記憶は深層の記憶となって、我々人類に残された。そして折に触れて、我々の精神を支配することとなる。

それが生み出す情動に、ヒトは知識や理性では対抗できない。これを昇華しようと言ったのはゴータマ・ブッダ（釈迦）だったが、それは簡単なことではない。その意味で、決してこれは「過去の話ではない」のだ。浅い海で進化を始めたものたちには、速い進化のために必要な内心の共感や振動を拡大強化する遺伝子が組み込まれた。これが、快感遺伝子ミームである。

ヒト、パンツをはいたサルになる

要するに、こういうことだ。かつては同類であったサルとは完全に分かれ、水辺の環境に適応するよう「進化したサル」たちがいた。そのサルたちは、その後再び内陸で生きることになったのだが、進化が不十分だったうえ、内陸で生きるためにはむしろ退化したような身体状況になっていた。

身体的能力に劣るヒトは、まともに戦えば負けてしまう。だからヒトは、武器と集団性とそれに基づく攻撃性を発達させた戦いを挑んでいった。これは、広義にはヒトが生きるための戦いであったが、狭義には、なぜそれが必要なのか、サルや動物には理解できないかたちで戦いは進行していったはずだ。ヒトの食生活に肉が大量に登場するのはこのころからで、この時代の化石は、いずれも他の動物の骨と一緒に水辺で発見されている。しかも彼らは、通常の生理的食欲以上に食べるサルともなっていた。糖尿病の起源は、ここにある。

サルたちの側から見れば、島に隔離されている間に狂ってしまった昔の仲間であった。森とサバンナとが混在した土地で、明らかに身体的に弱化したヒトが生き残っていくためには、道具、特に武器の使用が不可欠だったし、集団性、特に集団的攻撃性が必要だった。その攻撃性が残虐性に発展せざるをえなかったのは、生きるためだけに食糧を得るとか、子孫を残す生殖行動としてのみ性行為をするといった、動物としての本能の範囲内だけではヒトは生きていけなくなっていたからである。

生きるためには、ここで「パンツ」が必要になったわけだ。そして、生きるために生み出された文化のほとんどが、攻撃性をもとに形成されることになっていった。交換や商業を始めたのも、その結果だ。食糧も防寒具も、必要以上に溜め込んで「過剰」を作り出し、それを一時に蕩尽することに快感を覚えるようになっていった。

この「過剰の蕩尽」こそが、ヒトの文化制度であるパンツの基本で、拡大や成長を快感と感じさせるエネルギーを生み出した。

過剰―蕩尽はヒトの社会に組み込まれたシステムである。快感はそこにおける自己目的または約束されたご褒美である。

過剰―蕩尽に用いられる行為（たとえばポトラッチに使われる毛布を焼くことなど）は全体の中の諸細目だ。快感は、これらの行為を諸細目として出来上がる包括的全体であって、成長や拡大は、ご褒美を得た結果として起きていることだ。この成長や拡大に代わって、ときにはただただ破壊が結果されることもある。いずれにしても快感が目的（包括的全体）として上位にくるわけだ――これら「細目」とか「全体」というのはマイケル・ポランニーの暗黙知の理論によるヒトの行為や認知についての考え方で、『パンツをはいたサル』の最終章から引き継いでいる。

これらはつまりヒトが生きるうえでの内的憲法のようなものだが、これこそが、ヒトとサルとを分かつ決定的な要因となった。サルとヒトとは決定的に違う。ヒトは「パンツをはいたサル」になったのである。

パンツをはくことによって、それまでの迅速な進化のスピードに緩衝が生じた。生きるための急速な身体的変化は、500万年前くらいからはそれまでに比べてゆっくりになった。

新たな環境変化に対応するために、道具を使い、社会性を持ち、過剰の蕩尽といった文化を持つことによって逆に身体変化のスピードを緩めたのである。その結果、パンツは進化に介入したことになる。寒冷な環境に取り巻かれてしまった動物が、寒いから服を作って着るというふうに進化したことなどないが、ヒトはこれをやってしまったのだ。

これが、いったんは水辺での生活を選び取り、それに適応するように進化してきた我々の祖先が、再び陸の上で生きることになったとき、逆に不適応になってしまった（退化したとも言える）ことの根源的理由である。

そしてそれが、不自由な身体を抱えて生きていくために作り出した「パンツ」の体系であった。したがって、攻撃性や残虐性というものも、「人間」の根源としてあるのである。ヒトであるかぎり、我々は、そういうものすべてを捨て去ることはできないであろう。

実際ブッダがそれを捨てろと言っても、僧侶を含めてほとんど誰もそれを捨てていないではないか。

人間というものの本質

そのパンツの現在は、どうなっているのか。これについては次章で詳しく見ていくことにするが、およそ530万年前に我々の祖先がはき始めたパンツは、もはや地球の環境に甚大な影響を与えうる水準にまで到達した。

また、社会制度としての部族や民族、およびその延長形態としての国家の有効性も終焉しつつある。ヒトがパンツをはいたサルである事実を直視させず、いわば曖昧にごまかして生きるための道具として働いた大宗教もその意味を喪失した。宗教はもはや、それがあるために争いが起きる原因になってしまった。

その最も大きな原因は、貨幣が国家の有効性をはるかに超えるところにまで「発展」したことである。貨幣は本来、ヒトの持つ社会制度というパンツの中で国家や民族を維持するための従属的パンツであったのだが、その貨幣自体の生きる権利を維持するために国家や民族が動員されることになるという、「大逆転」が起こったからである。貨幣自体は組織的暴力を必要としないが、貨幣が理由となって国家や民族に組織的暴力や残虐性を発揮させることはできる。

国家や民族は、いまや貨幣がその力を維持するための道具としてしか機能しなくなりつつある。そのようななかで、ヒトの生きる道はどこにあるのか。

それには、まずはヒトがまったく主体性を捨ててパンツ自身の命令に従って生きるということがある。それは実は、500万年間のヒトの根本的生き方であった（認めたくはないが仕方ない）。

ただ、それをもっと根本的に極端に徹底的にやれば逆に活路が生まれるかもしれない。これはつまり過剰の蕩尽の極致でやっていくということだ。過剰―蕩尽の最も極端な形態である。その行きつく先は、ポトラッチ的なものの極致と同じだろう。自らの存在自体を過剰そのものに変え、それを蕩尽しつくすことだ。それは、長い目で見れば集団的自爆テロと同じものだ。二〇五〇年には七五億人になるといわれる人口は、そもそも合理的にこの地球と調和して生きられる数ではない。少なくとも、地球の未来と調和できる数をはるかに凌駕している。

だいたい、ダナキルの水辺に取り残されたサルは、せいぜい一万頭くらいのものだった。ひょっとすれば五〇〇〇頭だったかもしれない。しかもずっと下って20万年前には、一頭のメスとその旦那（しかも一時的な）しか我々の祖先として存在していなかったかもしれないのだ。現在の地球の人口が半分の四〇億人くらいに減ったとしても、長い目で見れば、立派なものだ。ただ、このままほうっておけば、いやな奴だけの四〇億人になる。

ヒトがヒトとなり、生きていくために「必要」となった攻撃性、残虐性は思い出すのもおぞましい事実を記憶の底に残した。そして現代人の心の中にも絶対に消せないトラウマとして残り、ほうっておけば、我々ヒトは仲間を数億人殺して生きるしかなくなるだろう。数百人を殺した北オセチアの学校占拠テロのような事件を多発させつつ生きていくことになるしかない。あるいは集団的な精神異常が起きるかもしれない。残虐な行為のシンドロームである。

意外なことに、それがヒトの本性なのである。あるいは進化の基本的方向なのである。だからよほど意識しなければ止めようがないのだ。残虐性や暴力性は、ヒトのヒトたる由縁として根源的に潜んでいるものなのだ。いかなる平和主義者の心の中にも、読者のみなさんの心の中にも、もちろん、この私の心の中にも潜んでいる。それが、ヒトとして最初に獲得したアイデンティティだったのだから仕方がない。知性があれば抑えられるというような甘いものではないのである。

だから、そういう行為に対し、「人間性がない」とか「人間性を失った」とか表現するのは完全に間違っている。逆に、そういうシンドロームを生むことこそ、ヒトがヒトになったレゾンデートル（存在の意味）だからだ。残虐性や集団的攻撃性こそ、ヒトが生き延びることができた基本であり、その意味で、残虐性と集団的攻撃性こそが、ヒトとしての極致だとも言えるのだ。

その事実をごまかしたり、覆い隠したり、あるいは、ちょっとがんばれば乗り越えられるものだとして、表面的にとりつくろうために生まれたのが、救済宗教である。救済宗教が天地の創造について語り、神の存在について確信し、原罪に対する贖罪意識を煽るのは、およそ530万年前という遠い遠い昔に起きた、言葉のうえでは忘れてしまいたいような過去の事実があるからである。そして、実はそういう宗教が免罪符の役目を果たせば果たすほど、ヒトの残虐性というものは歯止めなく広がっていく。その事実は、ここで改めて言うまでもないほど、多くの人々が実感していることだろう。

特に、「仮想敵」としての悪魔的なものを設定する宗教は、「宗教」という名のもとに「人類の救済」という旗印を掲げて、人殺しをするために広まっていったものである。戦って殺してもいい「敵」をわざわざ見つけ出し、その「敵」の存在についてありがたくもいろいろと教えてくれるのが、宗教というものなのである。仏教以外の世界宗教（一神教）は、みなそうだ。

敵すなわち悪魔の存在を主張する信念は、三〇〇〇年以上前からセム族のあいだにあった太陽神信仰を中心とした多神信仰（その多くをミトラ教的と言うことができる）から一神を選び出して、善と悪の対立を語ったスピターマ・ザラシュートラ（ゾロアスター）の教えを最初とする。ザラシュートラ（ゾロアスター）を紀元前一〇〇〇年よりはるかに古い人だと考えるのは、おそらくはっきり間違っている。原ミトラ教の諸派を折衷して三《さん》アフラ教という宗教を生み出して、悪神を創出した思想行為は紀元前六世紀とか七世紀という比較的新しい時期のものでなければならない。みなゾロアスターとかゾロアスター教とかいうと神秘的なものとみなし過ぎなのだ。そして、ゾロアスター教が救済主義（メシアニズム）の最初である。メシアとは、ミトラをペルシャ語（のうち東部の方言）でミシナと呼んだ語から生まれた。

これが、ユダヤ教をはじめ、キリスト教、イスラム教に流れ込んだ。宗教的攻撃性、排他性の大々的結合の始まりである。それが紀元前一〇世紀より以前からのものではないはずだ。より古くからのメソポタミアの宗教で、悪神や悪魔の存在を強く主張しないミトラ（ミトラス）教は、ローマでキリスト教徒との勢力争いに敗れていった。善悪二元論ながら、善と悪の二神の対立は過去の相であるというマニ教（このマニ教を東方ミトラ教とする見方もある）も、キリスト教徒との戦いに敗れていった。要するに、他宗との戦いにおいて甘かったのだ。宗教の勢力争いに臨むに際して、悪魔との戦いになぞらえて臨んだほうがはるかに戦いに根性が入るというものなのだ。これは過去の問題ではない。現在のボスニア問題はキリスト教を経て、イスラム教に場を求めたボゴミル派問題を土台にしている。我々は、人類と宗教のことを考える場合に、原始ミトラ教のことをもっと重要なものとして考えねばならない。しかもそれは、太陽神になる前に計量と等価とそれにかかわる正義の神だった。まさに経済人類学の研究対象である。

ユダヤ人マルクスが生んだマルクス主義は、帝国主義者や資本家という「敵」を我々に与えてくれた。マルクス主義は哲学によって浸透したのではない。「敵を殺せ」と言って、我々の攻撃性を解放してくれたから浸透したのである。つまりは、一種の狂気である。

そのことは、パンツというものが狂気にもなりうることを示しているのだろう。

マルクス自身は「宗教はアヘンだ」と言ったが、本当は宗教は「強い布地でできたパンツ」だったのだ。

今日の世界は、匈奴、サラセン、モンゴルなどによる「遠征」と「虐殺」によって「直接」的な影響を受けたままの世界である。なぜなら、パレスチナ起源ではなく西アジア起源の人々によるイスラエル建国に発する問題をめぐって混乱しているからだ。我々は、その混乱を引き起こした過去が、決して過ぎ去ってしまったただの過去ではないことを知る必要があるだろう。そのひとつの手掛かりとして、第四章では、コーカサスからのヒトの大移動が今日の世界にもたらしている罪過について述べることにする。進化と退化とパンツの問題は、現在もなお進行中の問題なのだ。

またこれら多くの問題のキーを、いずれもいわゆるユダヤ人が握っているように見えることには(パンツの現在を考えるうえで)何らかの意味がありそうだ。それについて、ユダヤ人を悪の集団だとみなすようなことを我々はしない。いろいろな事件において、陰にユダヤ人がいて、陰謀によって何かが進行したと言ってみてもほとんどの場合、何もわかったことにならない(その「陰謀」が事実であったとしてもだ)。もっと客観的に、彼らがどういう意識(あるいは無意識)で、そういう行動を取っているのか考えなければならないだろう。

よって、次章はパンツの現在の本質を考察し、次にその動きの本質を明らかにすることにする。

（注）血液凝固と血栓のできる仕組み

最も簡単に図示しても次のとおりである。普通なら、ずいぶん面倒な図だなと思われるだろうが、実はこれでもきわめて簡略化してある。ただ、できた血栓の溶解は比較的簡単ストレートなプロセスだ。線維素溶解酵素不活性体の組織プラスミノーゲン（TP）が、触媒のような酵素プラスミノーゲン・アクチベータ（TPA）によって活性体の線維素溶解酵素プラスミンに変えられて、そのプラスミンが線維素すなわちフィブリン（最終的にはフィブリン・ポリマー）を分解して血栓を溶解する。この線維素をミミズが出す物質（まず腸管内の）が溶解する事実をかのダーウィンが一九世紀に発見していたが、医学者はその発見を受け継がなかった。これは人体内のTPAとは違うルンブロキナーゼと言われる酵素で、一九八〇年代初頭に宮崎医大の美原恒教授によって研究報告され、今日、自分自身の人体実験？を経て私が作るサプリメント、クリルベールやシンクリールの基となっている。サプリだから当然、口から摂取する。これは不可逆的でストレートな過程だが、プラスミノーゲンを活性化する酵素の一つ、ウロキナーゼは途中でプラスミノーゲンまで分解してしまって、その結果、血栓をむしろ残すほうに働く。つまりこの場合だけ、量が問題になる。現在（二〇〇五年）の日本の医療は、このウロキナーゼだけを救急時の血栓溶解に使っているという信じがたいレベルである。もちろん、先進国中唯一だ。他の国はみなTPAを使っている。

問題は血液凝固と血栓形成のプロセスだ。図に記されている反応がそれらの物質があれば常に起きるというものではなく、一定の条件が必要なものばかりだからである。そのことがこの図ではまったくわからない。この図は、何と何があるとこうなっていくと機械的に述べているようなものだが、実際には何がある具体的な条件下でどれだけの量となったときという、限定つき条件下でのみ反応が起きている。それがいちばん重要なところだ。だから、「きわめて不十分」と言ったのだ。実際の各種物質の働きについては研究してもまだわかっていないことが多い。登場してくる物質が何をしているかもわからないということさえも多いのだ。

たとえば、アンジオテンシンという血流や血圧を調整する酵素は、肝臓でできるアンジオテンシノーゲン

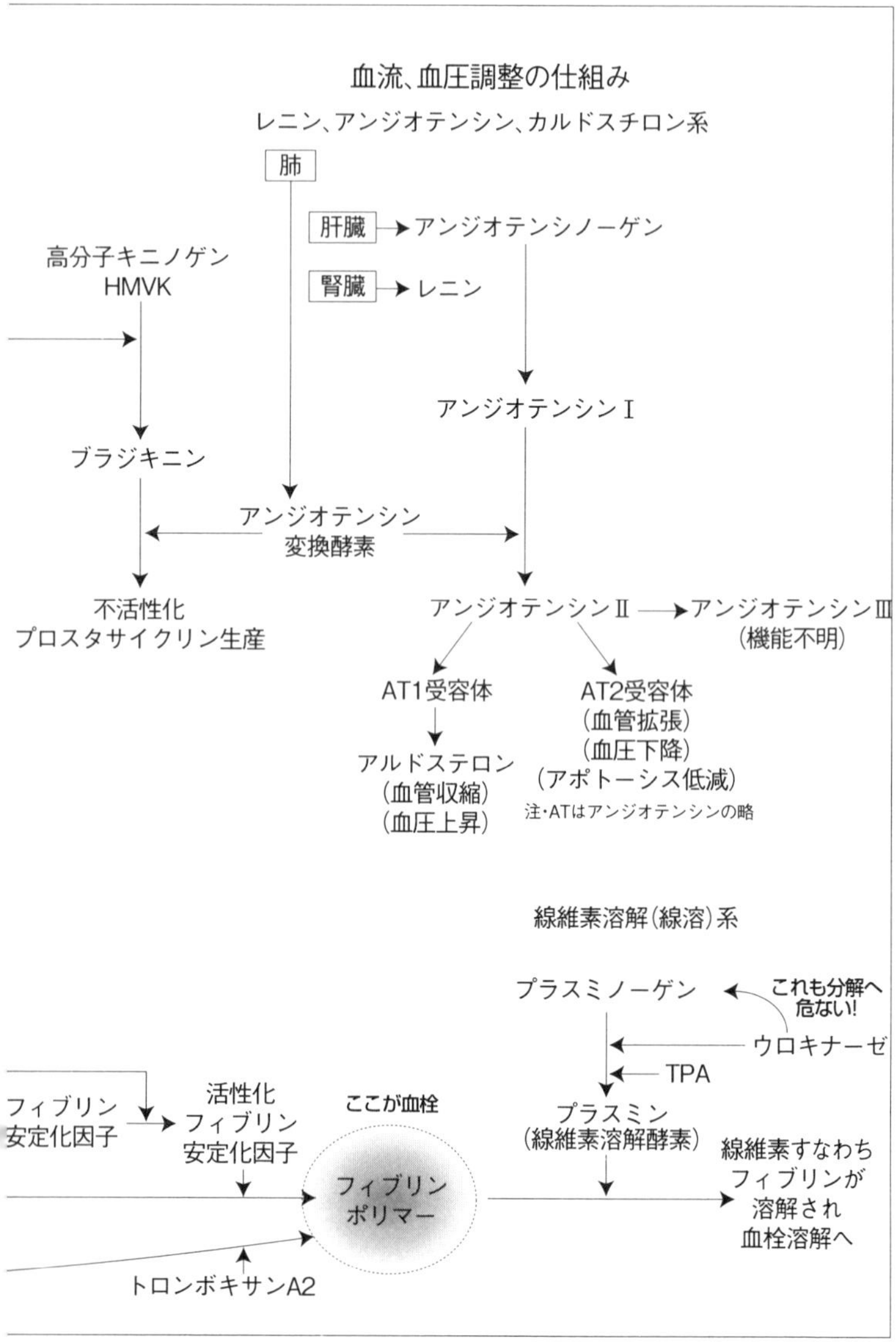

血流、血圧調整の仕組み
レニン、アンジオテンシン、カルドスチロン系
肺
肝臓
アンジオテンシノーゲン
腎臓
レニン
高分子キニノゲン
HMVK
アンジオテンシンⅠ
ブラジキニン
アンジオテンシン
変換酵素
不活性化
プロスタサイクリン生産
アンジオテンシンⅡ
アンジオテンシンⅢ
（機能不明）
AT1受容体
AT2受容体
（血管拡張）
（血圧下降）
（アポトーシス低減）
アルドステロン
（血管収縮）
（血圧上昇）
注・ATはアンジオテンシンの略
線維素溶解（線溶）系
プラスミノーゲン
これも分解へ
危ない!
ウロキナーゼ
TPA
プラスミン
（線維素溶解酵素）
フィブリン
安定化因子
活性化
フィブリン
安定化因子
ここが血栓
フィブリン
ポリマー
線維素すなわち
フィブリンが
溶解され
血栓溶解へ
トロンボキサンA2

血液凝固と血栓ができる仕組み

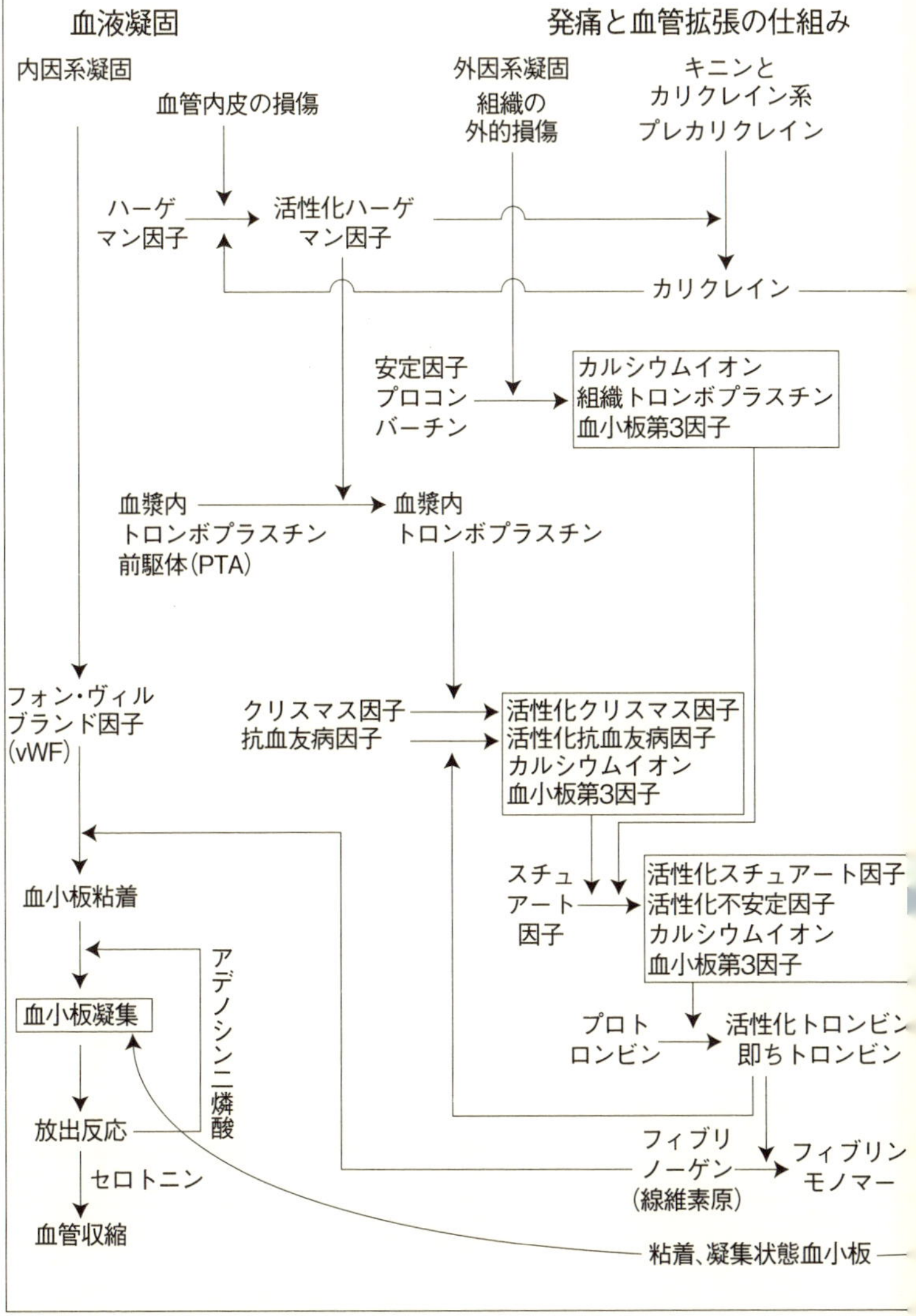
血液凝固
発痛と血管拡張の仕組み
内因系凝固
血管内皮の損傷
外因系凝固
組織の
外的損傷
キニンと
カリクレイン系
プレカリクレイン
ハーゲ
マン因子
活性化ハーゲ
マン因子
カリクレイン
安定因子
プロコン
バーチン
カルシウムイオン
組織トロンボプラスチン
血小板第3因子
血漿内
トロンボプラスチン
前駆体(PTA)
血漿内
トロンボプラスチン
フォン・ヴィル
ブランド因子
(vWF)
クリスマス因子
抗血友病因子
活性化クリスマス因子
活性化抗血友病因子
カルシウムイオン
血小板第3因子
血小板粘着
スチュ
アート
因子
活性化スチュアート因子
活性化不安定因子
カルシウムイオン
血小板第3因子
血小板凝集
アデノシン二燐酸
プロト
ロンビン
活性化トロンビン
即ちトロンビン
放出反応
フィブリ
ノーゲン
(線維素原)
フィブリン
モノマー
セロトニン
血管収縮
粘着、凝集状態血小板

という物質に対し腎臓でできるレニンという酵素が働いてアンジオテンシンＩになるが、これが肺でできるアンジオテンシン変換酵素の働きによってアンジオテンシンⅡになる。アンジオテンシンⅡは、ＡＴ１受容体にくっついてアルドステロンを生じ、血管収縮と血圧上昇を促す。他方、ＡＴ２受容体に接着すると、なんと逆に血管拡張と血圧下降を生む。後者はなぜか不思議な細胞自死（アポトーシス）も生む。なぜ、一つの物質が正反対の二つの現象を起こす役割を担っているのかはよくわかっていない。それをホメオスタシスつまり生体の自己コントロールだと言ったところでこれは単に「言葉を作っただけ」ではないか。それはともかく、アンジオテンシンⅡはやがてアンジオテンシンⅢに変わっていく。このアンジオテンシンⅢに何も役割がないわけはないのだが、最先端の研究でも二〇〇五年の段階でまったく不明である。まず間違いなく、血流や血圧にかかわっているはずだが、それがわからない。ということは、ある一定の役割を果たしている物質を無視して血流・血圧の理解をしているわけだ。もしもそれが非常に重要なものであったら、我々は、それを除いたこの系の理解に基づいて今日の血圧の薬（の主流アンジオテンシン阻害剤等、一九九〇年ごろから）を作っているのだから、どこかで急に「これでなければいけない」といった治療上の変更を迫られる危険を負っていることになる。

凝固と血栓形成にかかわる体内の反応はまことに複雑で微妙である。一つの物質や反応が別の物質や反応を生むことが多いからである。

同じ物なのに、ある働きで血栓を作り、別の働きで血栓を作らせない。だから、構造的に副作用が生まれやすいということになる。

こういう状態では、治療は本来、どの薬をどの程度どういう状態のところで投与するかが注意されねばならないはずだ。それがいやなら、比較的副作用の少ないはずの血栓溶解（線維素溶解）のほうで治療をすべきだ。だが、まったくその段階には至っていないのである。

それまで正しいと認められたものが、体内の反応の研究が進むとひっくり返された例には、アスピリン「アセチルサリチル酸」がある。アスピリンは、血小板において酵素シクロオキシゲナーゼの働きを抑えると同時に、血管壁のシクロオキシゲナーゼも抑える。両者は血栓形成については逆の効果を有する。これを「アスピリンジレンマ」と言った。だが、研究の結果、これは投与量の問題であることがわかった。結局、一日三〇㎎という少量を飲み続けた場合、血管壁での働きが抑えられ、血栓形成を抑制する効果が確認されている。これは、アセチルサリチル酸がどの場でどれだけあるとどう働くかがわかったからである。鎮痛剤として認められてから、半世紀をはるかに過ぎたあとのことであった。なお鎮痛剤として働くということは、「痛み」が血液凝固・血栓形成系にかかわるものだからだ。ヒトは痛みを感じると、それ以上の外傷を作る行動を抑制する。だからこの系が発達したのだ——そのくせ、最も重大な血管壁の損傷や血栓症の発生からの痛みはまだ伝わってこない。このシステムもまったく不完全な発達状態なのだ。他の薬についてはほとんどそういう研究は進んでいない。ある意味で、危険なことだ。

全体に治療が手探り状態に過ぎない。

だから私は、形成後の血栓溶解を行なうミミズ腸管内の物質を摂取できるように、サプリメント、クリルベールとシンクリールを自ら作ったのである。それが一番有効で安全だ。

そもそもアンジオテンシン変換酵素は血管拡張物質および発痛物質ブラジキニンの活性化を抑えるが、その生成に働く酵素カリクレインは血液凝固因子を活性化させる。不可思議なのは、活性化した凝固因子がまたカリクレインの産生に資することだ——図の左上のハーゲマン因子とプレカリクレインやカリクレインのあたりを見よ。これは一方で血液凝固から血栓作りへと進んでいっているのに、その手で血管拡張（血栓を作らない）も行なっているということである。フィードバック性があるとか可逆性があるとか言われるものだが、はっきりしていないとか曖昧なシステムであるということでもある。カリクレインがどういう状況下で凝固因子を活性化して、どういう状況下では高分子キニノゲンからブラジキニンを作り出すのか。言ってみればまったくわかっていない。

この血栓形成のキーポイントは、まず「どのようにして始まるか」なのであって、その意味では我々はまだ基本がわかっていないに等しい。ここまではやや高級な話である。つまり「進化」の途中の段階というようなことだと思うからだ。

ところが、さらにトロンボプラスチンが登場したあたりから、明きらかに物事が複雑になっていく。特に、組織の外的損傷によって始まる外因系凝固において動き出したカルシウムイオンと組織トロンボプラスチンとがスチュアート因子に働いて活性化させ、再び血小板第三因子もまた協力に入ってプロトロンビンをトロンビンに変えるというあたりである。これがフィブリノーゲンをフィブリンモノマーに変え、最後にフィブリンポリマーができて粘着凝集血小板に絡み付いていわゆる血栓となる。わかるだろうか。とても登場物質が多い。しかも、一つの物質がいろいろな場面で登場する。原因が結果を生むのは当たり前だが、しばしば結果がさらに原因に立ち戻って影響を与えている。この部分は明らかにプロセスの進行を強化しているのだ。一般の教養的文献で血栓形成について述べているのはアホでもわかりやすい部分であるプロトロンビン登場以降のプロセスなのだ。なぜフィードバックがあるのか、同じ物質があちこちに登場するのはなぜか。反応系が四つも絡み合うのはなぜか。それをまったく述べないのは困る。研究が遅すぎる。だが、だからと言ってその研究を満州石井部隊のようにヒトでやってもらっては困るだろう。でもさらに困るのは、医学部の教科書をチェックしたら、半数がいい加減な簡略化をしてここを説明していたことだ。そんなレベルで、ヒトを治療する医者を教育してほしくない。

なぜプロセスの進行はあるところから強化されるのか？　よくわからない。そんなことでは、血圧と血栓問題の難しさの百分の一もわからないだろう。しかし、サルがヒトになったとき以来、外因系凝固がこの系のキーになったことは推測できる。体毛を失ったのは、後述のダナキルの海辺で暮らすようになり断熱機能も外傷防止機能も不要になったからであるが、そこからさらに陸に上がってパンツをはけば、外傷性の出血を断固として早く止めるのが枢要になったのだ。

ここまでの説明はくどいようにみえるかもしれない。しかし、どこにでも見られる俗流の説明よりは、はるかに正確だ。逆に言えば、最低限このくらいの理解は必要な、複雑なプロセスなのだ。いっぽう現実に横行する俗流な説明は以下のとおりである。あるサプリメントの宣伝資料にこうある。もちろん、某医学博士監修である。

それによると、①血管内皮に損傷が起きる。②損傷部位に血小板が集まり塊ができる。③トロンビンがフィブリノーゲンを分解してフィブリンを形成する。④血小板から放出されるトロンボキサンA2などによって赤血球やフィブリンが集まり、血栓が形成される、とあった。別に間違っていない。しかし、凝固、凝集の始まりについて二つの原因のうち一つを完全に抜かしている。もちろん、フィードバックが起きることなどまったく触れていない。

血栓症について正しい治療法と薬が発明されるのはまだまだだろう。それまでは、できた血栓を片っ端から溶解していくのが最も正しい治療であり予防である。可逆性のジレンマがなく、副作用も圧倒的に少ないはずだからである。ダーウィンが発見したミミズの酵素が採れるもとになるミミズの乾燥粉末の食品（サプリメント）が現下のところ最良で、なんと私が自分のためにそれを一つ作り出した——その仕事のおかげでこの本が二、三年遅れて執筆されたのである。血栓症体質の読者はそれを採取することをお勧めする。私が作った難しい名前だが、「線溶機構研究会」（〇三—五四七七—〇五八八）という所に問い合わせるといい。

第二章　現代に至るパンツ

宗教、民族、国家の起源――その1　宗教

パンツをはいたサルになって以降、相変わらず集団的攻撃性を発揮し、勢力を拡大してきたホモ・エレクトゥスは、10万年ほど前に（がんばり曾《ひい》おじいちゃんのおかげで）ホモ・サピエンスへと進化した。そして、武器や道具を発達させただけではなく、絵画を描いたり装飾を施すことで美意識を芽生えさせるとともに、祭礼らしきものを行なうようになり、精神活動を発達させていった。

このような文化的進化は、かつてダナキルの島で起こった生物的進化に匹敵するほどの目覚ましいスピードで進行し、やがて生物的進化をしのぐようになっていく。そして途中からは、さまざまに問題のあった生物的進化に苛立ったためか、「引っ込んでろ」とばかりそれを抑えてしまう。

最も大きな発明は、言語である。

言語こそ、この時期の人類が身につけた最大にして最強の勝負パンツであり、ヒトをその他の霊長類から、はっきりと分かつものであった。言語を獲得したことにより、ヒトはこののち、さらにさまざまな派生的なパンツをはくこととなる。意思疎通のための言語システムが確立されることで、ヒト

はますます拡大、成長し、それはやがて自分たちのアイデンティティの基盤となる宗教を成立させた。

宗教というパンツを身につけることによって、自分たちはいったいどういう存在なのか、説明できるようになった。もちろん、自分たちに都合のよい勝手な説明も生まれた。というより、そのために言語や宗教が必要になったといってもよい。

アフリカ大地溝帯の北の切れ端（繋がっているという説もある）に位置する死海―ヨルダン地溝の周辺では、ヒトがサルから分かれた時期に起こった天変地異の記憶（深層）が特に鮮明だったのだろう、この出来事を基礎にしたと思われる天地創造説を中心にした世界観が生まれた。言うまでもなく、旧約聖書の物語である。

この、同じ旧約聖書を起源とするユダヤ教、キリスト教、イスラム教では、「神の敵」たるサタンの存在を教えている。そして、このような存在は〝善なるものの敵であり、抹殺してもよい〟としているのである。ユダヤ教徒が自国領を失って以降生まれたタルムード（二つのものがあるが、よく用いられるのは五世紀末成立のバビロニア・タルムードだ）がその最もいい例だ。要するに、異教徒に対し異常に攻撃的なのである（ただし、それは基本で、自分たちが生きるために異教徒を利用せねばならぬときは寛容になる――領土拡張時のイスラム教や、異教徒を兵として使わねばならなかった七、八世紀のカザール帝国など）。

つまり、世のため人のためには積極的に敵を殺せということが許され奨励すらされる。このような殺戮の奨励は、たとえ教典の中に明文化されていなくとも、誰の目にも明らかなかたちで伝えられているものだ。そして実は、これこそが民衆の心を捉えるうえでキーポイントなのである。ヒトの持つ攻撃性が、うれしいことに解放されるからだ。また、〝このような善行のために自らの生命を犠牲にするのは尊い行為だ〟とも教えなくてはならない。

「過剰の蕩尽」によって得られる究極の快感は、他人のものでなく自らの生命そのものを蕩尽するということから得られることもある。

だから各宗教の秘儀といわれるもののほとんどは、形こそ異なるがその方法を伝えるものだ。かくして、他の宗教に比べれば明らかに平和的な仏教でさえ、法隆寺の玉虫厨子に描かれた「捨身飼虎図」のように、自らの身をトラの餌として投げ出すような修行もあるのである。また静かな形ながら、自分で自分の肉体的存在を蕩尽する即身成仏というのもそうだ。「そうだ」と言うより、その極致である。

敵を殺すことを奨励するばかりか、そこに快感を見出すというヒトの性（さが）は、残念ながら、ヒトがヒトであることの根本をなす問題だ。仏教にさえ残されているそれは、集団となってアファールから南下していった我々の祖先の記憶と完全に合致するものであり、そのときの「快感」を思い起こさせるものなのだ。

仏教を除く世界三大宗教が、時の為政者（征服者）の勢力拡大に伴って広まっていったのは、為政者たちがこの攻撃性を利用したためである（あるいは宗教のほうから権力者を利用していった）。歴史を振り返ればわかるように、この事実は、現実には仏教においてさえ例外ではない。仏教が平和主義的だったのは、おそらくその起源が北インドではなく、ゾロアスターの故郷にも近い東ペルシャであって、ゾロアスター教（非常に多種類ある）との対応関係によるものとの説もある。

また、歴史上の大遠征といわれているものは、そこに宗教上の理由が絡んでいることが多い。そのまたさらなる根源には、アファールから遠征してきた快感の記憶が存在しているのである。このような記憶が、いったいどのようにして我々にまで伝えられてきたのか。これについては、いずれ間違いなく、そのような役割を担った遺伝子が発見されることで、解明の手掛かりが得られるであろう。おそらくは、攻撃性と快感の遺伝子である。

その2　民族、国家

かくしてヒトは、まずは言語を共有することで同属意識を発達させ、さらに起源神話を作り出すことで自分たちの集団のアイデンティティの根拠を獲得した。そして、この民族という概念を軸にして、国家という制度が作り出された。

つまり宗教、民族、国家の三つは、同じ根から生えたものなのである。いわば、ヒトが集団として生きるためにはいたパンツだ。

この三点セットの起源は、穀類の集団的栽培耕作の起源（中近東の麦作）である紀元前七〇〇〇～八〇〇〇年くらいである。したがって、その歴史は、最大限遡《さかのぼ》ってもたかだか一万年くらいのものである。

この一万年の間に、国家というパンツはずいぶんと巨大なものへと成長したが、この巨大パンツは現代において力を失いつつあり、有効性喪失の危機に瀕している。（工業技術などの）テクノロジー自体はまだまだ発展する余地があるが、問題は、それを組み込んでいく国家経済（国民経済）のシステムが崩壊しつつある（そしてやがてがたがたになっていく）ことである。

したがって、未来の形はもはや見えてきていない。

これは結局、国家に将来が見えない（たぶん、ない）ということであり、実は自立した共同体など、もはやありえないのではないかということをも示唆しているともいえる。

世界国家がありえない理由

宗教、民族、国家の三点セットと言ったが、現代においては国家こそが、人類にとって最も重要なパンツとなっている。

宗教と民族の二つは、往々にして国家という概念を強化するものとして位置づけられる。特に一九世紀から二〇世紀にかけては、民族国家の独立のために宗教および民族の概念（民族意識）がことさらに強化される必要があった。

しかし現在では、国家というものは、もはや貨幣作りのための舞台という役割以外に重要な意味を持たなくなってしまった。正確に言えば、莫大な貨幣を保有する一部の人々にとってしか、国家は有効性を持ちえなくなってしまったのである。

国家に有効性がなくなったと言うと、それでは全世界が一つの国家となり、世界政府が成立するしかないのでは？　と短絡する人たちがいる。けれども、事はそう単純には運ばない。

本章で詳しく分析するように、そういう選択は、「自らが生きるためには自己増殖するしかない」という貨幣の本質に正面から対立するからである。したがって、世界国家を作るという動きは絶対に進展しないし、進展したとしても、表面的なものでしかない。

貨幣にとっては、それぞれの国家経済が別々のものとして存在し、それらの間に格差があるほうが都合がいいのである。いや、むしろ貨幣にとって国家の存在意義とはそれを維持してくれることにあるし、できたらむしろその格差を拡大してくれることにあるのだ。

それなのに、たとえ表向きのものであっても世界を本当に一つの国家にしてしまえば、〝格差の存在を本質的に前提とする〟貨幣や金融資本家の行動は制約され、困ってしまうではないか。

そういう貨幣の行動は、世界が一つの国家になれば、はっきり悪として断定される。そしてそれを排除する法律も作られるだろう。もちろん、法が作られたからといって、完璧な実効性を持つとは限らないし、いくらでも破られうる。そのようなものは、現実的には何の意味も持たないことが多い。けれども法は、何が社会的悪で、何が社会的善なのかという基準を象徴する機能を持っている。正義とは何かという公然たる宣言にはなるのである。

現在のところ、貨幣や金融資本を支配しているのはユダヤ人の中の権力派グループ（のちに詳述）であるが、貨幣や金融資本の行動が法律的に悪と規定されることは、彼らにとって大変都合が悪いのだ。それゆえ彼らは、政治に対する影響力を駆使して世界国家の成立に反対する。それどころか、国連の機能強化にも反対するのである。

私もいまのところは、別の意味で世界国家の成立には反対である。本書で述べているようなヒトの本性についての理解がなされないままで世界国家を作っても、それは殺戮と経済格差を拡大させるようにしか機能しないからである。内部紛争や局地戦争が激しくなるだけであろう。そのことは、ロシア内部においてそういう機能を強化するものであったロシア革命の結末が証明している。

市場経済の展開——貨幣の自己増殖

国家においては、宗教や民族意識のほかに、財政システムが非常に重要なソフトとして機能している。経済人類学が明らかにしてきたことは、貨幣、商業、市場といった制度は、この財政システムを強化するために導入発明されたものであるということだ。こちらの三つは、市場経済にとっての三点セットである。

この三点セットは、当初からセットとして発展してきたものではない。経済史家はそれぞれの初期形態と思しきもの（たとえば交換手段に用いられたと思われる貝や、富を象徴したと思われる玉やその他）を発見していると主張するが、それらはいわば「アウストラロピテクスの化石」に過ぎない。

そういうものは確かに存在したのだが、それらがそのまま発展し精密なものになって今日に至ったわけではない。ほとんどすべての場合、近代市場経済の主要因である現在の三点セットのひとつたる貨幣には進化しなかった。

それらは、ある時代に生まれては消え、消えてはまた別のかたちで出現し、ときに「絶滅」したのである。しかし、そのようなあり方のほうが、むしろ普遍的なものだった。なぜなら、この三つはもとから相互に関係のないものだったからだ。それが、市場経済の発展の中で市場のシステムに都合よく利用され、ばらばらだった機能が統合されたのである。これが経済人類学者カール・ポランニーの明らかにした重要なことであった。

だから、人類全体の歴史から見ると、今日の市場社会の三点セットのほうこそ、むしろ「異常」といえるわけで、結婚する必然性のないもの同士が無理に結婚してしまったようなものなのである。

それでは、この三点セットは、いかにして今日のような家庭（？）を築いたのか。

貨幣は、もとは社会において一種の宗教的威力を持つ財として登場した。そして、社会において何かと生じる穢れや怖れや精神的・物質的負債を払いのける手段として採用された。借金や罰金も広い意味の負債だったのである。

交換において、お代（等価）の支払いが残っているほうには負債があることになる。その等価は王などの権力によって決められるもので、マルクスが言うように交換から生じるものではない。同じく、等価の支払いは支払いであって交換行為の一環ではない。

紀元前二〇〇〇年くらいから古代メソポタミアの各地で信仰されたミトラ神は契約の神だった。その名称は計測を意味する「メール」からきていたが、それは「等価」を司ることにもなった。そしてやがて、セム語で「主」を意味するバール神や太陽神とも融合し、万有の原理や光明を表わす神となった。慎重な学者は、古くからのミトラ信仰と紀元前二世紀くらいから始まったミトラ（ミトラス）教を結びつけるのに消極的だが、各種のミトラ信仰は文明や経済の「発展」と結びついて、しだいにいわゆるミトラ教やマニ教や弥勒教となっていったのである。

貨幣はそういう宗教的なものであったが、市場経済が展開すると一般的な交換手段の役割を与えられ、かつ蓄財の手段にもなった。国家の財政システムが展開すると、「信用貨幣」の位置も付け加えられた。それゆえ、信用上や数字上だけで存在することも可能となった。今日のような財政システムは、近世のイングランドやフランスの宮廷で発展した。まずはイングランドで、独立した特殊な「技能」として発展したが、その担い手がユダヤ人たちであった。続いてフランスで特殊技能を持つ官僚の仕事として展開され、「経済学」というものの発展に寄与した。

これはマルクスによる貨幣についての記述とまったく違っているだろう。マルクスの記述は事実を完全に逆から説明する嘘で、いわば「ユダヤ人の陰謀」(笑)である。もっとも、それを批判しているポランニーもまたユダヤ人だから、こちらは「ユダヤ人の真実」なのである。

そのあたりから、「金融」という機能が付け加えられるようになった。金融(金銭の融通→資金の貸借)が金貸しから始まったことは間違いない。これも、その初期からユダヤ人の仕事であった。そして一九世紀後半になると、銀行が産業を支配するようになる。いわゆる帝国主義時代の銀行資本である。銀行は融資した先の産業を支配するだけではなく、企業から資本の調達方法を奪い取った。つまり、元来は資本の売り買い市場だった株式市場から資本市場としての機能を奪い去った。一九世紀のマルクスは、株式の売り買いは資本の売り買いだと考えていたのである。

ところが現在、発展した株式市場は決して資本市場ではなく、証券市場となっている。その市場は投機と情報操作によって金が金を生む、あるいは金によって金を生むための場所になってしまった。

マルクスはまた、「貨幣が生産過程に投ぜられた結果、より大きな貨幣を生む」と言った。いわゆる「G–P–G′」という有名な式である。だが、この式も現在ではまったく当てはまらなくなっている。貨幣は生産過程Pを吹っ飛ばして「G–G′」という状態を作り出し、それを拡大しなければ生きていけない存在に変わってしまったのだ。

はっきりそうなったのは、わずか半世紀ほど前のことに過ぎない。第二次世界大戦後のことである。

我々は、ギリシャのアリストテレスが交換をもとにした経済が始まる現場を目撃していたように、貨幣が生産過程を外して、「貨幣が直接、貨幣を生まなければやっていけない」ような経済制度が支配的になっていく現場に立ち会っている（いや実はもう立ち会い終わったかもしれない）。

しかし、そのことの意味を、経済学者ですら理解していない。それは、経済学者がヒトの生命の意味とパンツの意味を理解していないからだ。経済活動の基盤がヒトの生命活動の基盤と密着しているということは、私が一九七〇年代から言い続けていることだが、いまだに理解されているとは言い難いのは、まことに残念なことである。

ユダヤ権力派としてのアシュケナージ

貨幣が生産過程から外れていったとき、その歴史上の「担当者」はユダヤ人であった。彼らはいまも世界経済を牛耳る金融資本家である。

莫大な資本を保有することで銀行業、証券業および情報産業を支配し、その資本の行く先が世界経済の動向を支配している。

ユダヤ人といっても、すべてのユダヤ人を指すわけではない。二千数十年前のパレスチナにいた、アブラハム、イサク、ヤコブの子孫、つまり人種的に「正統」なユダヤ人であるスファラディというグループは、ここでは端役である。

主役はアシュケナージという、最初は一〇世紀から登場したが、一三世紀以降の東欧に突然大量に登場したユダヤ人たちだ。その中でも、原理的ユダヤ教（イエス・キリストが批判したユダヤ教）を奉ずる人たちではなく、後世にできたタルムードやトーラー（律法）を強く奉ずる人たちである。

さらに言えば、ポーランドや北ドイツで迫害されたユダヤ人庶民でもない。中世の時代から金融を業とし、情報力と資金力を持ち、ヒトラーの狂気からも逃げきった、アシュケナージの中の「権力派」の人々である。

彼らは、一九世紀からは新聞をはじめとする情報産業を支配するとともに、莫大な資金力によって上流階級に参入していった。すぐに学問の世界にも意図を持って参入する。そして自分たちが支配するマスコミや学界を通じて、第二次世界大戦中のヒトラーによるユダヤ人庶民の大虐殺を喧伝し、イスラエルを無理やり建国させ、パレスチナ人に対する虐殺行為の正当性を論じたのである。

第四章で述べるように、科学哲学者のアーサー・ケストラーはもとは、現在はユダヤ権力派が中心を握るシオニズム運動の担い手の一人であった。大学入学後、シオニズムの新聞社に勤め、スペイン内戦の取材に赴いて政府側に捕らえられた。ともに捕まった市民軍側の仲間はすべて死刑になったのだが、彼だけは釈放された。そこに何らかの大きな力が働いたからである。

しかしこの事実は、彼の心に大きな重荷となってのしかかり、のちにアシュケナージ・ユダヤ人の本来の出自を明らかにする書物を命がけで書くことになる（第四章参照）。その書物『第十三支族』（邦訳『ユダヤ人とは誰か』宇野正美訳、三交社）の中で、彼は「ユダヤ人問題の解決のためにイスラエルの建国に反対する」と、暗黙のうちにではあるがはっきりと、その意図するところを述べている。

要するに、アシュケナージ・ユダヤ権力派は第二次世界大戦前から、情報においても資金においても力を持っていた。また現在でも、数的には少数の彼らが、イスラエル国内のみならず、ユダヤ人全体を牛耳っているのが紛れもない事実である。

また、彼ら、現在の主流派ユダヤ人はセム族ではないのだから、反ユダヤ主義のことを反セム（族）主義と言って批判するのはナンセンスである。このレッテル自体が、ロシア革命で台頭した人々にあまりにユダヤ人が多いことに驚いて評論しようとした学者や政治家やマスコミを脅して沈黙させるために、ユダヤ系ジャーナリズムによって作り出されたものだ。

言うまでもないことだが、ユダヤ人であるというだけの理由で、ヒトラー政権がユダヤ人庶民を虐殺したことは許されることではない。激しく糾弾されて当然である。しかし同じころ、さらに長期にわたるロシア人の虐殺（六〇〇〇万人の「粛清」）が、ユダヤ人の主導、または大きな影響下で行なわれたという事実のほうは、ほとんど報じられていないし、研究もされないのは明らかな不公平である。ロシアのキリスト教徒に対する虐殺は明らかに意図的な黙殺にあっている。「同胞」の虐殺数千万人というのは世界史上例のないものなのだ。

これは革命遂行以降のロシア（ソ連）政権でのユダヤ人の位置を克明に見ればわかるはずだ。要するに、ケストラーを救出したのと同種の、陰にある大きな力の存在を示唆するものである。

ロシア革命とユダヤ人

ロシア革命はユダヤ権力派の陰謀により引き起こされたという説を唱える人たちは、すでに一九三〇年代から一定の割合で存在していた。そもそもロシア革命自体が、世界に戦争と紛争を拡大する手段として企画された可能性がある。これはまさしく陰謀説の極致のように聞こえるかもしれないが、長い年月をかけてそう主張し続けている（まじめな）元共産主義者たちがいることを忘れてはならない。

いまから思えば、共産主義という思想運動は、ヒトの本質である攻撃性を発露させるための装置であった。少なくとも、結果的にそうなったことは間違いない。だが、ロシア革命が意図的にそういうものだったとなると大変なことだ。

マルクスによって始められた国際共産主義運動はインターナショナルという組織によって推進されたが、第三次のそれは、ロシア共産党を中心として活動を展開した。いわゆる「コミンテルン」である。このコミンテルンに対抗してトロツキーが作ったのが「第四インターナショナル」で、その対立の歴史は陰湿な闘争の連続であり、若かったころの私にとっては、聞くのもおぞましい類のものであった。この第四インター系から、多くの知識人が共産主義の外部へと移動して、共産主義運動とユダヤ権力派との関係の語り部となっている。

かのレーニンも、本人が意識して隠していた事実があった。母方の祖父がウクライナ出身のユダヤ人で、その名も「イスラエル・ダビドビッチ」という人物だった。つまり、単純に言えば、四分の一のユダヤ人である。祖父のファミリー・ネームには旧イスラエルの大王ダビデの名があり、ファースト・ネームには「(選ばれて救済を求め)旅する民」という意味の名がつけられている。彼はそのことを意識的に黙っていたうえ、その娘であるレーニンの母のことを「公式」の自伝ではスウェーデンとドイツ系だと主張してきた。ということは、彼がユダヤの血を持っていることにこだわっていた証拠である。

近年、レーニン研究が進むにつれ、彼が子ども時代から冷酷な性格であったこと、兄がロマノフ王朝によって処刑されたとき、彼自身四分の三はロシア人であるにもかかわらずロシア人に復讐を誓ったこと、シベリア流刑中は裕福な(たとえば一五歳の少女を下女として雇って〝楽しんだ〟)生活を送っていたことなどが明らかになってきた。四分の三の血であれば、レーニン自身はロシア人とみなすべきだが、彼自身が反ロシア的であったのであれば、話は大きく違ってくる。

革命指導者としての彼は、周囲を圧倒的にユダヤ人の仲間によって固めた。レーニンを議長とする人民最高委員会（ソヴナルコム）は二一人の委員で構成されていたが、そのうち一七人がユダヤ人、一人がグルジア人（スターリン）であり、肝心のロシア人は三人しかいなかった。この三人のうちの一人がレーニンである。

もしレーニン自身が自分をユダヤ派として意識していたとすれば（間違いないが）、二一人中、実に一八人がユダヤ人またはユダヤ系であったことになる。レーニンは、ユダヤ系革命家の意識的な協力者または利用者だったのだ。これは明らかに、ロシアの権力をユダヤが奪うということでもあった。

旧ソ連において、ユダヤとの繋がりがもっとはっきりしていたのは、トロツキーである。彼は、ユダヤ系国際金融機関と陰で繋がっているのではないかと噂されていて、そのことが「共産主義の裏切り者」とされる根拠となっていた。この噂は、かなり高い確率で真実である。

いっぽう、ロシア人虐殺の直接の責任者であるスターリンは、ユダヤ人の多いコーカサス地方のグルジア出身で、それゆえにユダヤ人というものをよく知っていた。そして、トロツキーと対立する党内の立場から、当初は公然たる反ユダヤ主義者として振る舞っていた。しかし、トロツキーを追放して自らが権力を掌握すると、今度は権力のためユダヤ人権力派と手を組んだのだ。

スターリンのいちばんの側近は、カガノビッチというユダヤ権力派に繋がるユダヤ人であった。ということは、当時はニューヨークのウォール街に繋がることを意味していた。スターリンは、妻が「都合よく」、走り書きの遺書まで残して急逝すると、カガノビッチの妹と再婚してユダヤ権力派と「同盟」を結んだ。スターリンの最初の妻はスターリンと二人だけの夜に部屋で死んだのであって、こういう場合、スターリンが妻を殺したのだろうと推定することは構造的な当然であり、別に陰謀史観に立たなくても可能である。

先に述べたロシア人大虐殺の責任者は悪名高き内相ベリアであるが、彼は明らかにユダヤ人である。つまり、ロシアでの一般ロシア人の虐殺は、スターリンがユダヤ人勢力と同盟を結び、ユダヤ人の主導のもとで行なわれたものなのだ。ここではユダヤ人は、ドイツにおいてとは逆に加害者となっている。

ついでに言えば、スターリンは最後にはユダヤ勢力と手を切り、ユダヤ人弾圧に乗り出した。なぜロシアで社会運動にユダヤ人が登場するといったことが起きたのかについては、大きく二つの理由がある。

一つは、冷戦であれ熱戦であれ、膨大な軍需と資金融資先が確保される戦争は、貨幣の増殖に必要なものだからである。すでに自己増殖の必然性を認識していた貨幣の命令であるということだ。

二つ目は、ロシアがユダヤ人の本来の本拠地であったからである。

次々章で述べるように、アシュケナージ・ユダヤ人の文化的要素がロシアに浸透しているのには根本的な理由があったのだ。

陰の組織は存在してもしなくても本質は変わらない

旧ソ連とユダヤ勢力との関係を研究する者たちは、レーニン、トロツキー、カガノビッチ、ベリア、ジューコフ（戦後、スターリンを暗殺して全権を掌握したベリアを逮捕銃殺した国防大臣）らユダヤ人たちの動きを個別のものとは見ずに、背後に何らかの組織あるいは司令部が存在するという説を立てることがよくある。これがいわゆる陰謀史観になる。

私にははっきりしたことは言えない。組織があろうとなかろうと、歴史の大枠の理解には影響はないと考える。だが、そういう仮説が出ること自体は、科学的な思考、推論の結果のひとつだろう。以上の人物のうち、ユダヤ人であることが公然と語られている者と、きわめて非公然と隠し込まれている者、たとえばジューコフとの二種類あることには何かがありそうにも思われる。ともあれ間違いなく、ロシア共産党およびドイツのナチスについては、ユダヤ人グループによるあまりにもおかしな動きが多すぎる。これら現代史については「ユダヤ勢力の陰謀」説と頭から無視することのほうが非科学的な態度であろう。

そこで、多少強引にであっても、ユダヤ人金融資本家の側に一定の意図があったと想定してみよう。そういう視点から見てみると、このロシア革命の導火線となった日露戦争において、ウォール街のユダヤ金融資本家が日本に異常に肩入れをしたのはなぜなのか、そのことの意味が見えてくる。

当時の日本政府は戦費のために必要な借財を一三億円と想定した。その約三分の一に当たる四億円強（当時のレートで二億ドル）が、ユダヤ金融資本より融資されている。

この融資は、ニューヨークのクーン・ロエブ商会のヤーコフ（ジェイコブ）・シフという一人のユダヤ人金融資本家（ロスチャイルド系の大番頭で、のち独立）の働きにより実現したもので、シフは日本国天皇から叙勲もされている。それ以外にも、ユダヤの対日本協力シフトが敷かれていたとしてもおかしくない。ユダヤのこのシフトは、反ロマノフのシフトである。

ちなみに、この問題を日本側で仕切ったのは、江戸絵師の息子で財政家の高橋是清だった。彼は若いころ、酒と女に溺れて教師の職をクビになったり、アメリカに留学したときには人に騙されて奴隷として売られたり、ペルー鉱山の投機に失敗したりした、きわめてヤマっけのある「おもしろい」人物であった。彼が2・26事件で暗殺されたとき、若い愛人と裸で寝ていた。見かねた暗殺側の青年将校が着物を摑んで「高橋、これ着よ（是清）」と言ったというジョークは彼の本質を突いていて有名である。彼は意識的にユダヤ人に協力させたと思われるが、それを証明する資料はいまのところ見つかっていない。

さらに、ロシア革命前、レーニン、トロツキーの運動資金源がシフであったということも、公然と語り継がれている。シフは二人に、当時の金額で二〇〇〇万ドル分の金塊を供与した。ちょっと時間は遡るが、一八四八年、メキシコが対アメリカ戦争に負け、今日のニューメキシコ、ユタ、ネバダ、アリゾナ、カリフォルニアを売らされた値段が一五〇〇万ドルである。二〇〇〇万ドルとは大変なお金だ。これらの「事実」は、過剰な貨幣が行き場を失ったのは冷戦終結以後だろうという私の説にその時期的な前倒しを要請するものであるが、時期は本質的な問題ではないだろう。金融資本の総資金量が二〇世紀前半においてすでに過剰となっていたのであれば、このころから貨幣は紛争と戦争を意図的に求めていたことになる。

そしてロシア革命は、革命の本来の目標の一つであるべき貧富の格差是正とはまったく正反対の方向へと国を動かし、国家間、民族間の対立を深めるために企画された壮大なインチキであったことになる。

しかしこれは、個別の政権、あるいは特定の指導者の過ちとして片付けられるものではない。確かに、その原因の一つには、ヒトの本質である攻撃性を解放するという、マルクス主義自身が必然的に持たざるをえなかった基本的な誤謬があったであろう。その一方で、すでに過剰となってしまっていた貨幣自身が行き場を求め、本来の目標とは逆の動きを加速させたと見ることもできるからだ。この二つの大きな動きが相俟って、貨幣（金融資本、いや資金資本）はレーニンやトロツキーの動きを自らにとって都合のよいものと判断して支援し、「革命家」の側は、それを「利用」したのである。

これらの行動は、組織がなくとも、ロスチャイルド家とその一統が存在すればできる。陰謀がなくとも、意思があればできる。けれど、陰謀があったほうがより効率的にできることも事実である。

第一次世界大戦前の戦争は、そのほとんどが二国間のものであった。その意味でも、国際金融資本にとっては、ロシア革命は都合のよい出来事だったことになる。そこから推測して、共産主義運動自体を資本の陰謀であるとみなす説さえ存在すると言った。私はこれを正面から検討する力を持たないが、金融資本が覚醒していれば、共産主義運動を歓迎し、資金協力をすることは十分ありえたはずである。

そう考えると、当時の日本政府諜報機関がレーニンを徹底的に支援したことの意味も改めて見えてくる。戦前、戦後を通じて、日本の諜報活動が世界的に見て有効だったと認められた例はあまりない。失敗例はいくらでもあるが……。ところが、レーニンにひそかに資金を供与した日本側の担当者である明石源次郎大佐は、その勲功により、のちにこの部門最高位の将軍に昇進している。また、その対露活動の復命書も、（当然、エキス抜きながら）残っている。

最後に残った「財」と資金資本

さて、貨幣の側は、第一次世界大戦以前は重工業を支配することによって力を持った。やがて銀行が産業資本と一体のものに転化し、いわゆる金融資本が成立したとき、レーニンはそれを帝国主義の基軸だとした。金融資本という言葉自体も基本的には、彼が作ったものである。

だが、私はこれ以降、金融資本という言葉に代えて「資金資本」という語を使うことを提唱する。なぜなら、レーニンが作った金融資本の定義はレーニンの時代にすでに役割を終えていて、資本はすでにカネのためのカネ作りの運動へと転換していたからだ。「金融」というと、一応は、資金を融資することをイメージする。資金の融資も実際に行なわれていた。融資された先の産業が生産を行ない剰余を獲得することも確かにあった。

しかし、資本はすでに生産過程の有無を無視して、ただカネを貸し、カネを取り立てていたのである。自己増殖のためには何でもやるようになっていて、すでにその主軸は大企業ではなく、国家を相手に資金を貸したり投資したりすることに移っていた。のちにレーニンの影響をもろに受けた経済学者は、国家と産業の癒着融合の意味を大げさなものとして宣伝して、国家独占資本主義という語を作ったが、巨大化した資金である資本は（軍需以外の）産業など抜きにして国家そのものをも商売の対象にしたのである。

たとえば、シフとその仲間のユダヤ人資金資本家はアメリカ合衆国を舞台にして、「独自の」中央銀行制度を作らせる。連邦準備制度（フェデラル・リザーブ）というものだ。

これはなんと国家の貨幣を仕切るものなのに国家のものでなく半分以上独立していて、政府はアメリカの貨幣たるドルをそこから借りて使うようなかたちになっているのだ。貨幣発行権も公定歩合の決定権も政府ではなくフェデラル・リザーブが持っているのだ。なんとも頭のよいやり方で、それを仕切る資本家（もちろんユダヤ人）は絶対に儲かる。このシステムをやはりユダヤ系のケネディが変えようとして、暗殺された（後述）。ケネディは自分の王朝を作ろうとしたのだ。

このような資本とそれを持つ者たちの動きをレーニンが知らぬわけはなかった。なにしろ、それを目いっぱい利用していたのだから……。こういう資本は、絶対に「金融資本」などと呼ばれるべきものではない。ファイナンス、つまり「金融」に行かないこともないが、そもそも何が主たる業務であるということもなくなった。資金の自己増殖のためには何でもやるのである。これは明らかに「資金資本」と呼ぶべきものだ。すでに英語では、ファイナンシャルという言葉は使われず、マネタリーという語が多く使われる。ファイナンシャル・ファンドではなくマネタリー・ファンドである。

つまり資金そのものが、特段に分野を定めずに自己増殖のため動くのが資金資本である。そういうものが力を持っていることを知りながら、意識としてはユダヤ人のレーニンがわざと「金融資本」という語を強調した。これは「ひょっとしたら、目くらましだろう」という意味で、「ユダヤ人の陰謀」（笑）だと既述したのである。

第一次世界大戦後は、耐久消費財を売るための市場を支配することによって、貨幣は力を持った。市場支配のためには、軍事力が必要な時代でもあった。そこにおいて、貨幣は軍需産業という行き場を見つけたのである。

その後、第二次世界大戦を経て一九九一年に冷戦時代が終わるまでは、いつ起こるかわからない戦争に備えて、どの国も軍拡を行なった。戦争の脅威は現実のものだったからだ。いったいどのくらいの金が軍拡のために注ぎ込まれたのか、今後も正確な数字は出てこないだろう。当時の重要機密は、いまでも厳重に守られているからである。これについては、超優秀な研究者の登場をぜひとも期待したいものである。

そこでは兵器の開発だけではなく、兵器を有効に使うためには欠かせない情報機器の開発も推進された。敵に先んじて情報を収集・分析するというニーズがあったからである。コンピュータの発展はその副産物であり、ここでも、ユダヤ人資本家とユダヤ人学者が大きな役割を果たした。またもユダヤ人たちの独壇場である。なぜ、ユダヤ人がいつもそういう役割を担っているのか。そこには、当然ユダヤ人とはいったい誰なのかという問題が浮かび上がってくるであろう。

軍需産業のほかに、もう一つ、第一次世界大戦後に急速に力をつけた「財」がある。エネルギー、すなわち石油である。この財の確保のため、帝国主義による対外支配の具体的方向は中東に向かったのだし、ユダヤ人によるイスラエル建国もあった。

シリアとイラクに一種の民族主義的社会主義の政権（復興社会党、イラクではフセインのバース党の政権）が生まれるまでは、ユダヤ人とアメリカ・テキサス石油資本の合体である大石油会社が、このエネルギー財で商売していた。一九七〇年代まで、それらはただ単に「メジャー」と呼ばれ、その語はアメリカの野球リーグではなく、石油資本を指す言葉として流布していたのだ。

ところがフセインは、アメリカ・テキサス＝ユダヤの合同権力であるメジャーを、いったん中東から追い払った。そのときの憎しみと具体的な石油利権への欲望が、二一世紀に入ってからのアメリカによるイラク攻撃へと繋がるのである。

イラク戦争が、ユダヤ資金資本と手を組むアメリカ・テキサス石油資本と、さらに「ネオコン」と呼ばれる新保守主義派との協力によって推進されたというのは、アメリカ政治のウォッチャーにとっては常識だ。この「ネオコン」とは、ネオ・コンサバティヴ（新保守主義）の略で、イスラエルの二大政党の一つ、強硬派の右翼政党連合リクードと繋がっている勢力である。これくらいのことはテレビでもときに簡単に言及されている。けれども、このネオコンがもともとはトロツキー派の国際共産主義組織から誕生したことは、トロツキー研究者以外、ほとんど誰も知らない。

トロツキーが作った「第四インターナショナル」のアメリカ支部はさまざまに分裂を繰り返し、そのうちの一派が第四インターから離れ、アメリカ社会主義労働者党を作った。この党は、ニューヨークの知識人を中心に一九四〇年に結成されたもので、この人たちが「ネオコン」の起源である。しかし、社会主義労働者党といえば、左翼である。なぜそれが、「新」とは銘打っていても、保守主義、つまり右翼になるのだろう。疑問は当然だ。だがこれも、イスラエル支持、ユダヤ資金資本支持という切り口から見れば、ごくすっきりと理解できるのだ。

マイケル・ムーアの〝真実〟

話を戻すと、イラクを攻撃したアメリカ大統領は、またもテキサスの出身であった。「またも」と言ったのには、理由がある。一八四六〜四八年の米墨戦争のときの大統領も、テキサス出身のJ・ポークだったからだ。米墨戦争は、メキシコの領地の一部を欲しがっていたアメリカが、メキシコに難癖をつけて起こした戦争だった。勝ったアメリカは、先に述べたようにカリフォルニアとニューメキシコ他を一五〇〇万ドルで譲渡させた。

また、それ以前に共和国として独立していたテキサスを、完全に合衆国連邦に加盟させることに成功した。つまり、この戦争で奪った領土をもって、アメリカはほぼ今日の姿となったのである。

このとき、国民の感情を戦争賛成に向けて扇情的に煽ることで政府の後押しをしたのが、ウィリアム・ランドルフ・ハーストの新聞だった。言うまでもなく、のちに全米のメディアを支配することになる新聞王である。ハーストというのは、ロスチャイルド家の一分派がその名を変えた名字である。ユダヤ人とアメリカ・テキサス資本との繋がりは、最低でもそこまでは遡れる。

ユダヤ人権力派に本当に陰の組織、司令部があるのなら、そこの秘密図書館には「アメリカ合衆国とは俺たちが意図的に作った国だ」という文書が残っていてもおかしくないくらいだ。ただ、米墨戦争直後の南北戦争で、ユダヤ人資本家は北軍に加担する。そのため、ごくしばらくの間、テキサス以外の南部ではユダヤ人はアングロ＝サクソン系による差別にあうのである。

二〇〇四年夏、マイケル・ムーア監督の映画『華氏９１１』が大ヒットした。その中では、ブッシュ大統領とビンラディン家との陰の繋がり、あるいは石油資本や軍需資本との繋がりについては十分強調されていた。しかし、ユダヤ資金資本との繋がりについては一切触れられていない。一切である。

あえて「隠した」のであろうか、あるいは「逃げた」のであろうか。いずれにしても解せない話である。推測できるのは、映画界もまた情報産業の一環としてユダヤ資本に牛耳られているという事実が影響しているのではないかということだ。ユダヤ資本への配慮が働いたということである。

マイケル・ムーアが『華氏９１１』で、これでもかというくらいに描いたように、仮にブッシュ個人が能無しであったとしても、その背景には長くて深いユダヤ―テキサス―メディアの関係がある。少なくともブッシュは、その関係のなかで重要なポジションとしてのアメリカ大統領を務めることのできる人物である。その彼を、ひたすら馬鹿にしておちょくるだけのような映画は、私が本当にブッシュの敵だったら、絶対に作らない。そういう映画を作ることで、むしろユダヤやメディアに対して配慮したのだとすれば、ムーアという人物は、案外曲者なのかもしれない。

現代史研究では、こういった背景はほとんどフォローしないが、歴史の節目節目において、いつも陰の主役としてユダヤ権力派の動向がチラついてくるというのは、単なる偶然なのであろうか。偶然ではないという、はっきりした証拠はない。しかし、それについてまったく触れないというのも、意図的であるとしか思えないし、彼らの一つひとつの行動は一見バラバラのように見えても、深いところで繋がっているのではないかという疑念が湧いてくるのは当然であろう。

ただ、あまりに陰謀めいた話ばかりにこだわる人もまた、全体像を見失う危険性があるということを注意しておこう。本書では、二種類のユダヤ人――庶民派（スファラディ）と権力派（アシュケナージ）――を明確に区別していること、さらにはそれを人類の歴史どころかヒトの進化の歴史の中で位置づけていることを忘れないでいただきたい。それでも、現代史の意外な場面にまで、彼らの影響が及んでいることを示唆するために、本書最終章で「おまけ」として音楽界の真実について考察を行なっているので、参考にしていただきたい。

冷戦終結、そのとき何が？

ともあれ、第二次世界大戦後、世界経済は基本的には「G－G′」の時代に入ったが、「物」あるいは「財」の力も、まだ残ってはいた。世界に流通する貨幣の総量が、相対的に少なかったからである。しかし、大戦のあとの冷戦構造は軍需の拡大を促し、ユダヤ人資本家の資産を作り出していった。

ところが、ヒトが生きていくための基本である「過剰－蕩尽」という流れから見ると、多くの人々は、蕩尽するための過剰を作り出していく力も失われているような状況に陥っていった。ことに東欧の人たちは、疲弊の極みにあった。私は当時の東欧、特に劣悪な状況にあったトランシルバニア（ルーマニア西部、ハンガリー文化圏）を何回も訪れたのだが、文学者でない私には、そこで出会った人々の表情をうまく言い表わすことは、とてもできない。

結論から言えば、もう搾取も不可能というレベルにあったのだ。おそらく、二一世紀に入ったころの北朝鮮も同じような状況だったのではないか。ヒトは極限的な状況になると、パンツをはいた状態も保てなくなるものなのだ。

たとえば一九八〇年代のトランシルバニアでは、「他国が侵攻してきたら積極的に負けることにしよう」という気分が、ハンガリー系知識人のなかに横溢していた。彼らは、圧倒的に暗さが支配しているトランシルバニアの中で、多少は気力が残っている人々だったのだが、当時、彼らの間だけではやっていたのが、「我々は中国人を歓迎しよう」というジョークだった。その意味するところは、当時、ソ連と仲が悪かった中国がソ連に攻め込んでこれを破り、さらに当時の専制者チャウシェスクの本拠地ルーマニア東部を踏みつけたうえで、トランシルバニアにやってくることを期待するということなのだという。

出来のいいジョークとはとても思えなかったが、彼らはこんなジョークを言いながら、暗い顔をわずかにほころばせて酒を酌み交わしていた。

この人々を馬鹿にすることは、とてもできなかった。彼らのなかには、明らかにユダヤ人たちもいた。だから、ユダヤ権力派もどうしようもなくなったのだ。冷戦構造で食うことは、こういう仲間からの反発を食らうからだ。冷戦が終結した陰には、おそらくそういう力も働いていた。

ゴルバチョフの陰で誰がどう動いたのか、正確なところはわからない。また同じころ、南北戦争のときに北軍に協力したユダヤ資本に対する遺恨からユダヤ人と折り合いの悪かったアメリカ民主党（南部を基盤にしている）が、ユダヤ系資本家とどう折り合ったのかも不明である。だが、クリントンを大統領候補に、ゴアを副大統領候補にしたとき——普通であれば驚きの、この組み合わせを作ったとき——、両者は折り合ったのだ。その詳細については、いずれ誰かが研究してくれるだろう。私が『南部』（光文社）という半ドキュメント、半フィクションの本の中で「民主党の大変化と東欧の大転換について注意すべきだ」と書いたのは、実はこういうことだったのである。

冷戦終結をユダヤ資金資本が仕切ったかどうかは断定できないが、はっきりと言えるのは、最低限、冷戦が終結することは知っていたということだ。来るべき新しい経済体制に対して、まったく何の準備もしていなかった日本政府の無能な経済政策に比べ、彼らが十分な準備をしたうえで冷戦終結を迎えたことだけは間違いない。

行き場を失った莫大な貨幣

一九九一年に冷戦が終結すると、当然のことながら軍需産業はいっせいに後退した。このとき、それまで軍需産業に投じられていた莫大な貨幣が行き場を失った。いま「莫大な」とひと言で言ったが、この「莫大さ」は、670万年前にダナキル低地に押し寄せた海水と同じくらいの影響力を持つほどのものであった。そのことの意味を、ユダヤ資本家以外の誰もわかっていないのである。結論から言えば、なんと「国際経済専門家の誰にもわからない」くらいの貨幣量が宙に浮いてしまったのだ。

私は、たった一年だけだが経済企画庁（当時）の政務次官をやったことがある。経済企画庁というのは、その名称の意味するところとは異なり、経済の企画など一切できる場所ではなかった。ただだ、数字をいじっていたのである。

だが数字をいじることに関しては、おそらく世界でも有数の機関の一つだった。私には、企画ができないことなどどうでもよかった。現実の経済について調べるには、当時、世界でも最も恵まれた、特権的な研究環境だったからである。大臣室としても十分通用するくらい広い執務室を研究室として使用し、国立一流大学の教授に出向するくらい優秀な課長を「部下」として活用し、当時はまだ大蔵省財務官だった榊原英資などにもたびたび質問をして、この冷戦以降の浮遊資金量について調べてみたのだ。

その結果、この資金の一部が日本の証券市場に「外資」として流れ込み、株価を簡単に上下させていたことはよくわかった。もちろん、それくらいのことは『日本経済新聞』にだって書いてあった。それによって野村證券をはじめとする日本の証券会社がズタズタにされ、山一証券は潰れたのである。

当時、日本の株価総額は三百数十兆円だったから、日本の全企業の株を五一パーセント以上買い占めるためには、一八〇兆円くらいあれば十分である。生産にかかわる企業に絞ればその額はもっと少なくなって、一〇〇兆円もあればお釣りがくるわけだ。一〇〇兆円が一度に投入されれば、株価では三五〇〇円ほどになる。そのころもいまでも、平均株価が一日に二〇〇〇円も下がる事態が二、三日続いたら、市場は簡単にひっくりかえる。どんな政権でもひっくりかえるのだ。タイミングさえよければ、五兆円でも大きな効果を上げるだろう。ときには一兆円でも……。

ただし、その総資金量については、「わからない」というのが結論だった。「そんな馬鹿な！」と思うかもしれないが、日本の経済企画庁のいわば副大臣が、その知識と情報と権力をもってしてもわからなかったのである。

ということは、特定の当事者以外は、政府も含めてわからないということである。一般の証券アナリストや大学教授にわかるわけがない。普通の学者やエコノミストには問題の存在すらわからなかったはずだから、それも仕方がない。

そこで私自身の推測だが、最低でも二〇〇〇兆円はまず確実で、常識的に考えれば四〇〇〇兆円だろうということになった。一九九八年のことである。今日なら、まず五〇〇〇兆円は下らないであろう。

これだけの量の貨幣が地球上に存在している。そして遊んでいる。

この総資金量が意味するところは、ヒトがいつ、どこで進化したかという問題と同じくらいに大きい。なぜなら、存在している以上、貨幣は自らを維持するために自己増殖に走らなければならないからだ。

しかし、これほど莫大な資金は、生産に投入されたとしても、自らが生きるのに必要な額の利潤を上げることはできない。なぜなら、二〇〇三年度の全世界の総生産額は三〇〇〇兆円「しか」なく、五〇〇〇兆円超という莫大な数字にはとても届かない額だからである。

かつて、マルクス経済学は株式市場を資本市場と呼び、そこにおける支配の問題を最重要なものとして論じたが、株を支配したところで企業内決定を支配するだけであって、それがそのまま金を生むわけではない。学者は「巨大な金融資本は株を買うことによって産業を支配する」と言ったが、そんなことをしても、資金資本は利益を上げられないのである。

二〇〇五年になって、若手経営者がラジオ放送会社を、株を買って乗っ取るかどうかが話題になった。この場合には、そのラジオ放送会社が大テレビ局の親会社的位置にあったこと、電波が認可事業だったことがキーとなったのである。この場合、株を買う金で認可を買えるということになる。少なくとも目的があって意味ある行動だ。そして、その若手の背後にユダヤ資金資本があることも明らかだ。
そこで今度は別の角度から、貨幣というものがとんでもない制御不能の大パンツになってしまっている事態についてはっきり示さなければならない。

買えるが買わずに「飼う」道へ――グローバル・スタンダードの真の意味

たとえば、世界第二あるいは第三の経済大国であるはずの日本の国家予算は八〇兆円そこそこであって、しかも、その二分の一にあたる約四〇兆円は、借金の返済（国債の償還）に充てられている。国の借金総額（国債残高プラス借入金）は、二〇〇四年度末で七五〇兆円を超えている。にもかかわらず、政治家も国民も本気で対処しないので、この借金は毎年増え続け、由々しき事態に陥っているのである。

日本の国内総生産（GDP、gross domestic product）は五〇一兆円（二〇〇三年）である。――GDPはひところ使われた国民総生産（GNP、gross national product）に代わって、国民の経済活動すべてを表わすために使われている数字である。

つまり、この約五〇〇兆円が日本経済の実力ということになろう。二、三の大きな国際資金資本が集まれば、容易に買える金額だ。でも、買いに来ないのは、そのままではそこから「上がり」が見込めないからだ。

二〇〇五年にはうっかりすると、九〇〇兆円にもなんなんとする借金を抱えている日本を、いまのシステムのまま、つまり借金が増えるシステムのまま買っても、損をするだけである。だから、仮に日本が売りに出されても、有り余るほどの国際浮遊資金が日本を買うことはない。日本を買っても、日本の企業を買っても、コストがかかるからだ。国民に一円も収入を与えず、福祉などにも一円も出さず、個人資産を全額税金で吸い上げて「収奪」したとしても、五〇〇兆円にしかならないのである。それでは資金が自己増殖しない。これは、私でも買わないだろう。

だから、せいぜい金を貸して（国債を買って）利子を取り立てようとするだろう。そして、情報を入手し、それを操作して株式市場に介入し、そのカスリを取ろうと考えるのである。あるいは将来、日本を何かの舞台にするときのために、必要なものだけを買って整えておこうとするだろう。そのようなかたちで、日本を「買う」のではなく、日本を「飼う」ことを狙っているわけだ。「飼って」、生かしておいて、金を搾り取るということである。

さらに、これ以上借金が増えないように、企業活動や金融システムを世界の（ということは、ユダヤ金融資本の）基準に合わせようとする動きが主流になってきた。これがいわゆるグローバル・スタンダードである。

ここまで見てきたことから容易に理解できるように、このグローバル・スタンダード化というのは、民族主義的に見れば、日本の資産をグローバル資本に売れるように標準化しようという、「売国」運動である。

日本でグローバル・スタンダードという言葉が盛んに使われるようになったのは一九九八年ごろからのことで、二〇〇〇年にはお題目としてさらに強化され、そして小泉政権に至ってまことに露骨な錦の御旗となった。繰り返すが、「グローバル・スタンダードにのっとれ」という主張は、裏を返せば「グローバル資本に乗っ取られろ」というのがその本意である。ただし、このグローバル・スタンダード化の陰にはユダヤ資金資本があるぞということは、すでにかなりの人が気がついているようで、もはや「陰」という言葉を使う必要もないくらい、明白なこととして指摘されていたりもする。

ある意味で、それは小泉政権の陰影でもあるのだが、その背後にユダヤ資本があるということを忘れてはいけない。

小泉純一郎個人は、そんなことを仕切ったり理解したりできるようなタマではない。彼は私の大学での同期生かつ同級生であった。ただし、彼は三年になるとき落第し、恰好をつけにロンドンに行ったから、実際は二年間だけの同級生である。

その後私は、衆議院で七年間、同僚（派閥ではまったくの部下）として働いた。途中で『文藝春秋』誌の「同級生交歓」という企画に一緒に出たりしたし、私は友人として（のつもりで）彼による改革に一時本気で期待した。だが最初からその議論が単純すぎることが気になっていた。だから、いろいろ経済について教え、部下や友人が相手では小泉がまじめにならないからいけないのかと思い、優秀な経済学者に「ご進講」もさせた。でも彼は、賛成や反対をするというよりもまったく反応できなかった。

「（問題が何か）わかっていないんじゃないの？」というのがある有名な学者の採点だった。だがその彼が急に国際資金資本のご機嫌取りをし始めたのは、秘書官の飯島薫が黒幕を気取って動いたからだろう。そのころ（一九九七年、九八年）小泉は、国際資金資本のお仲間で、ユダヤ系のお仲間である竹中平蔵など、名前だって知らなかったのは絶対に間違いない。誰か陰の勢力が小泉に、「支持してやる代わりに経済政策をよこせ」と持ち込んだものに違いない。

私が小泉にそういうご指導をしていた事実は、小泉はきっと否定するに違いない。けれども小泉が総裁選で小渕恵三に敗れた前後、私がそういう立場にあったことは細田博之も安部晋三も（状況が許せば）証言してくれるだろう。某有名教授たちはもちろんである。彼らもまた、なんで竹中なんかが？　と怪訝に思ったのは間違いないからである。

だから、小泉（とその背後）が権力の座に座り続けたなら、進めようとする「改革」の方向は予測できるだろう。郵政民営化が郵便のあれこれなどには関係なくて、二〇〇兆円になんなんとする郵便貯金の崩壊（市場への放出）を狙ったものであるように、最後は日銀の民営化（つまり米国の連邦準備制度化）までも行なって、国際資金資本が牛耳りやすくする舞台を作ろうとするに決まっている。

これは要するに、ユダヤ国際資金資本のために日本を使いやすくする「改革」にほかならない。似非評論家によるグローバリズムの呼号は、こういう問題と繋がっているのである。

ただ、小泉政権の本質などという問題は、本書ではごく小さな問題に過ぎないので、ここでは触れない。そのうち、経済学もわかるまともな政治学者が明らかにしてくれるだろう。

世界はいくらで買えるか

ではいったい、経済についてはどうすればいいのか。

冷戦終結により行き場を失った莫大な量の貨幣を減価できるのなら、それにこしたことはない。あるいは、「必要」な生産に結びついている貨幣以外を減価するという、一種の徳政令が出せればベターかもしれない。だが、そういうことは絶対にできないだろう。浮遊資金の総額は、国家の枠などとうに超えているわけで、そんなことができるのは世界政府しかないからだ。

しかし、すでに見てきたように、世界政府というものは貨幣や財の地域格差や、地域紛争をなくす方向を目指さざるをえない。少なくともそういうスローガンを打ち立てて、それを正義とせざるをえない。そして当然、五〇〇〇兆円という遊休総貨幣量を減らす方向に向かうだろう。だがそんなことになれば、貨幣は自らの存在意義を失ってしまう。また、グローバル・スタンダード化を声高に叫んでいた勢力が、今度はこのグローバルな目標に猛然と反対する。

現在の世界総生産は三〇万五〇〇〇億ドル（約三〇〇〇兆～三五〇〇兆円）くらいである（二〇〇三年の報告による二〇〇一年の名目値）。

マルクス＝レーニンの時代であれば、どの国がどれだけ多くの貨幣を発行しても、そんなものでは大国のひとつも買えなかったが、いまではなんと、国際資金資本の総資金量の半分強で世界が買えるのである。

だが、三五〇〇兆円で買えるということは、全世界を支配しても、その利益は三五〇〇兆円にしかならないということを意味する。

五〇〇〇兆円という出演者の財布に比べて、全部で三五〇〇兆円の舞台は小さすぎる。あるいは、舞台の規模に比べて、出演者のサイズが巨大になり過ぎてしまっている。これは本来ならもう、パンツの王たる貨幣の上演を廃止、劇場も作り直すか廃業しなくてはならない状態だ。でも、そうはできないのである。

実は、行き場を失って放り出されたとき、自己増殖を求める貨幣自身はいくつかの道を選んでいた。短期的には、先にも述べたように、石油である。財と貨幣が切り離されたといっても、有限な資源である石油の重要性は当分の間失われない。最低でも三十年くらいは持つだろう。ということは、イスラエルが無理やり存在することの意味も、当分の間は残るということである。冷戦が終結したのは一九九一年だから、現代のパレスチナ問題は、二〇二〇年から二〇五〇年くらいの間に、石油とユダヤ資金資本との結びつきが意味を失ったころ、解決に向かって動くことになるかもしれない。

二つ目は、冷戦が終わったと同時に増えた民族紛争である。民族紛争が増えるということは、軍需産業はもちろん、全体的な資金自体の需要も増えることを意味する。かくて、紛争や戦争を継続して引き起こしていくことが、貨幣が生きる道の一つとなった。

三つ目は、国民経済あるいは国家経済の枠をできるだけ維持させることである。このような枠が維持されれば、格差も維持される。この格差こそ、商業を発展させ、貨幣を生み出す母となる。資本とは、この格差をなくすためという旗印のもとに生まれたものなのだが、そのくせ格差が本当になくなると、交換も貨幣も必要なくなってしまう。不思議な非可逆性である。

格差をなくせと言っている者が、実は最も格差を必要としていて、本当に格差がなくなりそうになると、また別の新たな格差を作り出そうとする。そういう矛盾した行動を取るのである。

実際、貨幣は、このとおりに行動した。ヒトは自らの欲望に基づいて行動しているように見えても、実はパンツである貨幣の命ずるところによって行動していたというのが、冷戦以降の真実なのである（基本的にはヒトが貨幣というパンツをはいたときからの真実だが）。

貨幣は自らの生命を維持するために意図的に戦争を作り出す。さらに、それによって人口の増加が一定の範囲内で抑えられ、資金が生きていくことができる。資金が生きていけるということは、貨幣が生きていけるということだ。

さらに貨幣は、別の対立を期待することもできる。イスラム世界とユダヤ＝キリスト教世界との対立である。ここには、わずかに「財」としての力を残す石油利権を絡めることもできる。おそらく、この対立はすでに準備され、実行に移されている。たとえば次章で詳しく述べるイラク戦争がそうである。

パンツをはいたサルに未来はあるのか

ヒトが作り出した最も強力なパンツが国家であり、その諸要素のなかで最も重要なものが貨幣であった。

その貨幣は、もはや国家自体を、そして国家を基盤とする我々人類を蕩尽しつくさなければ生きられないほど追い詰められている。ある意味では、ユダヤ権力派は、いち早くその事実に気づいた者たちであるとも言えよう。いまごろになって、国際資金資本のあれこれを問題にしているのは、気づくのが遅れた者たちである。

貨幣とは、そもそもヒトのパンツであった。それも、おそらく最後のパンツである。いくら負担になったからといって、ヒトはあっさりと脱ぎ捨てることなどできないのである。しかも貨幣の側は、自らが生きるために、ヒトが本来持っている攻撃性や集団的残虐性を全面的に利用しようとし始めている。恐ろしいことではないか。

我々が生きていくためには、我々が作り出したパンツも生きていかなければならない。しかし、パンツのほうは、自分が生きるためにヒトを殺すかもしれないのだ。生産や国家とも切り離されて暴走した貨幣に対し、それを制御する有効な手段を我々は持っていないのである。

どんなに知性を持っていようと、我々はヒトとしての本質である攻撃性を有している。ときに残虐になることによって、自分自身を活性化させるという宿命を背負っている。そのような宿命を無視した理論や理性だけでは、この貨幣の暴走を阻止することは不可能である。二一世紀初頭の今日、我々は恐ろしく厳しい地点に立っていると言える。

それでは、我々はどのようにすれば生きていけるのだろうか。いや、根本に立ち返って考えよう。我々は、いったい、生きていくべきなのだろうか。それについて考えることこそ、本書の最大の目的であった。

これまで述べてきたような事実を踏まえたうえで、ここではひと言だけ言っておこう。あとは、本書の結論部にゆずる。それは、我々ヒトが生き抜いていくためには、最低限のかたちにしたとしても、我々が体内に持っている攻撃性をも使わなければならないということだ。

我々は、この身体に刻まれた進化あるいは退化の記憶を無視しては生きられない。370万年前、のちにヒトとなったラマピテクスの最後の一団がダナキル低地を去って以来、「普通の進化の一〇〇〇倍の速度」で進化するという状況は終わったのである。逆に言えば、我々の体内に刻み込まれた進化時計は一〇〇〇分の一の速度に戻ったのである。それでも身体は変化し続けてはいるが、過去にダナキルで起こったようなことは、もう起こらない。ならば我々は、その身体を前提にして生きるしかないではないか。

我々には、自らの身体に組み込まれた集団的攻撃性や、それに伴う快感のシステムを見据えて進むことしか、道は残されていない。たとえその快感のシステムが、最終的には、そのシステム自身にとって最も大切な自らの身体さえ蕩尽しつくさねば気がすまないものであったとしても……。

この道は、非常に険しく難しい道であろう。しかし、それ以外の選択は、結局は過去の愚行を繰り返すだけになることは目に見えている。我々にできるのは、快感の源となる攻撃性を行使する対象を、厳しく限定することだけである。

言うまでもないことではあるが、その選択を間違えれば、これまで以上の、そしてもしかしたら取り返しのつかない愚行に走ることになる。だから、内なる集団的残虐性の進撃を阻止し、粉砕するためにだけ、我々の攻撃性を発揮しなければならない。我々は知性を持ち、過去をそして自らを反省し、なおかつ断固として残虐性を攻撃する防衛隊を組織せねばならない。それこそが、自己増殖を求める貨幣が制御不能に陥ってしまった今日において、我々に残された唯一の生きる道なのである。

第三章　同時多発テロと国際関係、あるいはグローバリズムというパンツ

同時多発テロが起きねばならなかった真の理由

二〇〇一年九月十一日、アメリカ合衆国を同時多発テロが襲った。

それをテレビで見た瞬間に、私は、「ア、やはりやったな」と思った。また、「そんなにうまく準備できていたのか。それだったら連中はやはり優秀なんだ」、とも思った。嘘ではない、本当である。その結論は、アメリカ政府の一部（むろん、ブッシュを利用する保守過激派グループ）とイスラエルを支持する世界のユダヤ人権力派が仕組んだ事件だというもので、この考えはいまもそのときも変わらない。

この結論は、いわゆる陰謀史観によって導き出されたものではまったくない。構造と状況から予測していたものだ。ただ、陰謀史観の歴史家たちとは、この事件についてだけはほぼ同じ結論に立ち至っている。だから部分的には、似たような「事実」の指摘があることを許してもらいたい。

9・11同時多発テロの真の犯人は、決してオサマ・ビンラディンではないということは、時間がたつにつれてどんどんわかってくるだろう。彼がたとえ実行部隊への直接の命令者であったとしても真

の仕掛け人は別にいるのである。もちろん、その存在が本当に邪魔になったときには、彼もまた抹殺されるだろうが……。

この本でも、多少の決定的なことについては取り上げて後述するが、よく見ればそれ以外にもたくさんのおかしなことがあって、アラブのテロリストグループが単独でやったというにはあまりに整合性がなさ過ぎる。だが本書は決して、9・11が陰謀であったという主張のための本ではない。それはむしろ構造上わかりきったことで、それについてだけの検討は本書以外で探していただきたい。そもそもそれは経済人類学者の仕事ではない。経済人類学は、そうした「無理」がなぜ起こされるかの根拠にだけ関心がある。

ここまでに経済人類学が現在の地球の人類について導き出した結論は、宗教、民族、国家という三つの巨大な制度をパンツとして成長させたヒト（人類）が、近世から近代にかけて市場社会という（本来なら虚構に過ぎないはずの）土俵を作り上げて以上の三つの巨大な制度をフルに機能させ、ついにはそれを組み込み、そのメカニズムの基軸から生まれて結局はそれ以外のどのヒトのパンツをも凌駕する権力となった貨幣を生んだということだった。そしてその結果、自分自身の存在そのものを自己目的化した貨幣が自己回転運動を開始したということだった。

思えば道具や、実際の下着としてのパンツ（最初は腰蓑程度のものだったが）は（概念上の）パンツとしてはごくごく可愛いものであった。ただそこに、過剰を蕩尽するというシステム（これもソフトとしてのパンツの一種）が登場したとき、様相が大きく変わってくることになった。

それが遠征や殺戮や征服や支配や暴力の快感と結びついたとき、宗教も民族も国家も大きな働きをすることになった。宗教は、いずれも表面では愛を説いてきた。しかし、実際には異教徒の征服や殺戮に力を貸すことによって、つまり最低限の言い訳を彼らに与えることによって支配者の暴力の支柱となった。その働きによってこそ世界的大宗教となったのである。

他方、民族や国家というものが、その集団に属さない者たちにとってどんなに迷惑で理不尽に暴力的な存在だったかも知られねばならない。そういった流れの中で市場社会の展開とともに力をつけ始めた貨幣は、その巨大な自己回転運動を開始することによって超肥大化し、やがて宗教も民族も果ては国家さえも飲み込もうとしている。

経済人類学的に見て理の当然であるのは、貨幣が中心になった過剰―蕩尽劇の千秋楽には、宗教や民族や国家という主要役者がすべて顔をそろえて最後の大芝居を行なうだろうということだ。

こういう構造の一部は少なくとも、一八世紀後半には顕現している。いわゆる陰謀史観の人たちは、革命や内乱の背後にユダヤ人の姿を見ることが多いが、経済人類学的に見れば貨幣の論理だけが主役である。ただ、しばしばその貨幣を取り扱って目立っていたのがアシュケナージ・ユダヤ人であったことが多かった。そこで、陰謀とユダヤという一種のお定まりの構図が生まれたのである。けれども、主役はあくまで貨幣の論理だ。

貨幣とユダヤ人というのは決して同義語ではない。

まず第一に、ユダヤ教徒が集団としてまとまって地球上の貨幣の運動に加われという指示を受けているわけではないし、第二に、その結果、今日のユダヤ人資金資本家はユダヤ人全体の中の比率からいえばごくごく少数の「権力派」グループに過ぎない――だがその少数のグループが一家または一企業集団で弱小国家の五〇個分くらいを買える金を平気で有している。

その権力派グループが、肥大化した貨幣の要求に従って今日の地球上の混乱をリードしているという状況だ。だから、やはり王は貨幣であって、ユダヤ人ではない。

貨幣は言うなれば、恐るべき美女である。「傾国の美女」という表現があるが、本物の美女と違って貨幣は一国を傾けるどころではなく地球全体をも傾けようとしている。

いま、貨幣が引き起こしていることは、広い意味では過剰の蕩尽というお定まりのシナリオの上演劇のひとつなのだが、国家を超えた混乱を引き起こしてそこにあえて無理やり貨幣の欠乏（需要）を生もうとしている。局所的な貨幣の欠乏を生んで、そこに自分たちの卵を産みつけようとしているわけだ。かくて資金資本としては、混乱や地域戦争を生じさせ、資金の貸付先をぜひとも作り続けねばならない。そうしなければ、肥大化しすぎた自分たち自身が病み衰えなければならないからである。

そういう意味ではテロを生み続け対立と混乱を生み続けるアルカイダは、貨幣にとってぜひとも存在し続けてもらいたいもの（装置）である。フセイン政権よりはるかに弱いものであるはずのアルカイダが依然として生き続けているのは、そういう理由によると考えたほうがよかろう。

思いがけないだろうが、よく似た例を挙げよう。江戸時代の伊賀において、二つの忍者グループ間の死闘があったことがある。何十年にも及ぶ殺し合いがなぜ起こされたか、周囲にはまるでわからなかった。よく調べた結果判明したことは、両方の頭目は名前こそ違え、実は同一の人物であったらしい。この謎は、局地戦争そのものが、忍者という特殊なサービス業集団が存続の危機にさらされたとき、戦闘業というサービスの必要性をアピールするものだったと考えると氷解する。

世界的テロは、世界から戦争がなくなると困る者による総合的事業だと見るのが自然である。

よって経済人類学は、こうした事態が地球上で今後も恒常的に引き起こされる歴史的構造があることを、残念ながら断言する。それはまた通常想像されるのとは逆に、事件を引き起こす側にもある種の行き詰まった絶望的状況があることをも意味している。なぜなら、現在の地球上の危機を作り出した中東紛争とエネルギー戦争の一環であるイラク戦争は、単純な陰謀史観の論者にもさまざまな見破られ方をされてしまうほどお粗末な要素を持つものであったからだ。

そのお粗末な仕掛けで表面をごまかされ戦争に持ち込まれてしまうほうも知的に弱いのだが、ボロを引きずったまま強引に突き進むほうも内部に脆弱性を抱えすぎている。

無理な嘘の積み重ねの最終段階という点では、北朝鮮・金正日政権と同じだ。だが、金正日政権が崩壊しても、ミサイル乱射でもしない限り地球全体にまったく影響を持たない（日本には与える）が、貨幣がこのままで爆砕するのならそれはヒト全体を爆砕させてしまう。

そこで、戦争を仕掛けられるほうも仕掛けるほうも（少なくとも背後では）、いかに追い詰められているかを示そう。ごく一部には、陰謀史観の論者と事実の指摘が重複する部分が出てしまうことをあらかじめお許しいただきたい。それは私が悪いのではなく、同時多発テロが実際に露骨な陰謀だったからいけないのである。

まずは、事件はなぜ二〇〇一年九月十一日に起こされる必要があったのか、である。

同時多発テロ直前の（首謀者たちにとっての）重大事件

同時多発テロが起きた二〇〇一年九月十一日の、ほんの六日前のことである。

ＥＵ欧州議会が、ある決議を採択した。この決議は、ＥＵの一員であるイギリス、および欧州の友好国であるアメリカ合衆国を非難するもので、法的効力はないが、その意味するところはきわめて重大なものであった。なにしろ次の世界最大国になろうという欧州連合が、その仲間の一員でもあるイギリスに対するものを含めて正式な非難を行なったのである。

しかもそれは「我々は何もやっていない」と米英が言っていることに対して、欧州として正式に「やっている」と認定し、やめろと非難したという。かなり稀有のことであった。マスコミや国際政治学者たちがこの意味が理解できなかったのは残念である。いずれも知的に無手勝流で表面の事件群だけを追っているからわからなかったのだろうが、これは歴史的に超重要な「事件」である。少なくとも私は、これで米英は何か強硬策をもって問題をごまかしにかからねばならなくなったと予測していた。

では、まず報道を追ってみよう。以下は、『朝日新聞』のベタ記事である。

「エシュロン」自粛求め決議　［ブリュッセル5日＝久田貴志子］

欧州議会は5日、米英など英語圏5カ国が共同運用しているとされる通信傍受システム「エシュロン」について、「存在は疑いない」という決議を採択した。決議に法的な拘束力はないが、欧州連合（ＥＵ）の一機関として初めて公式に存在を認め、スパイ活動の自粛を求めている。

特別委員会がまとめた報告書は、傍受用と見られる大型アンテナは、青森県三沢基地を含む11カ所の軍事9基地に設置されていると指摘している。

（『朝日新聞』二〇〇一年九月六日付朝刊）

この五カ国とは、アメリカ、イギリスのほか、オーストラリア、カナダ、ニュージーランドの英語圏五カ国である。イギリスは欧州連合の一員ではあるが、ユーロ通貨圏に加盟しないなど、統合にはなにかと非協力的で、他の加盟国から批判される立場にある。イギリスはこの決議によってさらに困った立場になったし、エシュロンの総元締めであるアメリカも、実にまずいことになった。

欧州議会がこの決議を採択したのは、まさに同時多発テロが起こる六日前のことであった。実はそのほんの直前、二〇〇一年六月の段階では、欧州議会は調査委員会の設置さえためらっていたのだ。それはエシュロンの存在を疑っていたということではなく、米英との関係を考慮していたからだった。イギリスと複雑な利害関係を持ち、そのために最もエシュロン盗聴のターゲットにされていたアイルランド政府などは、「それでは第二次世界大戦後、イギリスはすべて我々の公電を読んでいたというのか」と激怒した。

しかし、「いまは時期がまずい」ということで独仏になだめられていたというのに、そのわずか二カ月後、イギリスの反対を押し切って調査委員会が設置されたあげく、まるで9・11に間に合わせるかのように一気に正式な決議に持ち込まれ、採択されたのである。

つまり、独仏は完璧にではないが、二〇〇一年秋に向けての緊張の高まりをキャッチしたのだった。独仏側も盗聴をしないわけではない。だが、第二次世界大戦中にドイツの暗号がアメリカに完全に見破られたように、この点でははっきり遅れをとっていたのだった。それでも、傍受の傍受や緊急の雰囲気の察知くらいはできた。具体的にどのくらいのものかということは、いまのところわからない。だが、これによって独仏も事件を予知し、とりあえずながらはっきりした米英への「NO」の立場を打ち出したのだった。

国際的盗聴システム「エシュロン」の傍受装置は日本の米軍三沢基地にもあり、重要な役割を担っている。日本はアメリカの同盟国として基地を使用させているだけではない。一九九九年の通常国会で自民党・公明党・保守党が無理やり成立させた「通信傍受法」（通称、盗聴法）は、明らかにこの盗聴システムを支持し、最終的には仲間に入れてもらおうという、とんでもないものなのである。

当時、自民党の中で、この悪法に反対したのはたった二人だけだった。一人は私、もう一人は田中眞紀子である。離党届を出した私を自民党は除名した。残った田中眞紀子は、小泉政権の成立に尽力して外務大臣になったが、折しも起こった同時多発テロに関連して小泉と官僚に反撃され、更迭された。エシュロンに繋がる通信傍受法に批判的な外務大臣がいては、同盟国であるアメリカに顔向けができないからである。

このとき、田中眞紀子外務大臣と刺し違えて事務次官をクビになった野上義二は、駐英公使から大使になり（二〇〇四年九月）、日本の中東政策の基地であるロンドンで実質的に中東問題を指揮している。むしろ、具体的に力を発揮しうるポストに異動したのである。その任務は、イスラエル、イラクなどの情報処理、情勢監視である。一方、小泉の異常なアメリカ追随に異を唱えたレバノン大使の天木直人は更迭された。中東にいられては邪魔だからである。あまりにもわかりやすすぎる構図であろう。こうした露骨な米英追随策のおかげで、日本外務省には独仏を中心とする欧州の枢要情報は入らなくなっている。

情報監視システム「エシュロン」の歴史

二〇〇一年六月三十日、NHK衛星放送は「ワールドドキュメント」シリーズのなかで、「エシュロン——謎の情報監視システム」というスイスで制作された番組をオンエアした。これはダンカン・

キャンベルというイギリスのジャーナリストが、エシュロンを運営して世界中の情報を盗聴しているアメリカの機関を追いかけた記録だ。その機関とは、第二次世界大戦中に赫々たる成果を上げたアメリカの暗号解読機関から発展して一九五二年に設立された、国家安全保障局（National Security Agency、NSA）である。

キャンベルのこの調査はもともと、欧州議会の依頼によって始まった。そして、「盗聴能力2000」（Interception Capabirity 2000）なる報告書が欧州議会に提出された。盗聴の対象は、各国の政府機関の情報はもちろん、世界中の要人の個人情報である。アイルランドはイギリスと対立することが多いせいか、特にターゲットとなっていて、政府の外交機密情報はすべて盗聴されていた。

そもそも「エシュロン」というのは、アメリカの主導による通信傍受システムの暗号名で、現在のものは一九七〇年ごろ、米英によって組織されたものである。イギリスで暗号解読や盗聴システムの確立に熱心だったのがウインストン・チャーチルで、チャーチルはあのとぼけた顔にもかかわらず非常に陰謀好きの政治家であった。日本で高橋是清が「ダルマ」とあだ名されたトボケ顔で陰謀好きだったのと同じだ。またチャーチル家はユダヤ人宰相ディズレーリの重要なサポーターでもあったのだ。

その米英に、カナダ、オーストラリア、ニュージーランドなどの英語圏諸国が加わり、冷戦時代には軍事目的を持ち共産圏をその対象としていた。しかし冷戦終結後も、電話やインターネットなどの情報の諜報活動を続けていることが問題となり、先に述べたように欧州議会が調査委員会を発足させ、エシュロンの存在を疑いのないものとして結論づけたのである。アメリカは公式にはその存在を否定しているが、海底ケーブルの使用に始まる電子通信でも各種の盗聴をしていた（いる）ことは間違いない。

ＮＳＡの本拠はワシントンの北四〇キロほどのところにあり、職員は三万八〇〇〇人、年間四〇億ドルの予算を使っている。一見、少ない予算のようにも思えるが、このなかには一機一〇億ドルを超すこともある偵察衛星の費用や、世界一一カ所にあるアンテナなどのいわゆるハードの費用は含まれていないことを考えると、相当な金額だ。

目的は軍事や外交にとどまらない。国際企業の経済活動や取引も監視されている。一九九三年、当時のクリントン政権は企業支援策を打ち出し、ユダヤ勢力の露わな支持を取りつけたが、その支援には国際的取引の商談監視（盗聴）も含まれていた。たとえば、ＮＳＡがフランスのサウジアラビアへのエアバス売り込み価格という情報を摑み、それをＣＩＡや商務局に伝える。その価格情報はさらにボーイング社に伝わり、同社はより有利な価格でサウジアラビアとの交渉に臨める。その結果、ボーイング社はエアバス受注に成功したのである。

しかし、売り込みに失敗したフランスの側も、盗聴という手段を使って国家ぐるみでこの商取引に加担したアメリカに対し、おおっぴらには文句を言えない。なぜならフランスにも、エシュロンに比べれば貧弱だが独仏を中心とした盗聴システムがあり、産業スパイを試みていたからである。

現在でも、高度情報保護管理システム（盗聴防止ソフト）を売るスイスのクリプトという会社が、アメリカの情報機関と繫がっているという疑惑の噂は絶えない。クリプト社は否定しているが、欧州議会へのキャンベルの報告書（二〇〇五年の段階ではネットでも入手可能）には、これについての事実確認も含まれていた。

このような盗聴システムを駆使して諜報活動を行なっているアメリカが、９・11に関する情報をまったく得ていなかったということなどありえない。ヨーロッパ諸国もそれなりに情報を摑んでいて、当然、アメリカもイギリスも同じ情報を摑んでいることはわかっていたであろう。一歩踏み込んでいえば、独仏は米英がアルカイダの同時多発テロ攻撃計画を摑み、その実行を黙認したうえで、次の歩を進めようとしているのを察知、一応、釘を刺してみたのである。

真珠湾の経験

アメリカは長い間、国家的事業として国際的な盗聴を行なってきた。イギリスは古くからの「盗聴同盟国」である。

けれどもアメリカ政府は、公式には盗聴の事実を認めてこなかった。露骨な犯罪なのだから、当たり前だ。ただ、第二次世界大戦中のこととなると話は別で、難解と言われたドイツ軍の暗号「エニグマ」を情報当局が解読し、戦争を有利に進めたことはいまでは誇らしげに認めている。

ところが、この話にはまだ先がある。エニグマを完璧に解読したことを米英が対外的に明らかにしたのは、なんと一九七二年のことだった。それまでは、まだ解読しきれていない部分があると言って、さまざまな対応機器とソフトを販売させ続けていた。そのソフト作成側にももちろん絡んでいた。なんともえぐい商売だが、そのほうが、情報戦略のうえでも商売のうえでも、米英に都合がよかったからである。結局、それらを買った国や企業は、戦後二十七年間も米英の掌の上で踊らされてきたことになる。エニグマはまだ有効だということになっていたからだ。

このエニグマに比べると、第二次世界大戦中の日本軍の暗号はきわめて単純だった。そして簡単に解読されていた。残念ながら真珠湾攻撃もミッドウェイ作戦も、事前に察知されていたのである。このことは、終戦後すぐにアメリカ政府が公文書でも認めている。隠してもしようがないレベルのことだからだ。最近でも現代史研究家のスチネットが本にまとめているが、もう特別の反論もされないくらいだ（Robert B. Stinett, *Days of Deceit*, Free Press, New York,1999）。

だとすれば、真珠湾攻撃は、実は「奇襲」でもなんでもなかったことになる。

アメリカは日本の真珠湾攻撃計画の進行を十分、知っていながら黙認し、わざと攻撃させたのだ。反日の世論を煽り、日本攻撃の口実を作るためである。確かに、「アリゾナ」をはじめ戦艦八隻が撃沈または損傷させられて真珠湾に沈んだが、そのほとんどはのちに引き揚げられ再生された。だから、アメリカが実質的に失った戦艦はただの二隻だけであった。また、空母は「たまたま」湾外にあったため無傷であり、これ以降の戦闘を有利に展開することができたのである。

そんな都合の良い「たまたま」があってたまるものか。アメリカは事前に損失を予測していたので、被害を最小限にとどめることができた。

国民が無知で感情的であることは、日本もアメリカも変わるところはない。日本軍による真珠湾攻撃は、ドイツに対しては結束できなかったアメリカ国民の心情を「日本憎し」で結束させる効果を発揮した。「パール・ハーバー」という言葉は、その後、「宣戦布告のない卑劣な奇襲攻撃」「国際ルールを無視した卑怯な作戦」の代名詞となり、9・11の際も何度も使われたことは記憶に新しい。日本人は、語の使用に抗議すべきである。

いずれにせよ、アメリカは日本の奇襲によって、その損失とは比べものにならないほどの大きな利益を得た。経済的にも、全面的な軍事経済体制にスムースに移行することができた。真珠湾攻撃後に確立された軍事経済体制とは一種の社会主義体制であり、アメリカ経済はそれによって活況を呈したのである。

その結果、武器商人、金融業、マスメディアなどが莫大な利益を得た。ドイツやポーランドで同胞のユダヤ庶民が悲惨な目にあっていたとき、アメリカのユダヤ資金資本家は大儲けをしていた。戦後のアメリカが国家として獲得したものは、さらに決定的だった。米ソ二大国の支配体制が確立するなか、自由主義諸国の盟主としてのアメリカの発言権が強化されていった。さらに経済的にも、国際通貨、基軸通貨としてのドルの力が各国の経済を左右するようになったのである。都合のいい結果だらけだ。

この結果、ユダヤ資金資本は一九世紀末からの活動拠点たるアメリカを、世界に対する確固たる活動拠点として確保した。

あとは、アメリカ政治を牛耳ることだけが唯一の課題となった。よって第二次大戦後は、ユダヤ資金資本のアメリカ政治への介入が強化される。つまり、イスラエルとアメリカの協同（共謀）あるいは陰の指導部の指示によって国際問題が左右されるようになった。

それでも、国際連合もできたし、盟友イギリスの力は後退を続けるし、ケネディのような反乱者も現れたし、その時その時にはそれなりに大きな問題が立ちはだかった。後述するように、ケネディ暗殺とイラク戦争は、イスラエルの問題がキーとなっている。

そして実は、ブッシュ政権の登場と、ユダヤ資金資本が露骨に肩入れしたアルバート・ゴア候補の敗退は、「舞台としてのアメリカ」の大危機を生んでいたのである。もともとはテキサス石油資本とそれを取り巻くテキサス保守派、そして軍需産業との癒着をバックに登場したブッシュにとっても、選挙戦の構図上、いったんは反ユダヤに舵を切ったもののにっちもさっちもいかない状況になっていた。それを同時多発テロは救ったのである。

これは真珠湾以来のアメリカ保守派の伝統的な手法であるのだが、では、二一世紀初頭にブッシュ政権がどのような位置にあったかを確認しておこう。

テロはブッシュの苦境を救った

そもそも二〇〇〇年の大統領選挙でブッシュが大統領に選出されるかどうかは、相当にきわどかった。全国総得票数では、民主党のゴア候補に負けていたからである。まさにギリギリの土壇場でそれがひっくりかえったのは、州ごとに一定数の選挙人を獲得するという、ややこしい制度のおかげであった。

それほどまでにブッシュが苦戦した原因は、ユダヤ系資金資本やユダヤ系メディアが民主党に肩入れしたためである。その肩入れの仕方は露骨なもので、彼らは副大統領候補として、敬虔なユダヤ教徒の証《あかし》である特有の帽子をかぶり、ガチガチのシオニストであるリーバーマン上院議員を送り出していたくらいだ。最終的にゴアが勝てなかったのは、アメリカ南部特有の、アングロ＝サクソン保守派からのユダヤに対する反発が大きく働いた結果と見ることができる。

民主党の基盤である南部では、伝統的に反ユダヤ感情が強い。南北戦争のとき、ユダヤ人が北軍側についたからである。だが、その伝統も上流階級ではかなり以前から薄れてきていて、彼らはむしろユダヤ資金資本家の金を利用するようになっていた。その上流階級に属し、しかも親子二代の上院議員であるゴアには、ある特別のコネがあった。二〇世紀初頭のユダヤ資金資本家に繋がるアメリカ・コミュニストの人脈が、ゴア家にあったからである。ゴアが副大統領を務めたクリントン政権では大統領夫人ヒラリーはユダヤ人だし、金融界、すなわちユダヤ国際資金資本が民間、たとえば「ゴールドマンサックス」から財務長官を送ったりして協力していた。

そういう関係があったため、ユダヤ資金資本の本流はゴア支持に回った。ニューヨークの大新聞も、ゴア支持の姿勢を露骨に打ち出した。

ブッシュの味方は、どちらかと言えば、アメリカ固有の（〝外国の問題には首を突っ込むな〟というモンロー主義者だった。そのブッシュが、露骨なユダヤ人中心政権を築こうとしていた民主党コンビを破ったことは、ユダヤ人やイスラエルにとっては大打撃であった。なにしろ、第二次世界大戦後に世界で最も重要な舞台となったアメリカで、ユダヤ人は初めて公然と大統領選に候補（副大統領候補のリーバーマン）を送り出すほど前面に出たのである。その挙句に負けるなど、とんでもない失敗であった。

一方、選挙戦でユダヤ人を敵にしたため苦戦したブッシュは、いったん反ユダヤになる。ブッシュ政権がそのまま強化されていけば、アメリカ経済を主舞台とするユダヤ資金資本もイスラエルも、暗黒の冬の時代を迎えねばならない。さらに、それを機にアラブが動くかもしれない。彼らは焦っていた。

だがブッシュにもまた、焦るべき弱点があった。それも非常に大きな弱点が……。民主党は大統領選には敗れても議会を通じてアメリカ政府に強い影響力を保持しており、それまでの民主党政権時に蓄えた財政黒字をブッシュの唱える減税には使わせないという「手錠」をかけることに成功していた。これではブッシュは、まったく公約の実現などできないことになる。したがって、当然の結果として再選もありえないという手詰まりの状況に陥っていたのだ。

ブッシュのこの苦境を、９・11テロは救った。それまで対立していたイスラエル支持のユダヤ権力派と手を組んで〝共通の敵〟を獲得したブッシュは、単純で強硬な政策を取りさえすればいいことになった。まさに、同時多発テロのおかげである。「我々文明の側は野蛮な敵を相手に……」と演説してさえいれば、ユダヤ系資金資本やユダヤ系メディアの支持を得られるばかりか、国民の支持も得られることになったからである。彼は、演説はうまい。

事実、テロ直後には国民の支持率はなんと九〇パーセントにまで跳ね上がった。彼は、演説はうまい。言うまでもなく、決して馬鹿ではない。

かくして、〝共通の敵〟によりテロが実行されたという証拠を集めることよりも、戦争を始めることのほうが圧倒的に優先された。国民の圧倒的支持を受けているうちに、早々にアフガニスタンを片付けて、本命のイラクを攻めたかったというのが本音だろう。

アフガニスタンには利権は皆無だが、イラクには世界第二の石油資源という利権と、近隣イスラエルの安全保障という大義名分がある。またアフガニスタンを攻め続ければ、オサマ・ビンラディンが捕まりも殺されもしないという不思議さに、いくら馬鹿でもそのうち気づくことになる。これは明らかにまずい。だから早急にアフガニスタンから本命イラクへと焦点を移したかったのである。要するに、ここにイスラエルという存在を置いて考えれば、その後の展開は容易に理解できる。アメリカ国内でも、イラク攻撃の真の目的はこの二つではないかという議論は、ユダヤ人インテリのなかからさえ出されてきていた。しかしそういう議論はメディアから完全に無視され、排除されたのである。

ここまで述べてきたような背景および「事実」を踏まえたうえで再び同時多発テロについて検証してみると、どう見ても不可思議な事象が多すぎることが逆によく理解できる。事件が急いで無理に作り上げられたことは、全体としてははっきりしている。日本を真珠湾に誘い込んだときに比べて明らかに時間と（周到な内部合意による）準備が不足していたのだ。

二〇〇一年九月十一日、ニューヨーク世界貿易センタービルの北棟ビルに、ハイジャックされたジャンボジェット機（アメリカン航空11便）が突っ込んだ（現地時間午前八時四十六分）。続いて南棟ビルにも別のハイジャック機（ユナイテッド航空175便）が激突した（同九時三分）。その約五分後、思いがけないことに、あとから激突された南棟のほうが音を立てて崩壊した。さらにその約三十五分後、北棟も崩壊して崩れ落ちる。このとき実は、ブッシュも驚愕したはずだ。巨大建築が地下で繋がっていて相互に作用しあって崩れ落ちるとは予想外のことだったのである。消防士を含め多くの人々が逃げ遅れ、死者は三〇〇〇人を超えた。テロリストたちは、自分たちの思惑以上の「戦果」を上げたのである。

ひと月もたたない二〇〇一年十月七日、米軍はこのテロに対する報復としてアフガニスタンへの空爆を開始し、アフガニスタンのタリバン政権は二〇〇二年十一月に崩壊した。同政権がテロ組織アルカイダを支援し、指導者のオサマ・ビンラディンをかくまっているというのが、その理由だった。さらにアメリカは二〇〇三年三月十七日、「アルカイダと繋がっている」「大量破壊兵器を保有している疑いがある」という名目でイラクに宣戦を布告した。

だが実際には、オサマ・ビンラディンやアルカイダが同時多発テロを実行したという完全な証拠はいまだに発見されていない。当初、オサマは犯行を否定していたことを忘れてはいけない。テロリストは、本来、犯行（戦果）をむしろ宣伝したがるものなのである。アルカイダ犯人説の根拠は、ハイジャックしたとされる人間が乗っていた車の中からコーランが発見されたということくらいだったのである。そういう状況のなかで、誰かが、何らかの根拠で、いち早くアルカイダの犯行だと断定した。いったい、誰だったのだろう。

当日ハイジャックされた四機の飛行機のうち、ユナイテッド航空93便はハイジャック後ホワイトハウス（あるいはキャンプ・デーヴィッド）に向かおうとしていたのだが、英雄的に勇敢だった（という）乗客たちの決死の阻止行動により方向を変えられ、操縦が乱れて墜落した（とされている）。乗客たちの何人かは行動を起こす前に家族に別れの電話をかけ、「犯人はアラブ人だ」と伝えた（という）。けれども、一万メートルの上空からは、携帯電話は繋がらない。当たり前だ。座席に備え付けのクレジットカード用電話なら繋がるので、普通ならそれを使う。いずれにせよ、通話記録がしっかり残るのがアメリカの電話通信システムだ。しかし、なんとどちらも電話会社によって通話記録が「抹消」されていたというのである。大ハイジャック事件のあと、当該の飛行機の通話記録をうっかり抹消とはずいぶんと人を馬鹿にした話ではないか。もっともそこを追いかけられなかった報道陣は、馬鹿にされてしかるべきである。意図的に追いかけなかったのでないことを祈ろう。

しかし個別問題における最大の謎（つまり最大の綻び）は、実はニューヨークの世界貿易センターに突入した二機のほうではなく、アメリカ国防総省、いわゆるペンタゴンに突入したとされるアメリカン航空77便に関するものだった。疑問点は以下だ。

1、直後に撮影された写真には、突入したとされる飛行機（アメリカン航空ＡＡ77便）の残骸がどこにも写っていない。
2、被災したのは五階建てのペンタゴンの一階部分だけであった。しかも、突入した物体は修復を終えたばかりの無人エリアに突っ込んでいた。
3、大型飛行機は燃料を両主翼に抱え込んでいるため、建物に突っ込むと大きな火災や爆発を生むはずだが、そんなものは起こらなかった。
4、直径一メートルのエンジンの残骸が発見されたが、ボーイング757のエンジンの直径は二メートルである。
5、ペンタゴンの破壊された部分の大きさとボーイング757の大きさとがあまりにも違いすぎる。
6、当初のテレビ取材に対し、消防士は「現場に遺体はない」と言った。飛行機の墜落現場に死者がいないことなど考えられない。
7、管制官は、「戦闘機の機影のようなものが見えた」と証言、ミサイルのような激突音を聞いたという証言もあった。
8、証言はすべて事件直後の（まだ管制が行き届かないときの）ものだが、事件後数日すると全員が証言を撤回したり、言葉を濁し始めたりした。これも露骨な工作の結果だ。
あれほどの大型機が激突したことを示す物証がないというのは、疑問があると言うより、ふざけている。

また、ベテランのパイロットは、ボーイングのような大きな機体を、平たい建物であるペンタゴンの一階部分に手前の芝生などをこすらずに突入させるのは不可能であると指摘している。山岳ゲリラが一、二年、敵地の民間学校で訓練してできるというシナリオは甘すぎないか？

これだけのはっきりした嘘（!?）があるにもかかわらず、噂好きのマスコミは世界貿易センタービルの悲劇ばかりを取り上げ、ペンタゴンの話などわざと忘れる構えを貫いた。三〇〇〇人を超える死者を出したのだから、国民世論を報復攻撃に向けて煽るには、そちらのほうが効果的なのだが、なんといってもおかしすぎる。

理由はもちろん、真犯人側のミスが重なり、でっち上げに失敗したからである。真犯人であるアメリカ政府の一部は、力をもって「まずいところ」は押しつぶそうとしている。

これらの「事実」が指し示しているものは何だろうか。単純なことだ。ハイジャック機はペンタゴンには突入しなかったのである。それには何の疑いもない。だから、アメリカ政府はそのことを語りたがらないのである。それでは何が突っ込んだのか。もはやほとんどどうでもいいことだが、最も合理的かつ辻褄が合う事実は以下のようになる。

ハイジャック機はペンタゴン突入の前に、警戒した米軍により撃墜された。当然、機体の残骸は別の場所にあり、その位置もわかっていることになる。ペンタゴンに突っ込んだのは米軍がもう一発撃ったミサイル、もしくはミサイルに類するもので、要するに米軍による意図的攻撃ないしは最低限、誤射である。同じようなことが、乗客の英雄的行為によってピッツバーグ郊外に墜落したというユナイテッド航空93便についても起きた。

このユナイテッド航空93便機の残骸は、機体が最終的に墜落した地点から南東方向一三キロにわたって帯状に発見されている。一般に、墜落した飛行機の残骸は、その周囲一キロ四方に散らばるものであり、長く帯状になるわけはない。このようなかたちで残骸が散らばるのは、爆発であれ撃墜であれ、空中で破壊された場合である。

近くの地震観測所が、墜落の四十分前に戦闘機の衝撃波によく似た衝撃波を記録しているので、米軍の戦闘機により撃墜されたのだ。しかも、そのとき風は南東から北西に向かって吹いていた。つまり、風が残骸を運んだとしても墜落地点から北西に向かって散らばるはずなのに、まったく逆になったのだ。

事件の報告書には、このユナイテッド航空93便は北西から南東へ、ホワイトハウス方向に向かっていたと書かれている。これは、「細部」のすりあわせミスだ。報告書が述べているのとは逆に、ユナイテッド航空93便はホワイトハウス方面から北西または北北西にピッツバーグ方向に飛んできて撃墜された。例によって事故の翌々日くらいまで、政府は事故機とは別の飛行機を見たという目撃者を押さえ込めていなかった。ただし数日後になると、目撃者は口止めされ、残骸はＦＢＩによって回収される。

ただ、携帯電話からの感動的交信のトリックといい、目撃者の押さえ込みといい、事件の規模が大きい分だけ、真珠湾やケネディ暗殺より綻びが目立つ。そしてこんな程度のちゃちな「企画」で、世界は危機に陥ってしまうのである。恐ろしい現状ではないか。

逆に言えば、それだけ「彼ら」が追い詰められているのだ。

思い起こせば、似たような事件がアメリカには起きていた。事件の背景が同じで、おそらく仕掛けた勢力も同じであるものだ。本書は陰謀史の本ではないので、要点だけ述べておこう。

ケネディ暗殺事件の背景

一九六三年、アメリカ大統領ジョン・F・ケネディがテキサス州ダラスで、大勢の国民の熱狂的な歓迎パレードのさなかに暗殺された。すぐさま捕らえられた「犯人」オズワルドは、数日後、なんと警察署内で人々の目前で射殺された。犯人は、ユダヤ系ギャング組織と繋がりのあるジャック・ルビーであった。この、あまりにも衝撃的な事件の背後に何があったのか、世界のジャーナリズムはいっせいに注目した。

当初からオズワルド犯行説に疑問を抱き、真相に迫ろうとした多数のジャーナリストがいたが、調査しているジャーナリストや目撃者が次々と謎の死を遂げ、沈黙させられた。殺された（であろう）ジャーナリストは二〇人を超す。乱暴な話だ。今日の9・11事件に対するジャーナリストの沈黙は、この乱暴さの「実績」が脅しになっている。

なお現在も、その謎を解明しようとする試みは続いており、ケネディの死後に大統領となったリンドン・ジョンソン（当時副大統領）と繋がるグループの陰謀だったことが次々に「明らかに」されつつある。しかし、それでは「ただの」テキサス石油資本一味だ。動機が不明確である。リンドン・ジョンソンを「実行犯」として動かした真犯人は別にいると考えるのが、構造的な思考である。

ケネディあるいはケネディ一家は、もともとは、この事件で敵となるグループの一員だった。だからユダヤ陰謀説を採る人たちには、ケネディ家は有名な一家なのだ。事の真偽は定かではないが、ケネディは、政府ではなく（法律上は）議会に直結する機関である連邦準備制度理事会（FRB）

がドルを発行するという独特の制度を変えようとした。アメリカでは中央銀行があったことはある（一七九〇～一八一六年と一八一六～一八三六年）が、そのとき（二度目）も政府は中央銀行の総資産中五分の一ほどの資産をしか有さなかった。

このシステムでは、ある一定の勢力が実質的にかつ恒常的に中央の金融システムを仕切りうる。要するに、連邦準備制度理事会が紙幣を発行し、利子を取って政府に貸し出すというかたちなのだ。もちろんそれを仕切るのは、ユダヤ系資金資本家である。ケネディはこれに替わるシステムを作り、政府に経済運営の実権を取り戻そうとしていた。これは一部勢力にとっては極めて大きな構造的利権の喪失を意味する。

この連邦準備制度理事会を誰が牛耳っているのかは、もう明らかだろう。彼らの支配システムにとって、中央銀行が政府に関係してはいるが政府とは別の組織であることが都合がよい。これがいわゆる、影の政府といわれるものだ。実は、ケネディはもともとこの組織のおかげで大統領になりながら、あるときを境にこのユダヤ権力派の軛から逃れ、自らが真の権力者になろうと画策したのである。弟のロバートも同様だ。

この決意のとき以降、ケネディの政策は反ユダヤあるいは反イスラエルに変わる。そのために、アルジェリアのアラブ人の独立闘争を支持しもした。決して彼が民主的で立派な男だったからではない。一時期のスターリンとまったく同じで、ユダヤ人から実権を奪い返そうというだけの行動である。

影の政府の危機感は強まり、そういう者はスターリンと同じ運命を辿らねばならないということになった。そして、暗殺計画は実行された。

ケネディの後を受けて大統領になったジョンソンは、露骨にイスラエルのバックアップに回る。ユダヤ系である影の権力者のご機嫌取りである。

六日戦争という、イスラエルが仕掛けた無茶な戦争の結果、イスラエルは問題の地域、ゴラン高原、ガザ地区、シナイ半島およびエルサレム旧市街地を獲得する。これらはいずれも今日のイスラエルにとって決定的な地域であり、ケネディが生きていれば絶対に獲得できなかったはずのものであった。

ケネディ暗殺事件の真相は、二〇三九年には調査記録が公開されることになっているが、公式記録は多分、実行犯についてだけ書いてあることだろう。

9・11についてももう構造は明瞭だろう。ケネディ暗殺のときと同じである。イスラエルおよびユダヤ権力派は、危機の縁に立っていた。ある意味で追い込まれていた。そのとき、起死回生の奥の手たる「事件の惹起」を行なったのだ。

捏造された侵略の根拠

マイケル・ムーア監督が映画『華氏９１１』の中で明らかにしたように、ブッシュ大統領が世界貿易センターへの一機目の激突を知ったのは、フロリダの小学校に着く直前の車の中だった。それでも彼は予定を変更せず、何食わぬ顔で小学校を訪れた。二機目の激突について耳打ちされたとき、子どもたちの授業を見学していた彼は、ちょっとばかり目線を上げただけで、その後七分間もその場で呆然としていた（ように見えた）。これは、頭が真っ白になっていたからなのか、あるいは単に反応がトロイだけなのか。

いやそうではなく、ブッシュはどこで何が起きるかを知っていたのだ。だからこそ、一機目の激突を知っても平気だったし、同時多発テロであることが明らかになっても素早い行動を取らなかったのであろう。普通であれば、このような事件が起これば、大統領は身の安全を考えて最寄りの軍基地などに迅速かつ隠密裏に移動し、事態を緊急ウオッチする。核ミサイル発射のボタンも握っていなければならない。だが、そういうこともしなかった。自分がいるフロリダの小学校など、絶対に攻撃されないことを知っていたからである。

これ以外にも、9・11同時多発テロについては、事件直後からさまざまな疑問が噴出したが、そのような疑問は、テロに対する世界中からの非難の嵐のなかで、ことごとくかき消されてしまった。そしてアメリカは「断固としてテロに報復する」道を選び、まずはアフガニスタンへ、ついでブッシュたちにとっての本命であるイラクへの侵攻を開始した。

この一連のアメリカの行動をブッシュの背後で牽引したのが、かの「ネオコン」と呼ばれるグループであった。

マイケル・ムーアは、ブッシュと石油利権、軍需利権との繋がりを映画で追及したが、意識的にネオコンやユダヤやイスラエルとの繋がりを見逃した。目が届かなかったのではなく意識的だろう。だから、彼の『華氏911』は過大評価してはならない。

先にも述べたように、アメリカがイラクに対してつけた言いがかりは「アルカイダに基地を提供している」「大量破壊兵器を保有しているのは国連決議違反だ」ということだったが、その真実性など、実は最初から問題にもされなかった。さらに、イラクには本当にアメリカが言うような大量破壊兵器があるのかどうか、国連による査察の継続を求める多くの国の声を無視、査察の結果を待たず、イギリスとともに強引にイラク攻撃を開始した。トニー・ブレア首相率いるイギリス労働党政権は、この

三、四年の間、アメリカ・ブッシュ政権と手を組むことによって欧州連合の主流から疎外されつつあるイギリスの力を必死になって復活させようとしていた。

とにかくアメリカは、イラクに核のないことを知っていた。ほとんど間違いなく知っていた。もしイラクに核があれば、戦争の初日に全部破壊してしまわなければイスラエルに核ミサイルがぶち込まれることは当然の結果だ。怖くて攻撃できはしない。

実際に、北朝鮮は核を持っていることが明らかなためにかえって攻撃されないではないか。核の抑止力というものは、本当にあるのである。そして、攻め込まれたイラクによるミサイルの発射こそがブッシュにとって、そしてブッシュの背景にいる「ネオコン」とそのまた背景にいるイスラエルにとって最も恐れることだったのである。そこで、国連決議違反を取り締まるためと称して、なんと国連決議なしに攻撃を行なった。ヤクザまがいとはよく言うが、ヤクザでもなかなかやらないような乱暴さである。

このようなイラクへの攻撃に対しては、当然、多くの国々から非難が集中した。イギリスを別にして、対米協力を約束した国であっても態度を変更したり、表面だけの協力にとどめたりと、現在でもその動きは流動的だ。しかし、これに対し、我が日本政府の取った対応はまさに極端に盲目的なアメリカへの追従であり、まったくもって知性のかけらもない無防備なものであった。いつも優柔不断な日本政府にしては珍しいほどの迅速さでアメリカ政府の言い分を認め、アフガニスタン侵攻だけではなく、対イラク戦争をも積極的に支持すると発表したのである。

しかし、イラクへの軍事侵攻の真の目的がイラクの石油利権とイスラエルの安全保障にあったことは、誰の目にも明らかだ。米英がいかに否定しようとも、少しでも考える力のある人間なら、米英の言い分を鵜呑みにするはずがない。だとすれば、アメリカがアフガニスタンに大した規模の戦力を送らなかったのは、オサマ・ビンラディンをわざと逃がしたかったからではないかとの推測が出てくるのも肯ける。オサマ・ビンラディンが生きていてこそ、「アルカイダに基地を提供している」イラクのフセインに文句をつけられるし、戦争が必要だと言いきれるからだ。

「イラクは間違いなく大量破壊兵器を保有している」という口実には、当初から専門家により疑問が提出されており、現在までその証拠は何も見つかっていない。欧米の専門家たちは「核兵器はもともとなかった」という結論を相次いで出している。これにはさすがにブッシュも自らの過ち（捏造）を認めるほうが得策と判断したのか、二〇〇四年二月放送のＮＢＣ番組で、イラクの大量破壊兵器に関する情報が間違っていた可能性を認めている。「私も真実を知りたい」と……。ブッシュはなかなかの役者だ。

さらに二〇〇四年七月には、米上院情報特別委員会が、フセイン政権が大量破壊兵器を保有しているという情報は誤りだったと結論づけた。しかも、フセイン政権がアルカイダを支援した証拠もないとされたのである。ブッシュ政権がイラク攻撃の根拠としたものが、二つともに否定されたのだ。

メディアの責任、あるいは無責任

いっぽう、イギリスでも、ブレア政権がついた嘘は次々とバレていった。二〇〇二年九月末、ブレア政権は「イラクが大量破壊兵器を保有している」とする文書を公表し、イラク攻撃の根拠としていたが、二〇〇四年七月十四日に公表されたイギリスの独立調査委員会（バトラー委員会）の報告書によれば、この政府文書には「重大な欠陥があり、疑わしい」とされたのである。ちなみに、さきの政府文書を「情報操作による誇張」だと報道したBBCの会長は、この報道を誤報だとする別の調査報告（二〇〇四年一月）により辞任に追い込まれた。BBCは、もともとはイギリスの国営放送だが、日本のNHKと違って国内外の権力による愚行には厳しい批判の論陣を張ることで知られていて、この会長辞任の裏にもBBCによって批判されたイラク戦争推進派の反撃の仕掛けがあったと思われている。

また、盗聴活動によって得た外交上の機密を悪用したことも暴露された。なんとイギリス政府はシラク仏大統領の電話を盗聴し、シラクがブレアについて「あいつは駄目な奴だ。権力の座に置いてはならない」と言ったことも盗聴されたという。

イギリスでは、この盗聴に対して一閣僚が辞任というかたちで抗議した。それだけでなく、そうした秘密工作の存在についても情報機関のメンバーが明らかにしている。この情報機関員の行為は、「仕事上知りえた秘密を暴露」したことになるから、形式的には罪に問えるものだが、イギリス検察庁はこれを起訴せず、イギリス政府も告訴を見送った。つまり実質的には、政府は自分たちの罪を認めたのである。

これらの一部始終は、イギリスではきちんと報道された。だからイギリス国民は、自分たちの政府が盗聴を行ない、イラク戦争を正当化するためにかなり強引な「努力」をしたことを知っている。それでも彼らがブレアを次の選挙で支持するかどうかは、別の問題だ。少なくとも、マスコミは隠されたたくらみの諸事実を暴いて報道した。イギリス国内の主要ニュースは、CATVで日本でもほぼリアルタイムで見ることができる。それなのに、日本人はメディア関係者も含めて、ほとんどその事実を知らなかった。あるいは、知っていてもほとんど報道しなかった。駄目な国の駄目な奴らである。

もともとイギリスのメディアは、政府や王室の犯罪に敏感である。イラク開戦一年後の二〇〇四年三月時点で、イギリス国民の三分の二がブレアと、ブレアがブッシュに協力することに対し反対している。逆に言うと、ブレアを支持しているイギリス国民は、盗聴もウソもすべて知ったうえで支持しているということになる。すべてにおいてナアナアである日本人とは大違いだ。

また、ユダヤ資金資本による仕切りが席捲する世界のマスメディア界のなかで、イギリスのマスコミの「中立・不偏」の立場の堅持は際立っている。イギリスを代表するマスメディアBBCは、イラク戦争中も「真実」を追究する報道を繰り返した。

私がたまたま見たBBCの海外向け衛星放送の特集番組では、9・11直後、アメリカにいたオサマ・ビンラディンの親戚たちが特別機でサウジアラビアに送り帰されたことを取り上げ、それに対してアメリカの政府関係者が沈黙を続けることを報じていた。私はまったくたまたま見たのであって、録画もしなかった。「ああ、当たり前のことをBBCはまじめに追っているな」と思っただけだから。もしも、番組がブッシュあるいはネオコンとオサマ・ビンラディンとの直接の関係でも追っていたら、私だって録画くらいしたが。

この、なんとも面妖な事実は、マイケル・ムーア監督が『華氏911』で取り上げるまで、アメリカではほとんど報じられなかった。大事な事実だから隠したいと思ったのであろう。すべての新聞が気づかなかったということはありえない。BBCは先の番組を作るにあたって、アメリカの記者にも取材している。これがしばらくの間アメリカでまったく触れられなかったのは、先に述べたような暴力的な威嚇、あるいは暴力そのものを伴った報道の締め付けがあったからに違いない。いっぽう、日本のメディアの姿勢は完全にアメリカ寄りに偏向していたのだから、こういった事実がまったく報じられていなくても、なんら不思議はない。

奥克彦一等書記官（死後に大使に昇進）がイラク国内で襲撃され死亡した事件でも、日本では「ラガーマンの殉職」という美談一辺倒のおめでた報道となった。だが、奥大使の行動が、イラク側にとって諜報活動の一環と見られるのは当然のことなのだ。他方、事件後すぐにアメリカ軍が介入し、奥大使たちが乗っていた車が接収されたり、調査結果が明らかにされなかったりと、おかしなことが続いた。これに関しても、ほとんど報道されなかった。

事件に潜む真の危険

以上述べたことの中にある本当の問題は、誰が陰で何をやったかということにはない。行なわれたことの杜撰さ、辻褄の合わせ方のいい加減さは見たとおりだ。

最大の問題は、にもかかわらずそのとき、ジャーナリストや評論家や学者はいったい何を語っていたかである。そして大衆はどの方向に向かって感情をリードされたのか。

ジャーナリストも評論家も学者も明らかにトンチンカンなことを言い、大衆は見事に（いつもどおり馬鹿みたいに。いや訂正、「みたい」は要らないな）騙されたではないか。

この構造が最も危険なものなのだ。

つまり現代の最大の危険性は、感情コントロールと情報コントロールにある。本章で、わかりきったでっち上げの諸事実をいくつか挙げて見せたのは（知的な読者には退屈でもあったろう）、決してその事件の「真相」についての説得のためではない。

「真相」が本書で述べたとおりなら、絶対に「ああそうだったのですか」ですむことではないはずだ。大国の政府がそのような危険を危険とせず、情報コントロールを強行するばかりか、日本を含め世界が基本的に追従する。ジャーナリストはその背景を感知して黙ってしまうどころか、報道しやすい報道だけを行なって、作られた大きな流れにやはり、追従する。それをおかしいと言う者は、なんでも陰謀だと説明する陰謀史観論者だけになってしまう。

これが最も危険なことなのだ。

陰謀というものがもしあるとすれば（あると思う、有効だから）、大衆の感情誘導策を含めて存在している。感情を麻痺させられた大衆は、明らかな事実があってもまともに判断することができない。戦争や集団的暴力への積極的参加はこういうときに起こるのだ。

貨幣が主導するパンツと過剰―蕩尽のシステムは、こういう大衆の感情誘導も含めねば成立できないものなのか、それともそれは一種の行きがけの駄賃的なものなのか。

我々が言いたいのは、ひとたび大衆が本気で覚醒すれば、貨幣の策謀（？）も吹っ飛んでしまうだろうということだ。我々は、本章で、「策謀」の馬鹿げた現実をいくつか指摘した。もしも大衆が、我々が指摘するまでもなくそれを感知するようだったら、事件は進行せず、貨幣は（この場合、資金資本家は）後退せざるをえないのだ。

でも、そういうことは起きそうもない。大衆の感情誘導は、次章で述べる歴史の大嘘と次々章で述べるサブカルチャーへの政治的介入によっても、すでに成功裏に行なわれていたからである。それがわからなかった者たちに、覚醒は簡単には訪れないに違いない。

いったい、なぜいつもユダヤ人なのか

とにかくまたまた権力派ユダヤ人の登場であった。少なくともほとんどの事件の中心にイスラエル・コネクションあるいはユダヤ・コネクションが登場する。なぜいつもそうなのだろう。いちばんの嘘は、紀元前にパレスチナを追われたユダヤ人がいま、歴史的故郷のパレスチナに帰還してイスラエル国を建国したというものだ。

そんなことはない。ユダヤ人の中でも最も知的な科学史家が言っているように、彼らはもともとパレスチナにいた人々ではなく、七世紀または八世紀に西アジアでユダヤ教に改宗した遊牧民である。彼らは、パレスチナを自分たちの故郷だと僭称して占拠したことになる。だが、彼らはそんなに悪い奴らなのか。それとも何か別の意味があるのか。それを考えなければ、現在の地球におけるパンツの現状は解読できない。

次章で歴史を見ていくが、総論はここで行なっておこう。

かつてキリスト教はゲルマン人への布教にあたって、言葉では「愛」を説いたが（「汝の敵を愛せよ」！）、実際には異民族・異教徒を殺しまくることを奨励した。ゲルマン人はキリスト教を手に入れることで、野蛮人ではなくなったとみなされたのだが、野蛮から文明への転換（発展）は、一般に思われているように暴力性を昇華させることによってではなく、逆に暴力性を獲得することによって前に進んだのである。

ユダヤ人も同様だ。紀元前のユダヤ教徒は決して強大な王国は作らなかった。いわゆる「ソロモン

の栄華」というのは、ローマとエジプトに挟まれた狭い地域の相対的安定を意味したに過ぎない。

彼らは内部の改革的反乱者イエスをローマに売り渡し、自身の安寧を図ったが、結局はディアスポラ（大離散）の道を辿ることになる。その段階では彼らは間違いなく〝弱者〟だ。紀元後二世紀以降になると口伝律法のミシュナが成立し、さらにその解釈教典タルムードの成立により教義が強化され、トーラー（律法）も整備されていく。今日のユダヤ教とは、このタルムードやトーラーによって特徴づけられたものである。そのタルムードでは、「異教徒は豚であり、殺しても罪にはならない」と教えている。ユダヤ教の排他性はイエスの時代からあったものだが、タルムードの成立以降、いちだんと強化されていった。そしてそのタルムードによってユダヤ教徒は生きていくための攻撃性を身につけることになる。

故郷を持たぬユダヤ人の団結は高まり、財力と人脈によって支配階級にまで昇り詰める者も現われるようになる。そのいっぽうで、相変わらず弱者のまま、弾圧を受けたり虐殺の憂き目にあう者たちもたくさんいた。

一九世紀から始まったシオニズム運動とは、その両者を含め、主観的にはすべてのユダヤ人を平等に救い、パレスチナの地に帰還させようというものだったのである。

しかし実際には、帝国主義者のキリスト教徒と結託し、財力と権力を独占するユダヤ権力派の利害に基づいてイスラエルが建国された。彼らは石油利権のど真ん中にあるイスラエルに自身では帰還せず、安全に遠隔操作する道を選ぶことになる。

前にも述べたように、二一世紀のいま、貨幣も、そして貨幣の意志の代理人である資金資本家も実は、焦燥感を募らせている。その必然的な帰結としての「過剰の蕩尽」が、今日の世界の有り様となっているわけだ。まさに、貨幣の論理である。

9・11同時多発テロ事件の真相は、おそらく三十年も経てば完全に解明されるであろう。しかし、その発表を待つまでもなく明らかなのは、我々も彼らもさらに危険な段階へと踏み込んでしまっているということだ。

このような歴史をかえりみるとき、テロや戦争などによる過剰の蕩尽は、なんとしてでも抑制しなければならないことがわかる。ここまできた過剰の蕩尽はもはや地球自体の蕩尽に結びつくからである。だが、本当の判断ができるためには前提条件がある。それは、ヒトが自分たちだけが生きる権利を持っているわけではないと知ることだ。ヒトは、暴力や攻撃性を本能として身につけることで「パンツをはいたサル」となり、文明を発展させてきたことを忘れてはならない。その攻撃性を自制することこそ、9・11のような恐るべき事態を体験してしまった人類が、真剣に考えなければならないことなのである。

我々は、ここでも再び「パンツをはいたサル」として、進化の重大な地点に立っていると言える。ヒトはどのようにすれば生き抜いていけるのだろうか。あるいは生きていくべきなのか。何度も言うが、この問題を解決に導くための手掛かりを得るには、なによりもまず、現実に起きている重大な事実でありながら、我々があまりにも無視してきたことども、あるいは無視させられてきたことどもを確認することから始めるしかないのである。

次章では、現代において貨幣の意志の代理人となっているユダヤ人の歴史的動きについて考察する。これもまた、ユダヤ権力派と、彼らに繋がるユダヤ人学者たちによって意識的に隠されてきた、不思議な物語である。

第四章　ユダヤ人の起源の謎

歴史の闇に消えた大帝国

かつてコーカサス山脈の北、ドニエプル川とボルガ川に囲まれた広大な地域に、カザール（Khazar）という帝国と呼ぶべき大国があった。マジャール人（ハンガリー人）をその最も協力的で強力な弟分とし、同じく強力だがしばしば最も反抗的でもあったブルガール人も帝国を構成する一部分だった。彼らを含めて三〇に近い民族がそれぞれの王を持ち、時を合わせてカザールの首都に集まり、カザールの大王の命令に従った。

定義上、いくつかの王国の王を統合する大王は皇帝と呼ばれ、その皇帝の支配する国は帝国である。これらの語に関してはずいぶんいい加減で気分的に使われていることが多い。だが、カザールの場合、帝国という名称も皇帝という名称も、中身を十分に伴ったものである。

遊牧民族のカザール人が支配したこの帝国の最盛期は七～一〇世紀であり、かつては屈服させていたバイキング・ルス人の侵入を受けて、首都がいったん陥落（九六五年）したあとも、国は弱りながらも（少なくとも一〇世紀中はまったく国力は弱っていなかったという報告もある）一三世紀にモンゴルの侵入を受けて滅ぶまで続いた。

この帝国は、最盛期には、イスラム帝国の侵攻を跳ね返そうとするビザンチン帝国の最重要な同盟者であったばかりか、むしろ庇護者でさえあった。

カザール帝国がイスラムの怒濤の進撃をコーカサスで跳ね返していなければ、間違いなく黒海とその周囲すべてはイスラム帝国のものとなり、ビザンチン帝国は八世紀に簡単に崩壊していた。それは地図を見れば一目瞭然のことであろう。ビザンチンの軍はイスラムの軍にいつも敗れてばかりだったからである。ところがカザールはイスラムをがっちりと受け止めたため、ビザンチン帝国は一五世紀まで存続したのだった。

イギリスの文明史家アーノルド・トインビーは、カザール帝国をビザンチン帝国とイスラム帝国の二つと拮抗する大帝国としている。つまり七〜一〇世紀にはバルカン半島から東には三つの大帝国が存在していたのである。これほどの国が、またその国を作ったカザールという民族が、政治的にも文化的にも公式には過小な評価を受けていることは明らかだ。

高校で世界史を履修してきたはずの大学生に聞いてもほとんどは「聞いたことがない」と答える（もっとも何を聞いても忘れている可能性もあるが）。

一方、マジャール人やブルガール人はそれぞれ今日まで存続する国を作っていてよく知られている。ビザンチン帝国の知名度は言うまでもない。

実はカザール帝国の存在は、ビザンチン帝国を救っただけでなく、カロリング朝フランク王国の成立も助けたのだった。つまり、フランク王国にとって決定的な歴史的事件だった七三二年のイスラム軍の襲来（ツール―ポアチエの戦い）は、カザール帝国が存在することによってフランク王国側の辛勝に終わったのである。それがなければ、宮宰カール・マルテルの権力は維持されず、ピピンもシャルルマーニュも存在しえなかっただろう。七三二年のツール―ポアチエ間の戦いは、兵力（兵士数）から言っても戦術（専門的騎兵対臨時集めの農民歩兵軍）から見てもイスラム側が敗れたのには何か別の要因があったことは明らかだ。それは精神的にも構造的にもカザールの存在を抜きにして考えることはできない。

これほどの国と民族がなぜ過小評価を受けるのか。その首都遺跡など、カスピ海に水没させてしまおうという試みさえ進行中なのに、「とんでもない」の声がなぜ大きく上がらないのか。その謎は、経済人類学が言う「パンツとしての国家や民族」の問題の基礎にかかわることだからである。別の言葉で言えば、国家とか民族とかの意味が最もぎりぎりの線で問われるところで、カザール人がなおも（現在も）苦闘していて、それが二一世紀の我々にも大きな影響を持っている現実があるからである。要するに、カザール人自身がカザール帝国の遺跡を残さないように動いているからだ。

闇から立ち上がる大帝国

驚くべきことにこのカザール人こそ、今日のイスラエル強権派とそれを支えるユダヤ資金資本家の起源である。世界に君臨する資金資本王国の王、ロスチャイルド家のルーツであるはずだ。かくてカザール人は、歴史に消えたどころではない。ある意味で最も強烈なかたちで生きているのだ。

これは、ある意味で、大変なことだ。

なぜなら、紀元前にパレスチナの地を追われ、その後二千年にわたって苦難の道を歩んだユダヤ人がとうとう故郷の地に帰還したという神話が、とりあえず嘘だということになるからだ。

しかし、このことは決して単純なことではない。我々ヒトにとっての重要なパンツである国家と民族と宗教のどれについても再考を促すことだからである。我々は、本章の考察を通じて、決して現在のイスラエルのユダヤ人が嘘つきであるから間違っているとか、ルーツがパレスチナでないのだからパレスチナに住む資格がないとかの単純な批判を繰り出すつもりはない。批判するのは、単純で残虐な暴力行為だけである。むしろ、逆に宗教をはっきり道具だと割り切っている（かに見える）行動には共感さえも覚える。

まったく、調べれば調べるほどカザール人は稀有の民族である。ヒトがパンツをはいたサルになって以来生み出した宗教、国家、民族という重要なセットをいずれも稀有なかたちで「はいている」ところの、歴史上最も注目すべき民族である。そしてなんと、その問題を考察しようという経済人類学の歴史認識もまた、このカザールの知的遺産の一つとして生まれたものである。

我々はここに、国家とは何か、民族とは何か、宗教とは何かの重大な例題としてカザールを考察することにする。この三つに関して発言する者は、カザールの歴史と「現実」を知らずして何事も語るべきではないのだ。

カザールの文化

四世紀にゲルマン人を東からに西に追いやり、ついには大王自らローマ帝国の首都のほとりまで迫ったアッチラのフン族は、もともとその内部においてカザール人が戦闘力を謳われた帝国を構成していた。フン族は明らかに中国北方をその主要拠点としていた匈奴の西または北の大分派である。匈奴の音はHiunnuすなわちヒュンヌであり、フンの原音そのものである。しかし、紀元後一世紀に二つに分裂した匈奴の一方がどこに行ったかわからないにもかかわらず（そしてHunというはっきりした歴史上の登場民族がいるにもかかわらず）、長い間フンと匈奴を同一視しない傾向が続いたのは、漢の武帝に敗れたごとき北辺の野蛮民族がローマ帝国をも打ち破れるわけはないと人々（歴史家も）が思いたかったからにほかならない。もっともそもそも漢民族が匈奴に勝ったという「史実」自体が漢民族のでっち上げである。匈奴のほうが軍事的にも文明的にも強く、逆に漢民族が匈奴に従属していたと考えるほうが正しい。

そして匈奴の分裂自体は、外圧よりも内部問題が原因で起こった。だから、ゲルマン人もフン族の幕営下にいたことを卑下することはないし、ゲルマン人とならんでフン族中最強力の部隊カザールの強さにも改めて驚くことではなかったはずだったが、なかなかそれを認めたがらなかったのである。

アッチラは諸部族の王を率いる「皇帝」であり、カザール人はかなり前から、フン族の主要戦闘部隊であった。アッチラが大王だった五世紀のフン帝国における二大戦闘部隊は、ゲルマン人とカザール人だった。このゲルマン人の一角からローマ帝国を倒す傭兵隊長オドアケルが生まれた。

だから結局、ローマはフン族によって（間接的だが）滅ぼされたのである。また、カザール人はアッチラの幕下でゲルマン人と同僚であったことになる――このことはよく覚えておくべきだ。

フン族一般がテントで暮らして常に移住した（と報告されている）というのに、カザール人はフン族分散後にもコーカサス（カフカス）地方を中心に半定住生活をしてとどまった。ゲルマン人やローマ人の学者が考えたように、フン族は雲散霧消などしていなかった。彼らは、数マイル以上にわたって広がる集住の跡を残し、そこには大きな家畜小屋と回廊を持った家を作り、一年の半分以上の定住生活の拠点とした。半分以上という意味は、しっかりした基礎を持つ円形の家を作りながら、春になると別れを告げ、夏には夏の首都あるいは草原やトウモロコシ畑でキャンプして暮らしたからだ。

キャンプと言っても王は十分に宮廷生活が営める豪壮な天幕に住んでいた。遺跡で見つかる金属工芸品は素晴らしく、これがのちにカザール人の一部カバール人がマジャール人に加わるとき、ハンガリー文化にもたらされた。ハンガリーの金属工芸と騎馬に関する文化は、すべてがではないがカザール人の影響があったことは間違いない。

建国前も建国後も、カザールの人と文化はマジャール人のなかに何度となく混入し続けた。先に述べたように、一部の部族はマジャール人の支族として受け入れられ、初期には王まで出したのである。この王も、首都と同じく二重制の王であった。すなわち、現実の王と象徴的で精神的な王が常にペアで存在していた。カザール人は、マジャール人の最初の現実の王になるのである。

カザールとマジャールの交流や融合は大変に入り組んだ深い関係である。幾重もの（カザール人によるマジャール人の地への）移住の波があり、一八～一九世紀の革命前南ロシアの混乱が最後の移住の波を生んだ。

一九世紀に経済人類学者ポランニーの一家がブダペストに現われるが、このときはもうはっきり（アシュケナージ（ユダヤ人）としてハンガリーへ入っていった。この波のなかからブダペストのユダヤ人文化が生まれる。それはおそらく世界で最も土着の社会に密着同化したユダヤ人文化であった。そのなかから、私が『ブダペスト物語』（晶文社）で描いたたくさんのユダヤ系学者や知識人が生まれた。カール・ポランニーのほかに、多くの物理学者がそうであり、現代ユダヤ人の主流にはカザールの血

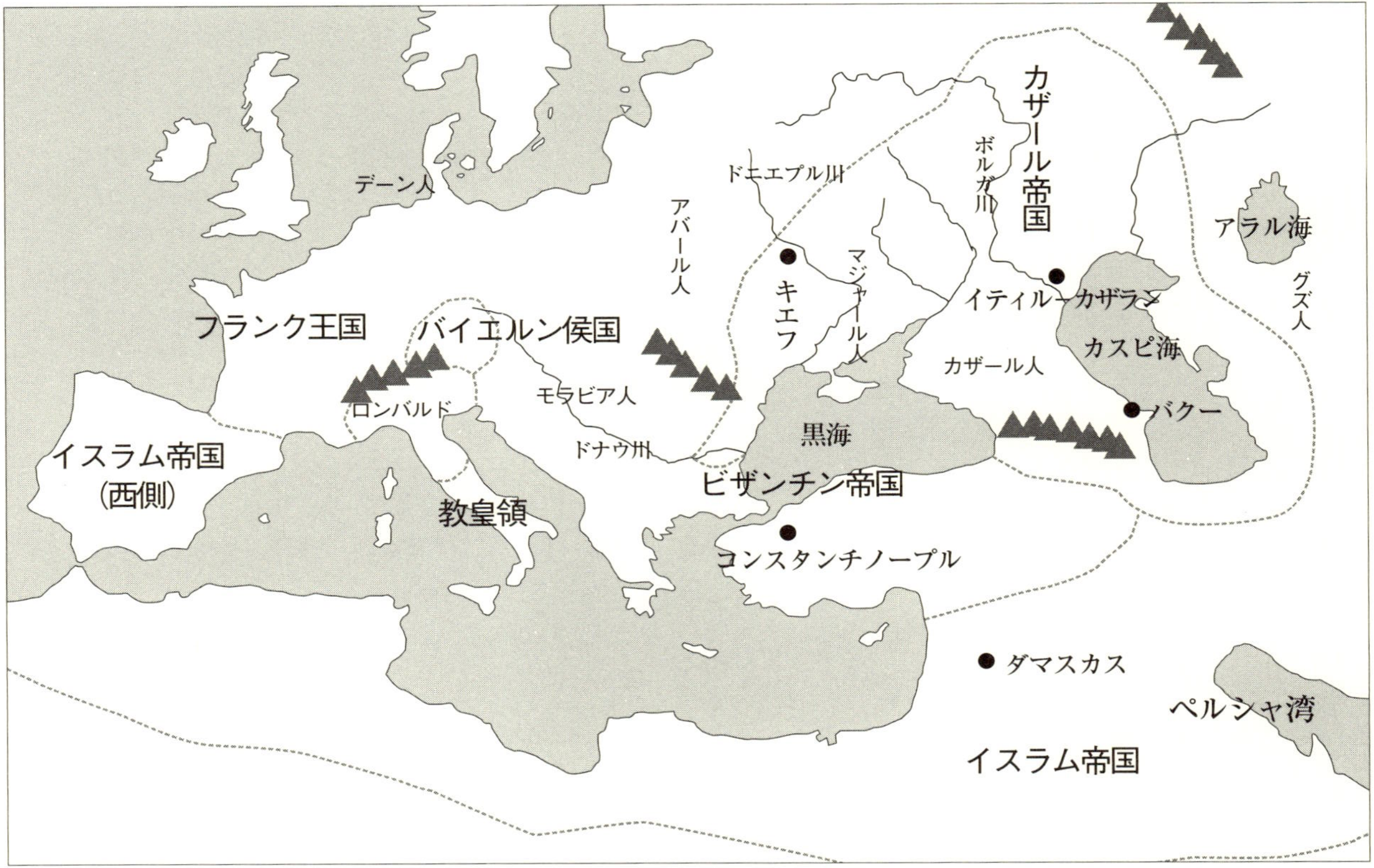

8世紀半ばの三大帝国とゲルマン人

が強く混じっていること（カザール単独では決してない）をついには命を賭けて書いたアーサー・ケストラーがそうである。また、二〇世紀、二一世紀の最大の紛争の源、現代シオニズムもこのブダペスト・ユダヤ人社会から生まれた。

カザール、帝国へ

南はコーカサス山脈、西は黒海、東はカスピ海に囲まれた土地に根を張ったカザール人は、唯一開けていた北側の草原を手の込んだ要塞で守りながら、一〇世紀まで強大な帝国と呼ぶべき国家を維持した。最盛時にはマジャール人、ブルガール人をはじめとして三〇に近い民族を支配下に置き、西のビザンチン帝国、南のイスラム（サラセン）帝国と並んだ「三大」帝国の一角を形成した。

全盛期は七世紀から一〇世紀で、七世紀には最大で優に一〇万を超す騎兵を展開したのである。しかもその一部は常備軍である。このことには特に注目がなされるべきだ。

ゲルマン人が常備軍を持てるようになるのはやっと一六世紀の絶対王政の時期だった。だから比較すらならない。当然、当時のフランク王国の軍をはるかに上回る兵力を擁した。八世紀にフランク王国へ進撃してさんざんに荒らして略奪して帰っていくマジャール騎兵隊は、そのごくごく（しかし主要な）一部であった。

常備軍を持てるかどうかは王権の経済力にかかわる問題である。豊かでなければ、常備軍は持てない。また常備軍であれば騎兵がいて騎馬戦術が使える。戦時に徴兵された農民の歩兵とは大きな戦力の差が出るものだ。

カザール、イスラムの進撃を止める

カザール帝国はコーカサス山脈を越えて北進するのを食い止め、結果としてビザンチン帝国の命運を保つことに役立った。後述するようにカザール帝国はその支配下三〇部族の騎兵でイスラム教徒を迎え撃った。

アッチラが去ったあと、ゲルマン人たちが彼らにとって相対的に平穏な東方地域ができたように思ったのは、コーカサス北部地域の重要性をわかっておらず、かつまた実情をわかっていなかったからにほかならない。

フンの一角だったカザールが帝国にまで成長してその地域を「守り」、結果としてビザンチンとゲルマン人の領域を「守った」のである。吹いた風はカザールの風、儲かった桶屋はゲルマンとビザンチンである——もっともカザールは別にゲルマン人のためやったのではない、ただ自分たちの地域を守っただけであるが……。

西方のゲルマン人にはよくわかっていなくとも、ビザンチン帝国はいやでもカザールの重要性を知らねばならなかった。なぜなら、もしイスラム勢力がコーカサスを奪ったら、黒海沿岸を完全支配できる。そうなれば北回りにバルカン半島からコンスタンチノポリス（コンスタンチノープル、現イスタンブール）を落とすのは簡単だった。黒海の港地域から大船団を送ってくることも簡単だった。だからビザンチン帝国はカザール帝国と同盟した。カザールは、八世紀にはコンスタンチノポリスに同盟の証として王女「花」を王妃として送った。「花」は従属民族からの人質でもなんでもなく、宮廷の慣行を革命するような力を持った王妃だった。そしてその子はレオ四世として戴冠、「カザール人レオ」と呼ばれる皇帝（七七五〜七八〇年）となったのであった。これはイスラムから見ればビザンチンの同盟者ということになるが、一時はむしろその庇護者の立場にあったと見られている。文明史家アーノルド・トインビーがこれらの事実を認めている。

しかし、トインビーが一九七〇年前後にカザールについてのこうした事実を公に書いたあとも、日本では七五年に発行された大冊の歴史事典（小学館ジャンルジャポニカ『世界歴史』）でさえカザールの記述はまったくない。学習参考書としての事典には、当然、カザールの記述などない。当時の日本にはコーカサス史の専門家はおらず、その地域史はみなイスラム史の専門家のアルバイトみたいなものだったからだが、それにしても不勉強ではないか。

要するに、七世紀から一〇世紀には、まだ歴史の暗黒時代にあった西欧ゲルマン人を尻目に、ビザンチン、イスラム、カザールの「三大」帝国がバルカンの東、コーカサス、メソポタミア、アフリカに渡って存在していたというのが事実なのである。

これらの帝国が例外なく文明度の点でルネサンス前のゲルマン社会を上回っていたことは間違いない。武力について言えば、皇帝による統率度に最も難点のあったビザンチン以外の二国はゲルマンよりはるかに上であった。そもそもカザール帝国における戦闘部隊のひとつマジャール人はフランク王国を掠め取りの対象としていた。実はイスラム帝国もマジャールにならってフランク王国に掠め取りに出かけ、思ったより手厳しい反撃にあって驚いたというのが、ツール－ボアチエの戦いの真相だろう。さらにもう一つの「実は」があって、それはマジャール人が定住拠点レベディアの地からゲルマン人の土地にいつもどおり出稼ぎの掠め取りに出かけた留守をペチェネグ人とブルガール人に襲われたのが、一〇世紀初めにおけるハンガリー建国のきっかけだったのだった。ゲルマンの王国とこの三大帝国との軍事力や経済力の比較など無意味なことがわかるだろう。

カザールはKHAZARと記され、Hの発音がある。これは後日、カスピ海の東、アラル海の南東（今日のウズベキスタン）に展開したコラズム（一〇世紀〜一三世紀初め）の〝コ〟がやはりHの音を持っていてホラズムとも呼ばれるのと同じである。だからカザールは、ときにハザールと表記される。本書を書くに際し、改めてこれらをすべてチェックしてみて、私は一冊の参考書「世界史事典」にカザールの項目を見つけた。そこには「イスラムを天敵にしてビザンチンと同盟、途中でユダヤ教に改宗」、と記述があった。そして「一説によると、イスラムの北進を直接食い止め、また結果としてビザンチンを守ったことにより西ヨーロッパを救ったという説もある」、と書かれていた。何も書いていないよりはるかにましだ。しかし、百歩譲っても、要衝の位置にある大国がユダヤ教に改宗したこと、またその国によるイスラムの進撃の撃退を事実として認めたら、その民族の宗教と国家のその後について何も言わないのはおかしいではないか。

ともあれ、カザール人はその後台頭するバイキング・ルス人の侵攻によって勢力を殺がれはしたが、一三世紀までは何とか共同体を維持したのである（ここらあたり から研究は少なくなる）。少なくともまだコーカサスに住んでいた。実はいまだにカライ派の一部は（九六五年首都イティル陥落）住んでいる。カライ派というのは、カザール人が改宗したユダヤ教の中から生まれたいくつかの分派の中で、最も原理主義的（というのは後世にできたタルムードなどを受け入れない派）なグループのことである。カライ派の多くは一三世紀以降東から北ヨーロッパに亡命し、今日ではリトアニアを中心にコミユニティを持っている。

力を殺がれたということのうちには、ルス人が最初に建てたノブゴロド公国の地はカザール人がもともと持っていた土地だったということも含まれる。リューリクが建国したキエフも元来はカザールの支配地だった。カザールの勢力下におけるキエフの建設にはマジャール人たちが中心的にかかわっていた。だからルス人の台頭はカザールにとって極めて大きな打撃だったのである。

カザールは首都をボルガのカスピ海河口近く（一二キロほど上流）に置いていたので、当初、ルス人たちは急流のドニエプル川を下ってきた。急流を下れるならそのほうがカザールの守りが弱く、比較的抵抗少なくコンスタンチノポリスに攻め込めるからであった。

書き直さるべきペルシャ猫の起源

でもその急流下りはかなり大変で、バイキングはストレス解消のため途中で船に乗り込んできたシベリアの森の猫（シベリアン・フォレストキャット）を南に連れて行った――この長毛種の猫は他のイエ猫の祖先となるヨーロッパ山猫に比べ耳が離れて小さく体は頑丈だが、性格は温和で頭も良く人になついた――。一九世紀に北ドイツ系のイギリス王朝でヴィクトリア女王が宮廷で飼ってはやらせた長毛のペルシャ猫はこの子孫である。色はロシアの猫によくある灰色がかった青だ――いまちょうど私の叩いているキーボードの上に短くて太い手を出して邪魔しているのがそのまた子孫である。次の文章を打ち出すまでの間、手を離してあごの下をなでてやらないと機嫌が悪い。ちなみに北欧ノルウェーのノルウェーイジアン・フォレストキャットは、北欧に帰るバイキングにそのままついて行ってしまって住みついた猫である。そのノルウェーイジアン・フォレストキャットが、第一章に述べた

ハンガリー
ブダペスト
カルパチア山脈
プルート川
ドニエストル川
ドニエプル川
ドネツ川
ドン川
ボルガ川
ウラル山脈
ウラル川
ボルガ・ドン運河
サルケル
クリミア半島
アゾフ海
トロス
ドナウ川
ブルザス
黒海
クバー川
サマンダール
イティル－カザラン
カスピ海
(カザール人の海)
アラル海
シルダリア川
タシケント
天山山脈
グルガンジ
ブハラ
コラズム
パミール高原
タリム盆地
コーカサス山脈
コンスタンチノープル
ヤムダリヤ川
サマルカンド
バクー
アンゴラ
ビザンチン帝国
ワン湖
レザーエ湖
アルダビル
地中海
バクトリア
ダマスカス
モスル
パルティア
エルサレム
チグリス川
メディア
ユーフラテス川
バグダード
スサ
クーヘ－カージャ
バビロン
ペルシャ湾
パールサ
(ペルセポリス)

カザール関係地図

ように我が家に強引に住み込んできた巨大猫だった。したがって私は、バイキングの船にはその祖先が勝手に乗り込んだと推測している。

ノルウェーには大きくて重たい猫が雷とともに空から落ちてきたという伝説があるが、大きいが賢い猫は飼い主たちがビザンチンやカザールと戦ったり通商したあと、バイキングとともに北欧に移住したのだった。でもバイキングは旧ペルシャへと南下したのではない、まずはドニエプル川河口域のクリミアに南下したのである。そこから広まった猫をペルシャ猫と呼んだのはイギリス人の陰謀である——あるいはカザールに何かのこだわりを持つヴィクトリア女王の陰謀か(ンなわけはないだろう)。

ペルシャ猫をはじめとする長毛種の猫はすべてトルコのアンカラ近郊にあるアンゴラから来たと言う説があるが間違いで、シベリアが原産である。

だいたい、アンゴラで長い毛に進化するわけはないだろう。寒くて雪も積もっていたからこそ、猫特有の青(実質は灰色系の青)が生まれたのである。ちなみにイセエビの刺身を食べるまでに進化した我が家の青いペルシャ猫(名前は世田谷のレオ)もそう言っている。結果としてその進化は、我が家計に過大なる負担を与えている。余談であった。

結局、こういう長毛猫がヒトと付き合うようになったのもカザールのおかげなのであった。

カザール人によるハンガリー(マジャール)王国の建国とその落日

カザールは、九世紀前半(八三四年)にビザンチンの協力を得つつ、ドン川のボルガ-ドン運河近くに要塞都市サルケルを建設する。

この歴史的にも文化的にも重要な都市は、ソ連時代に一九三〇年代から調査が行なわれた。よって多くの発掘品がある。巨大な要塞も発掘された。しかし、ダム工事を理由に水中に埋められてしまった。文字もいくつか（そう複数！）あったのだが、なぜかろくな文書が発掘されていない。発掘されたがまた埋めてしまったのかもしれない。最後には一三世紀にモンゴル人の西進に敗れて共同体の中心が崩壊、カザールはコーカサスを去る（先に述べたとおり一部は残る）。実際は一一世紀以降になると帝国の勢力はかなり弱体化していたようだ。

一〇世紀末にはカザールに貢納していた民族の多くが貢納をやめて、もはやカザールは厳密には「帝国」とは言いがたい状態になっていた。一〇世紀に先立つ九世紀でも、重要な戦闘部隊マジャール人を遠い（現在の）ハンガリーの地に独立させてし失っていたし、もうひとつの強力部隊ブルガール人は、カザール支配への反抗の意志を露骨にしていた。ブルガール人はもともと、カザール人やマジャール人の風下に立つことが不満でしようがなかった。だから、西ヨーロッパ遠征中の（九世紀初めにはまだドン川とドニエプル川の間のレベディアと呼ばれる地域にいた）マジャール人の留守をペチェネグ人とともに襲ったのである。いわば仲間内の反乱である。マジャール人の主《あるじ》または兄であったカザール人も、同じトルコ系のペチェネグ人には手を焼いていて、ペチェネグ人が自領に侵入するのをやっと追い払っただけだったので、マジャールを守ってやれなかったのだ。

この結果、マジャール人は現在のハンガリーの地に出かけ、九世紀末に建国する。

だがマジャール人の場合はカザールと決別したわけでも反乱を起こしたわけでもなかった。マジャール人の初代大王アールパードがここで大活躍するが、そのアールパードはカザールの皇帝によってカザールの儀式にのっとったかたちで戴冠している。そして、アールパードの大王たる位置は、カザールのカガン（可汗）に当たるもので、実務の王というより精神的皇帝ケンデであった。実務の王は、ジュラと呼ばれた。初期のジュラは、故郷では非主流派だったカザール人であった。彼らをカバール人と言う。かくてカザール本国はかろうじてペチェネグ人をレベディアに押し出したが、こういう事が起きること自体、「帝国」としては落陽だったことを意味する。

そして一三世紀、ついにモンゴルの攻撃の前に帝国の最終崩壊を見ることになる。

公式には一二四三年、キプチャク・ハーン国が成立するとともに、そこに領土があったカザール帝国もカザール主要共同体も消滅した。しかし、意識してカザールを軽視しようとする輩は、九六五年の首都イティル陥落をもってカザールの歴史にピリオドを打とうとする――のちに触れる『ハザール事典』は露骨にそうだ。だが一一世紀初め（一〇一六年）にはまだビザンチン帝国とルス人の連合軍はカザール軍と戦わなければならなかったし、それに敗れたカザール人も一〇二三年にはキエフ大公軍の部隊として名前を残している。

一二世紀には苦しくなったカザール・ユダヤ人の間にメシア運動が台頭し、これが何かのドライブをアシュケナージ・ユダヤ人の成立に向けて与えたと思われるが、それについてはまだ何も確言できない。

カザールにおける「光の都市・闇の都市」――双分制

帝国の首都は、何回かの移転ののち、最終的にボルガ川のカスピ海河口（海から一二キロ）にあるイティルに落ち着いた。この都市は、川を挟んで東西に分かれた双子の都市であった。すなわち、西側の「イティル」にはカガンをはじめとして権威ある者が住み、言わば「光の都市」を形成していた。一方、東側の「カザラン」という都市には商人や非ユダヤ教徒が住み、市場や繁華街などがあった。こちらが「闇の都市」である。

二重都市で有名なのはハンガリーのブダペストであるが、これはマジャール人がカザールの制度を真似たものなのである。ドナウ（ドゥナ）川を挟んで対峙する王城の地「ブダ」と商業の地「ペスト」によって構成されているのが「ブダ-ペスト」であるならば、この都市イティルは「イティル-カザラン」と言ってよい（が慣習上、「カザラン-イティル」と言われている）。

西側―右岸が王城の地イティルまたはブダで、東側―左岸が商業の地カザランまたはペストであることもまったく同じだ。

カザールの二重制は、都市だけではなく王制にも厳格に投影されていて、「カガン」と呼ばれる帝王と「ベク」と呼ばれる現実の王がいた。カガンは精神的宗教的権威を持つ上級の帝王で、この名称はカザール人が一時その支配下あった西トルコ帝国（突厥）の帝王の名称から採ったものだ。モンゴル系の王の名称である「ハン」（汗）と同じである。

聖性を付与されていたカガンは人前にはめったに姿を現わさず、実際に軍隊を指揮したり、近隣の王に命令を下したりするのはベクのほうであった。カガンの聖性に対し、世俗的な権力を持つものとして、はっきり区別されていたのだ。

のちに述べる本の中で、作家にして科学哲学者のアーサー・ケストラーは、カガンを封建時代の日本の天皇に、ベクを江戸の将軍になぞらえて説明している。だが、日本の天皇と将軍との二重制は、天皇の支配力低下と、にもかかわらず天皇を廃しきれない将軍の相対的な力不足からきているものであって、厳格な二重制とは言えない（と私は思う）。それに対してカザールの二重制は、きわめて厳密なものであった。

カザール人は、このような二重制を単なる風習としてではなく、重要な精神的意味を持つものとして尊んでいた。彼らは冬になると夏の都を一時放棄して、カスピ海の南の浜辺にあるサマンダルに移住した。ここはかつての首都でもあり、戦時用の都も、また別にあったのである。このような制度について、カザールのヨセフ王は『カザール書簡』（一九七ページ参照）の中で自慢げに、かつ重要なこととして述べている。

さらにこの二重性文化は、マジャール人はもちろん、一〇世紀に北方から攻め込んできたルス人とその後裔のロシア人にも大きな影響を与えた。ルス人はカザール人にならって二重王制を採用していたし、ロシア人はいまもモスクワの住まいのほかに二つ目の家（ダーチャ）を持つことを譲らない。またブダペストにも、かつては重要な夏の離宮（現在のスロバキアにあるブラチスラバ）があったのである。

はたしてパレスチナにも二重性文化はあったのか。バビロンにはあった可能性があるが……。

同じくこれに関連するのはカール・ポランニーが西アフリカ・ダホメ王国（一七〜一九世紀）について発見した王制、首都構成、官僚構成その他ほぼ社会のすべてにわたって存在した強烈な二重制である。文化人類学では通常これを双分制と言う。だが、レヴィ＝ストロースの研究した「分族」、親族関係を等分に分ける部族のシステムなどと同様に混然とした概念として使われている。これを我々はポランニーが西アフリカに見たシステムのように原初的社会における「原理的」なものとして強く注目したいと思う。

双分制に関心を持った（しかもシオニストでない）ポランニーがカザールのことに言及しなかったのは不思議である。十分知っていて、故意に言及しなかったと思うほうが自然だ。何しろ、娘（カナダ・マッギル大学カリ・ポランニー・レヴィット教授）にはカザールの分派カバール人一部族の名前（カリ）をとっているのだから。ユダヤ人全体において何か強力な押さえ込みが利いているからに違いない。

マジャール文化の二重性とカザール——ジュリとジュラ、あるいはぐりとぐら

ハンガリーの首都ブダペストは、ブダとペストの二重都市であるが、マジャール人の王位もまた、断固たる二重の王位である。最初の王位はカザール皇帝の薦めにより族長レベディアスへと渡されそうになったが、レベディアスは固辞して仲間の息子アールパードにそれを譲った。

比較的無力で無名な若者がカガンこと皇帝に推挙されるというのはカザールの風習の一つだったからカガンは喜び、アールパードをカザール風の儀式（盾の上に乗せてみなで持ち上げる）によって王にした。

このアールパードが最初のハンガリー王であり、アールパードはいまも人気のある男児名としてその名をハンガリーに残し、ブダペストのブダの王城の丘で銅像となっている。

アールパードは、カザールで言えばカガンに当たる王位にあった。そしてカンダまたはケンデと称され、大変に精神的に尊敬されていまに至っている。現実の王はジュラ（これまたいまも人気の男児名である）と呼ばれて、現実を統治し、軍を率いた。つまり、カザールのカガンとベクはマジャール

のケンデとジュラとなったのである。――ちなみに、名前のジュラの愛称はジュリである。つまりジュリとジュラだ。ハンガリー文化を愛する優れた日本の童話作家・中川李枝子氏が『ぐりとぐら』という名作をものするのに、この影響が（深層においてだが）あったのは間違いない。実を言えば、氏と私は同じ東京・自由が丘のハンガリーレストランの常連客であるのだ。

そして、初期のジュラはカザール人（この場合カバール人）であり、それゆえハンガリー建国はカザール人の戦闘力によった。先述のとおり、このころマジャール人は厳しい試練の時期にあった。兄貴分カザールはやっとのことで自分の領地を守っており、多少の危機では軍を出してもらえなかった。

この危機から脱出したときの大王アールパードはいまも尊敬されているが、軍の指揮をとって実際に戦ったカザール人の分派カバール人をマジャール人部族として受け入れ自民族に数えることが反対されなかったのは当然である。そしてそれ以降、マジャール人とハンガリーは折に触れて、カザール人と東方ユダヤ教の受け入れ手になって今日に至るのである――とにかくハンガリーではロシア革命時まではまったくユダヤ人に対する迫害が報告されていないのは、こういういきさつであるからだ。

奇妙な韜晦――史実の攪乱

カザール人たちが二重制を単なる風習としてでなく、重要な精神的意味を持つものとして尊んでいたことは『カザール書簡』以外からもわかる。その影響がたくさん残っているからだ。

たとえばここにまことに奇妙な現代の書物がある。それは一九八八年に刊行された、旧ユーゴスラビア・ベオグラード大学教授のミロラド・パヴィチの『ハザール事典・第二版』（邦訳・工藤幸雄、東京創元社、一九九三年）である。第二版というのは、実は一六九一年に初版が出され、読むだけで命が危ないとされた『ハザール事典』があったとされるからである。その初版は一六九二年に廃棄された。キリスト教会による禁止令と焚書令が出たからだ。だがしばらくの間、二冊の本だけが残った。それは特殊な毒のインキをもって書かれていたため、読む者は九ページ読むまでに死んだという。この本はプロイセン貴族の家に保管され、その家人を何人も殺したと言われる。

そう言われるが、確認のしようがない。だいたい、現実には一書も残っていないのだから。だからこの本について言えば、もともとが追跡しようがないことに乗じた奇をてらうための「文学」である可能性が否定できない。著者は虚実を適当に混ぜ、場合によっては虚偽を意識的に伝えるためだった可能性がある。わかることはカザール問題はなぜか正面から語ることが避けられていること、関心を持つ者に刺激と想像をもたらすものだということである。

『ハザール事典』の評価や検証をしている暇はない。ここではカザールの文化が印象的なものであったことがわかればよい。まずは言うまでもなく文化における二重制の徹底である。とにかく、この本はまず本自体が二重制文化そのものになっている。男性用の事典と女性用の事典の二つが対になって刊行されているのだが、しっかり読まなければ、どこが違いなのかわかりはしない。私は八分ほど読んだが退屈で「詰め」を放棄したから本当は違っていなくてもわからない。もし同じものなら、一冊を二冊にして売ろうという商才に長けた「ユダヤ人の陰謀」（笑）に違いない。

また書き出しに当たって、「読んでも命はなくならない」という趣旨のことが書いてある。まともな知識人はいやになるのが当然だが、カザールの歴史が近世には早くも知的タブーだったことの反映である。こういう本ではない、依拠できるまともな研究書としては、コロンビア大学のＤ・Ｍ・ダンロップ教授による『ユダヤ・カザールの歴史』（*History of Jewish Khazar*, Princeton, 1956）をとりあえず挙げておくにとどめよう。どの研究所においても、カザールの社会に二重制の多くの要素があったこと、それはでたらめさや気分のためではなく、むしろ厳格さや文化的基本へのこだわりからであったことがわかるのである。

カザールの強力な軍事力

まだまだ事実は有り余るがごく一部だけを選んで語ろう。

フンから分かれたカザールにはこの間、さまざまなことがあった。

まず、六世紀には、西トルコ帝国すなわち突厥が一時カザールを支配した。だがモンゴルが来るまでどの国もカザールの帝国への発展を阻止したり、カザール国を崩壊させられなかった。それどころか、七世紀から一〇世紀の最盛期にはカザール帝国は、最低三〇の部族を支配し、貢納を取り立てる大帝国となっていた。七世紀前半には、ビザンチンはペルシャの脅威に備えてカザールと軍事同盟を結ばざるをえなかった（六二七年、ヘラクレイオス帝）。この七世紀にはマホメットの死後始まったイスラム教徒の怒濤の進撃が始まるが、ビザンチン帝国を含めてすべての国や民族がイスラム教徒に敗れるなか、カザールだけは敗れなかった。

カザール帝国は最高で十数万の騎兵を繰り出した。カザールの軍が強かった理由はもはや繰り返すまでもなかろう。これは、七三二年のツール－ポアチエの戦いでゲルマン人のフランク王国が精一杯繰り出せた兵の数（五万～六万）をはるかに上回る。しかもカザール帝国の騎兵は基本的に常備軍が主体であり、フランクの兵のほうは農民から徴集した歩兵である。もしも両者あいまみえればカザールによる鎧袖一触の勝利だったことは間違いない。

フランク王国がイスラム軍を破ったとはいえ、その戦場はカザールの地を避けて北アフリカからイベリア半島を渡り、さらにピレネー山脈を越えてフランク王国の中心部に近い土地にまで攻め込まれた場所だった。イスラムの兵はカザールと戦うときよりはるかに疲れていたのは当然だし、またその騎兵隊の主要兵力として動員されていたモロッコのベルベル人部隊にはまるでやる気がなかった。彼らは、戦闘を指揮しているアラブ人総督アブド・アッラフマーンを残して、テントにおいてある戦利品をチェックしに帰ってしまったのである。戦利品泥棒が入ったぞ、との噂が流されたからだ。総督は馬に乗って、「退くな、戦え！」と呼号しているうちに、フランクの農兵の中に取り残されてしまった。そりゃ、専門の軍人総督でもフランクの農民兵にぶち殺される。これも誰かの陰謀だろうか。

フランク側は、大将を殺されたイスラム軍が怒って逆襲してくるかと何日も心配してびびっていたらしいが、ついに復讐の軍はやってこなかった。かくのごとくして、ゲルマンによるイスラム撃退の大成果が恐る恐る確定した。あまり誉められたいきさつではなかろう。こういうことがわかるのは、「戦争史おたく」がいてくれたからであるが、これは構造上も予測できる事実である。

こういう言わば初歩的な失敗による敗戦は簡単にリベンジできるはずだった。だから、フランク側はびびっていたのだ。だが、復讐戦は行なわれなかった。理由は、フランク王国はすでに八世紀初頭に、カザール帝国の一員たるマジャール人にさんざんな略奪にあっていて、復讐戦をするほどうまみのある相手ではなかったからだ。つまりフランク王国は偶然に勝ちを収めたのだ。

また、ツール－ポアチエの戦いのほんの二年前から、イスラム帝国はカザール帝国と深刻な戦いに入っていて、このとき実はその競り合いの真っ最中だった。とてもゲルマン人のことなどかまってはいられなかったはずだ。

ツールーポアチエの戦いの二年前にあたる七三〇年、カザール軍がコーカサス山脈を越えてイスラム領内に侵攻した。カザールの首都イティルから見れば当時のイスラム側の首都ダマスカスまでの三分の二も行ったところにあるモスルまでカザールは攻め込んだ。そしてモスルの東北にあるアルダビルで、カザール側はイスラム軍を壊滅的に打ち破った。これはイスラム帝国の歴史における最も厳しい敗戦だったが、イスラム側は翌年必死に反撃する。そして今度は逆にコーカサス山脈の北側まで進撃、カザールにごめんと言わせて撤退した。

ここでカザールはイスラム教を王宮に取り入れることを約束するのだが、当然のことながら守らなかった。イスラム帝国は敵国カザールの首都を占領はできなかったのである。ちょうちょうはっし激しい戦いがあったことをうかがわせるに十分だろう。

結局、カザールは昇り竜のイスラム教徒の天敵だったことになる。そして、いまもイスラエルが実質カザール人の国なら、天敵であり続けているということになる。

カザールが七四〇年ごろユダヤ教に改宗するのも、王女「花」がビザンチンに降嫁するのも、フランク王国のカール・マルテルがカロリング朝を作る力をなんとか保てたのも、みなこの七三〇年のアルダビルの戦いのおかげだったと言える。

このとき両軍は一五万人ずつの大軍を繰り出して、合計三〇万人の騎馬兵が戦場にあふれていたのだった。一〇万を超える兵は大変なことだ。だが西欧で常備軍ができるのは絶対王政の時代であってやっと一六世紀のことだが、その八世紀も前にカザール帝国には常備軍があって、号令によってそれを十数万人にすることができたというのである。

イスラムより弱かったビザンチンの軍でさえゲルマン人をしばしば破っていたのだから、イスラム側が本気を少し出せばまったく問題はなかったはずだ。カザール―イスラムの何度にもわたる戦いでは、双方で三〇万人の兵が激突したが、相手がゲルマンだったらその半分も要らなかったはずだ。ゲルマン人が助かったのはカザールのおかげだ。カザールは決して彼らや西ヨーロッパを救うため戦ったのではないが、このカザールの「歴史的貢献」をことさらに無視しようとするゲルマン人の歴史家はフェアではない。いけない。我々もまた戦争史おたくになりかかっている。面白くても、ここらでやめよう。

ビザンチン帝国は個別の戦闘にはほとんど敗走、かつエジプト、スペインほかを切り取られ、アナトリア（現トルコのアジア部分）もしばしば侵されたが、首都コンスタンチノポリスは何とか一五世紀まで持ちこたえた。その理由は、黒海沿岸と黒海そのもの、そしてコーカサス地方をカザール帝国が守り、イスラム帝国の進撃をがっちり食い止め、彼らに恒常的な拠点を作らせなかったからである。

こういうことでありながら、その後ゲルマン人は、中世ヨーロッパに逃れてきたカザール人を「キリストを殺した奴らだ」として散々いじめたのだった。カザール人ならずともゲルマン人に対する怒りが蓄積されるというものだろう。

ユダヤ教へ

そのような状況下にあった七四〇年、カザール王をはじめ宮廷の高官たちは偶像礼拝を放棄して、それまでの「原始的」な（?）シャーマニズムから、なんと、ユダヤ教に改宗した。改宗は六〇〇年代だという説もあるが、ここではイスラム帝国との軋轢が頂点に達していた八世紀半ばとの説を採っておく。

キリスト教のビザンチン帝国、イスラム教のイスラム帝国に挟まれて微妙な均衡を保っていたカザール帝国におけるこの改宗は、いくつかの段階を経て国民の間に進行したとされているが、いずれにせよ、ユダヤ人でもない民族が公式にユダヤ教徒となったというのは、驚くべきことだ。ただし、国教にするというのではなく支配層の改宗であった。また、支配下の民にユダヤ教への改宗を強制もしなかったという。

王の改宗後も、首都にはイスラム教徒が多く住んでいたし、イスラム帝国と戦うとき以外にはイスラム教徒の部隊もカザール軍に加わっていた。それどころか、イスラム教徒の部隊は厚遇を受け、カザールがイスラム帝国と戦うとき、戦闘には加わらなかったが軍にはいたという。こういう姿勢は、他民族の宗教に対する他の国々の態度とは大きな違いがある。

ひと言で言うと、宗教というパンツを相対化して捉えているというべきだろう。

この改宗自体は歴史家によって事実として公認されている。しかし、誰もその意味を考える力を持たなかったのである。

また、「原始的」シャーマニズムだったといったが、これもまたトインビーをも含めたゲルマン人の見解である。カザールの人々が、かつて匈奴の一員としてアッチラの幕営にあったころから（それどころか、本当はそのもっと前から）柔然や突厥にもあった宇宙観である上天思想を持ち、天の神の主祭司たる王の位置についての独特の哲学的見解を持っていたことは確かである。これは匈奴社会の研究がまともに進展すればその関係が必ず明かされるだろう。

この改宗により誕生したカザール・ユダヤ人はトルコ系ユーロポイドの血を引く人々であり、紀元前にパレスチナにいたとされている本来のユダヤ人とは血脈的に何の繋がりもない。ただほんのわずかながら、スキタイ人ことサカ人の西アジアでの動きを介しての可能性はなくはない。ただ、現在の研究からはまったく否定されている。またこれはサカ（Saka）人またはサカエ（Sakae）人またはシャカ（Shaka）人であるのをギリシャ人の部分的観察の結果であるスキタイ人という呼称で呼んでしまう愚かさから脱しないと見えてこないものかもしれない。

ともあれ、現在我々が〝ユダヤ人〟だと漠然と考えている人々の主流派は、実はこのときユダヤ教に改宗して、モンゴルに敗れたあと東欧北部からヨーロッパに入ったカザール系の人々なのである。

にもかかわらず、彼らのルーツである「カザール」のことを知る人間は今日ほとんどいない。もとより歴史とは強者の歴史であり、強者の視点のみから、強者に都合のよいように語られるものであることは承知のうえである。また、ヒトのパンツとして最重要なものに属する言語という制度のうち、文字は特に「正義を記録し、正義を押し付けるために」発達したものだ。つまり、文字で記すことによって、本来なら異端があるべきことどもを力をもって「確定」してきたものなのである。我々が学んできたものは西欧中心の歴史観だから、「カザール」なんて聞いたことがないという人々がほとんどであっても不思議ではない。さらにまた不思議なことには、強者の栄光を背負ったはずのカザール人自身がなぜかその栄光を語ることを拒否しているのだ。だから事は余計ややこしくなっている。

しかしながら、これほどの存在であったカザール帝国やカザール人についてその存在自体さえも歴史の闇に葬られているというのはただごとではない。四世紀のフン族の大移動（で去った）のあと、一三世紀にモンゴル帝国が押し寄せてくるまでの間、この広大な草原地帯で起こった出来事は忘れ去られ、我々の歴史の舞台に登場することはなかったのである。

この章ではもう少し、彼らカザール・ユダヤ人の数奇な運命を辿りつつ、サラセン（イスラム）、ビザンチンと肩を並べるほどの大帝国の歴史がほとんど明らかにされてこなかったのはなぜなのか、そして、彼らがいかにして〝ユダヤ人〟の主流となりえたのか、その謎に迫ることにする。だが、その前に一つ笑えないエピソードを紹介しよう。

イスラム教国のユダヤ人宰相ハスダイの願い

カザールのユダヤ人については世にも奇妙なエピソードがある。それは一見、噴飯物でありながら、悲しくて笑えない話である。

一〇世紀中ごろ、イベリア半島のコルドバに後ウマイヤ朝というイスラム教国があった。新ウマイヤ朝とも西カリフ国とも呼ばれ、八世紀から一一世紀まで存在した。そこに聡明さを買われて総理大臣にまでなったハスダイというユダヤ人がいた。あるとき彼は、ビザンチン帝国の東方にユダヤ教を奉ずる強力な帝国カザールがあると聞き、その皇帝ヨセフに手紙を出した。ということは、正統派ユダヤ人のインテリにもカザールはよく知られていなかったのだ。

ハスダイは、ヨセフ王に「あなた方はユダヤ一二支族のうち、どこに属する方々ですか」と問う。ユダヤ教は、これを奉ずる民を神の選民とし、他民族や異教徒に対して排他的である。だからハスダイが、彼らが正統派ユダヤ人（スファラディ、第二章参照）ではないなどと、想像もしなかったのは無理もない。

彼はさらに、「待ち望む奇蹟はいつ起こるのですか」との沈痛な問いも発し、ついには「すべてをなげうって、あなたに仕えたい」とまで書くのである。まことに胸を打つ手紙だ。このまるで少年のような純粋さが、イスラム教国で異教徒のまま宰相を務め、海千山千の外交官でもあったハスダイによって書かれたことは驚くべきである。

ヨセフは返事をごまかすしかなかった。彼らはいささかもユダヤ人ではなく、これよりおよそ二百年前の七四〇年ごろ、カザール皇帝の決断により、支配階級がこぞってユダヤ教に改宗したというのが事の真相だったからだ。

そこでヨセフは、「自分たちはセムの子孫ではなく、先祖はノアの三番目の息子ヤペテの孫、すべてのトルコ人種の先祖である」「私の先祖であるブラン王が、唯一にして真実の神と契約を結んだ。したがって我々も選ばれた民である」と答えた。ちなみに、このヨセフとハスダイ両者の間で交わされた手紙は『カザール書簡』と呼ばれて今日も残っている。

カザール人はもともと、五世紀ごろにアジアの草原地帯にいたトルコ系の民族だから言語ももちろんヘブライ語ではなく、トルコ語系のチュバシ方言だったと言われている。

トルコ系というのは、五世紀以降、西方に侵攻してきた東方の民族を都合よく全部押し込めて言う場合があって、現在のトルコ人の源流と直接結びつけることはできない。かつてゲルマン人は、コーカサスにいたこともないのに自らを「コーカサス人種」（コーカソイド）と言い、コーカサスをアーリア人種の起源の地としたことがあったが、これはもしかしたら、コーカサスの文明的優位に対する劣等感から発したものかもしれない。いずれにせよ、そのコーカサスを五世紀以来の源流とする、ゲルマン人以外の人々であると考えたほうが妥当である。

その体格は長身、白色系の人種で碧眼・紅毛であった。だから、トルコ系といってもまさしく白色人種であって、その意味でコーカサス人種的であった（英語でコーカサス人とは白人のことを言う）が、その歴史を見た場合、匈奴、柔然、突厥およびサカ族と同じくユーロポイド（ユーラシア人種）であった可能性が高いだろう。そして当然、混血は行なわれたのである。

カザールが正統派ユダヤ人とまったく関係がなかったわけではない。むしろ、かなり密接な交流があった。当時、ユダヤ教徒に対して寛大な唯一の大国であったカザール帝国には、大改宗以前からビザンチンやサラセンから多くのユダヤ人が流入してきていたからである。

ちなみに「カザール」（Khazar）という名前はトルコ語の“gaz”（放浪する）からきている。当初は文字どおり「放浪の民」を意味していたが、その戦闘における活躍が印象的だったためか、騎馬兵士を意味するロシア語の“Cossack”やハンガリー語の“Huszar”という語がここから生まれた。また、これがドイツ語に転じた“Ketzer”は、キリスト教徒にとっての異教徒、すなわちユダヤ人を意味するのである。

二大勢力を黙らせた、見事な妙手

それにしても、である。カザール皇帝はなぜ、ユダヤ教に改宗しようと思ったのであろうか。

何度も述べたように、イスラム軍の大進撃に対し、戦力に劣るビザンチン帝国にとって、コーカサスを死守してくれるカザールの存在は非常に大きかったし、その重要性はいやでもわかっていたはずだ。そこでビザンチン帝国は、カザール皇帝に縁組みを申し入れ、七三二年にビザンチンの皇太子とカザールの王女が結婚する。

イスラム帝国のカリフもまたカザール皇帝に縁組みを申し入れていた。これは、油断をさせて奇襲をかけるためであった。その奇襲は成功し、カザール軍は一時ボルガ川まで後退せざるをえなくなる。そのときアラブ側は、「正しい宗教」であるイスラム教への改宗を、自軍撤退の条件にした。もともとカザール帝国では宗教に対する寛容性が特徴的であった。だから、ユダヤ教徒も多数いたし、キリスト教徒もイスラム教徒もいた。八世紀には、首都に壮麗なモスクも持っていた。そうしていて、宮廷では「シャーマニズム」が行なわれていた。これを「原始的」と決めつけてしまうのはおかしいだろう。

おそらく、このときの改宗の要請が、カザール皇帝にとってユダヤ教への改宗への弾みとなったと思われている。いったん、表面的にイスラム教に改宗し、その後ただちに支配階級はユダヤ教に改宗したのである。

確かにカザールは、その強大な軍事力を背景に、ビザンチン、イスラムの二大帝国とときに戦い、ときに同盟を結びつつ、密接な外交関係にあった。そして内部的にも、カガンと呼ばれる支配者のもとで、最盛期には三〇を数える部族から献納を受け、十分に統合された支配を行なっていた。

しかし宗教に関しては、当時、世界を二分していたキリスト教とイスラム教という一神教と比べると、彼らが信奉していた「原始的」なシャーマニズムは、配下の民族を支配する手段としての宗教としては威力を欠いていた。スマートさの問題ではない。フランク王国のクローヴィスがキリスト教アタナシウス派を取り入れてアリウス派ほかの「異端」を攻め滅ぼして王国を拡大し、イスラム教徒が（当初は硬軟自在ながら）宗教を自勢力圏の拡大に利用しているのを見ていたから、それへの対抗策を考えねばならなかったと見るのが正しいだろう。つまり「敵の存在する宗教」への転向だ。両宗教からの改宗の要請は、戦争時以外にもしばしば行なわれたらしいが、政治的に見てどちらかの宗教に与するわけにはいかないのはもちろんであった。カザールは、二大帝国のどちらからも独立した第三の勢力として、その地歩を固めていたからである。

そんなとき、以前からカザールに亡命してきていたユダヤ人のおかげで、その宗教の教義や戒律について熟知していたユダヤ教に改宗するという、なんとも素晴らしいウルトラ技を思いついたのだ。キリスト教も、イスラム教も、そのもととするところはいずれもユダヤ教である。ユダヤ教に改宗したと言われれば、どちらも納得せざるをえまい。そう判断したというのが先の『ハザール事典』の説明である。「その手があったか！」と思わずうなるほどの、美しき一手であった。

だが、歴史上、そのような「パンツの思いきった交換」という妙手を使った民族はいない——あるとすれば、六世紀の日本だけである。古神道から広義のゾロアスター教的仏教への転換である。だが日本のゾロアスター教的仏教は、その信奉者の集団（蘇我氏、聖徳太子）が王宮から駆逐されて野にくだって終わったのだった（拙著『シリウスの都 飛鳥』参照）。つまり日本においては影響を残しはしたものの、民族のアイデンティティの軸になれなかった。一方、カザールではみごとに支配者集団のアイデンティティになって残ったのである。

『カザール書簡』ではカザール皇帝により、キリスト教、イスラム教、ユダヤ教の学者による討論が行なわれ、その結果、ユダヤ教への改宗が決定したと説明されている。ただし、国家の上層部はユダヤ教に改宗したが、国民にはこれまでどおりに偶像を崇拝することも、キリスト教やイスラム教を信仰することも認めるなど、本来のユダヤ教とは違って異宗教にきわめて寛容であったのは、特筆すべきことである。

これは、宗教というものも、結局は集団が生きるための限定された手段だとして相対化していたからだと見ることはできないだろうか。そうであるなら、ユダヤ教にだって、別に本気で改宗したわけでもないのかもしれない。彼らにとっては、脱ぎたいときにはいつでも脱げるパンツだったのかもしれない。それが脱ぐべきうまい機会を失って今日に至っている可能性がある。

そのパンツが、第二次世界大戦後のイスラエル建国という離れ業にまで至ったのであれば、なおさらだ。

カザールの遺跡はどこにあるか

旧ソ連時代の一時期、ソ連はもともと西欧より上だと言いたかった共産党の為政者は、ソ連圏内にあったカザールの遺跡調査を許した。その記録は一応いまも残っている。しかし、あるときを境にこれは抑圧される。カザールの華やかな首都イティルも、要塞都市サルケル（現ボルゴグラード、旧スターリングラード近辺のチムリャンスク湖内）も水利工事の名を借りて水没させられている。露骨なことだ。ビザンチン帝国の記録に残り、建設についての資料もある大きな要塞の中心が発見できないからとして水没させられた。露骨な政治的調査であるが、文書でも出てきたら大変だということだったろう。政治にあわせることが多い考古学者がよくやるものだ。私は、労働組合のいわゆるアリバイ闘争という語にならって、アリバイ調査と呼んでいる。このアリバイ調査には、私たちはこれから何度も出会うことになるだろう。

ロシア―ポーランド問題に生半可の学者の数倍もの密度をもって研究をしていた元モスクワ大学講師（同じく元栗本自由大学講師）の佐藤優氏（元外務省）は、「ロシアの隠れユダヤ人の政治家」の仕業だと私に示唆した。同氏は本業が外交官であって、のちに鈴木宗男事件に連座して外務省を辞めさせられるが、その直接の理由はロシア問題ではなくイスラエル問題だったことを想起するべきだ。

ユダヤ人の多いロシア政治界は、イスラエルと強いコネクションを持っていたのである。カザール帝国の首都は、今日のウクライナでありロシア革命後のソ連であったから当然だろう。

帝国の終焉・そしてカザール人はどこに行ったか

カザール帝国は一〇世紀の首都陥落後も一三世紀まではなんとか共同体を維持しつつ、北コーカサスの地に住み続けた。しかし、ついに一二四三年、モンゴルのキプチャク・ハーン国がカザールの領土に成立することで、最終的に国が崩壊する。モンゴル人に敗れて共同体の中心が崩壊、そのままモンゴルの支配下に組み入れられるのを拒んだ人々は、コーカサスを去ることになった。

思えば、カザールが勢力を誇っていたコーカサスの地は、民族の大進撃に四度も襲われている。まずフンの猛襲、そしてイスラムの大進撃、次いでバイキングの南下、さらにモンゴルの大遠征である。紀元前のアレクサンダー大王の東征は昔のこと過ぎるので別にしても、一一～一三世紀の十字軍遠征時に起きたヨーロッパ内部のユダヤ人虐殺の狂気も加えると、カザール系ユダヤ人は五度もそういう「被害」にあっていることになる。その限りでは明らかに被害者である。

狂気のようなこれらの大遠征は、いかなる歴史理論でもその必然的な理由が見つからず、謎とされてきた。気候の変化や経済的な理由などが考えられるが、実際に起こったことを考えると、それだけではとうてい説明がつかない。

だが、我々はすでに第一章で、これこそが人間性の根源にあるものであることを明らかにした。人間のこの攻撃性、大量殺戮の根拠こそ、歴史学において解かれるべき最大の課題なのである。

コーカサスは、これらすべての戦闘を伴った大移動の舞台となった稀有の土地である。そして、この地域に最も長い間、勢力を維持し続けたのが、明らかにこの章の主役であるカザール人だった。

カザール帝国の全盛時である一〇世紀ごろの人口は、約五〇万人と推定されている。一三世紀にカザール人の主流がコーカサスの地を去らねばならなかったとき、移住を始めた人たちは三〇万人、あるいはそれ以下であった。だが、三〇万人の移動というのは決して小さな数字ではない。彼らが（その後の都合で）隠しても痕跡は当然、残っているはずだ。

彼らは主として北上し、ポーランドの地に入ったのち、リトアニアを訪れる。それまでは、ポーランドにもリトアニアにも正統派（パレスチナ出身の）ユダヤ人の集落は皆無であったから、この地に現われたユダヤ人はほぼ全員「完全な」カザール人であったと言える。

ポーランドに最初にカザール人が入ったのは、カザールの要塞都市サルケルがルス人によって陥落させられた九世紀のことだ。この人たちが、ポーランドの最初の王朝ピャストの確立に大きく働いたという記録もある。この「ユダヤ人」たちは集落を作り、宮廷の重臣が輩出し、財を成す者も現われ、運送業と馬車製造業をほぼ独占した。財務に長けていることは正統派ユダヤ人の業でもあったが、運送業と馬車製造業というのは明らかに、コーカサスの草原を駆けていたカザール人だけが得意とするものであった。

ただ、よくあることがここでも起きた。ポーランド建国に功のあったはずのカザール・ユダヤ人は成功を妬まれ、折に触れて弾圧や迫害の対象になったのである。一四九六年には、ポーランド議会がキリスト教会と封建領主の要求を飲んで、ユダヤ人の農地取得を禁止している。

ある研究によれば、一七世紀のポーランドとリトアニアのユダヤ人人口は五〇万人と推定されていて、このほとんどがカザール系の人々であると思われる。一三世紀に北コーカサスの地を三〇万人で去って、四世紀後に五〇万人が確認されるというのは、非常に苦労したとも言えるし、誇り高き流浪の民としてはやはりさすがだとも言えるであろう。

私は、過去の栄光から考えれば非常な苦労のほうに軍配をあげたい。なにしろかつての部下または弟分だったマジャール人もブルガール人もそれぞれ自分たちだけの地を確保していた。かつてのライバルたるイスラム帝国は、いうまでもなくその間も大帝国であり続けていた。

「俺たちだけなぜ?」という思いが去来してもおかしくはない。「ユダヤ教に改宗したのは間違いだったのか?」という思いも去来しただろう。だが、一部の地域では一四世紀からすでに、正統派（スファラディ）ユダヤ人との融合も始まっていたし、ビザンチン帝国をさえ庇護した大帝国の支配者の血を引く者として、その誇りが簡単な再改宗を認めさせなかったと思える。

彼らは「十字架を背負う」のではなく「ユダヤを背負った」のである。

それでも一六世紀における世界の全ユダヤ人人口は一〇〇万人だから、すでに過半数がカザール系であったことになる。

ブダペストのユダヤ人社会

カザール人のコーカサスからの流出のもう一つの大きな流れは、ハンガリーに向かった。繰り返し述べてきたように、ハンガリー人はもともとカザール人の弟分であり、カザール人の一部が同化していったところのマジャール人である。したがって一九世紀に至るまでのハンガリーは、カザール・ユダヤ人にとって最も危険の少ない移住地であった。中世以降、しばしば行なわれたユダヤ人に対する弾圧や虐殺も、ハンガリーでは圧倒的に少なかった。

幾重にもわたったカザール・ユダヤ人のハンガリーへの移住の波の最後は、一八〜一九世紀の革命前南ロシアの混乱が生んだ波であった。このころは、彼らははっきり「ユダヤ人」としてハンガリーへ入っていた。

このカザール系ユダヤ人を指す「アシュケナージ」という言葉は、旧約聖書でアルメニアのアララット山を指す言葉からきている。それがやがてヨーロッパから見て東方という意味に変化し、東方系のユダヤ人を指す言葉となったのである。

ハンガリーで「南ロシアからやってきたユダヤ人」と言われるのは、間違いなくアシュケナージ・ユダヤ人だ。一九世紀末から第一次世界大戦まで、アシュケナージ・ユダヤ人はハンガリーでマジャール社会への同化に努めた。そして、オーストリアからの自立を求める一種のマジャール愛国運動の中心的活動家まで輩出することになる。

しかし、このブダペストのユダヤ人社会は、負の遺産をも生み出してしまった。ブダペストの新聞記者出身のテオドール・ヘルツルが指導者となった、現代シオニズム運動がそれである。

二〇～二一世紀における地球上最大の紛争の種となったシオニズム運動の目的が、「苦難の道にあるユダヤ人に安寧の土地を」というものであるなら、そもそもブダペストはユダヤ人にとって決して地獄ではなかったはずだ。ユダヤ人はハンガリー社会において大きな地歩を築いていたのである。しかし、他の土地ではユダヤ人の苦難は続いていたし、金融業や新聞業や株取引で成功した者と貧しいユダヤ人との二極分化が進みつつあったのだ。

ケストラーの「遺書」

カール・ポランニーの長姉ラウラが創設したブダペストの幼稚園に、のちに『機械の中の幽霊』『真昼の暗黒』『ホロン革命』『サンバガエルの謎』などの名著を著わすことになる、アーサー・ケストラーが入園したのは、二〇世紀初頭のことだった。ケストラーが生まれ育った家庭は裕福で、彼はその後、ウィーン大学に入学する。そこで戦闘的なシオニストとなった彼は、シオニズム運動に身を捧げるべく退学し、パレスチナに赴いてドイツメディアのジャーナリストとなった。

ケストラーは一九三二年にドイツ共産党に入党したが、スターリニズムの台頭にあって共産主義に失望し、三八年には離党する。その間、三〇年代におけるヨーロッパ最大の問題であったスペインの内戦に赴き、逮捕投獄され、死刑宣告を受ける。しかし、危ういところで、イギリス外務省の働きかけにより一命を救われるのである。

それは、彼がアシュケナージ・ユダヤ人であったこと、なかでもシオニストであったことと大いに関係がある。同じころ、ポーランドやドイツやオランダのユダヤ人たちはナチスに虐殺されていたが、有力なアシュケナージ・ネットワークにかかわる者は特権を持ちえたからである。実際、スペインのマラガでともに投獄されていた仲間は、全員処刑されて死んだ。

死にゆく同志たちは、彼に最後のメッセージを託した。それがのちに著書『スペインの遺書』を生むことになる。

そのころ、ケストラーはまだシオニズムを奉じており、ユダヤ教徒の本来の故地に、みなで帰還する幸せを夢見ていた。しかし、第二次世界大戦後にそれが現実化するに至って、初めて現代シオニズム運動の本質が完全に見えたわけだ。

スエズ運河と石油利権を求めてのイギリスの醜い動きが、今日のイスラエル建国とその後の混乱を生み出したこと、理念的には純粋なシオニズムが、運河と石油の利権のための土地占拠（本人たちは建国と言うが）に結果したことを、はっきりと認識したのである。実は、彼がスペインで助かったのも、シオニズム運動と陰で手を組むイギリス外務省の働きかけのせいだった。

ケストラーは真実を探究した。少なくとも、ユダヤ人が決して「民族」ではないこと、また「アシュケナージ」と「スファラディ」という、まったく出自の異なる二つのユダヤ人（他にアジア系ミズラーフもいるがごくごく少数）がいることは、誰もが知るべきだと考えたのだ。

そこで彼が書いたのが『第十三支族――カザール帝国とその遺産――』（宇野正美訳『ユダヤ人とは誰か』、三交社）である。「十三支族」というのは、パレスチナ・ユダヤ人には一二の支族しかないが、それにもう一つ付け加えたという意味だ。この本は一九七八年に出版された、非常に科学的にして優れた著作である。本書でのユダヤ人問題についての私の関心も、彼のこの本がきっかけとなっている。

この本で彼は、自らの属するアシュケナージ・ユダヤ人はセム族などではなく、カザールから来た民族であることを明らかにした。他方、かつてシオニズムに身を捧げた彼は、シオニズムの本質を批判し、「共存」という重いテーマをユダヤ人たちに投げかけたのだった。

当然、次に起こる事態も予測していたに違いない。なぜなら、彼は夫人（なんと一八歳！）とともに正装し、記念写真も残したうえで自裁したからである。イスラエル情報機関の活動や権力派のアシュケナージ・ユダヤ人の実態を少しでも知っている者はみな、この本が原因で彼が死に追い込まれたと考えている。ただし彼は安楽死願望者でもあった。遺産等にかかわる遺書がほかにあるにしても、『第十三支族』がケストラーの仕事上の遺書であると考えるべきである。

ディズレーリとイギリス王室

ケストラーがその本質を見抜いたイスラエル建国は、イギリスの外相バルフォアによって主導されたバルフォア宣言（一九一七年）が、実現のための国際条約上の根拠になった。その陰には、ユダヤ人でありながらキリスト教に改宗し（イギリスではキリスト教に改宗しなければ宰相の地位を得られなかった）、イギリスの帝国主義政策を推進したベンジャミン・ディズレーリの「業績」があった。

弁護士で文人だった彼は、ユダヤ人という出自のせいか何度も落選したが、保守政界で遊泳を続け、対外強硬策、つまりスエズ運河をめぐる中東中心主義政策の担い手として地歩を固める。おそらく、スエズ運河とともに重要な石油問題もにらんでいたことだろう。

ディズレーリの祖父は、イタリアから移民して来たユダヤ人である。イタリアには、初期にはパレスチナから直接イタリアに渡ったユダヤ人もいたが、中世以降、アルプス近辺に住んでいたユダヤ人は、カザール崩壊後にポーランドへ向かった人々が南下した一派だと考えられている。

ディズレーリの政治的本質は、文人・弁護士という彼の経歴から想像されるようなイメージとはほど遠い。彼は、権力主義的帝国主義者であった。なぜならそれが、彼のバックにあったユダヤ人実業家たちの主要関心事だったからである。バルフォアたちはディズレーリが土台を作った中東政策に乗って、一方でユダヤ人に建国の土地を約束し、他方でアラブ人（パレスチナ人）にもトルコからの独立を支持することを約束する。明らかな二重政策、露骨な二枚舌である。

イングランド紳士は小さな嘘つきを軽蔑するが、それは大きな嘘をつくためらしい。アラブ人対策のために働かされた情報将校ロレンス（映画では『アラビアのロレンス』）はこの大きな嘘に失望して退職し、晩年をスピード狂として暮らしたことは有名である。つまり、イギリスおよびディズレーリは、二〇世紀以降の中東の情勢に最も責任があるといえる。

日本はバルフォア宣言時のイギリスの同盟国であったし、二〇〇三年にイラク侵略戦争を仕掛けたアメリカの同盟国である。アラブ人が日本を敵国とみなしても文句は言えまい。そのイギリスの帝国主義政策の背景にイギリス・ユダヤ人がいたことは事実である。

ウインストン・チャーチルは庶民的な風貌で人気があったが、実際には庶民どころかイングランド貴族の超名門、煙草の銘柄で有名なマールボロ公爵家の出身で、生家は宮殿のような豪邸である。実際にもブレナム「宮殿」と呼ばれている。チャーチル家はユダヤ人宰相ディズレーリと手を組んで、イギリスの政界を仕切ろうとしていた。したがってチャーチルの政策は、当然ディズレーリ型の帝国主義政策になった。

ちなみに、ダイアナ元皇太子妃とパリで一緒に死んだ恋人がアラブ人であったのは、何かの因縁である。ダイアナの実家は、マールボロ公爵家と肩を並べるイングランドのオールソープ公爵家であって、これまた決して庶民的な家ではない。

ダイアナが若いころ保育園で保母として働いていたというのも、イングランドには絶対核家族という家族制度があって、どの家庭の子どもでも、一度は家を出て働くことを要求されるからに過ぎない。日本のメディアが、ダイアナが保育園に勤めていたから「庶民的」だと持ち上げたのはまったくの的外れで、「送り出し」(sending-out) という、イングランド独特の家庭慣習のたまたまの現われだったに過ぎない。

彼女の人気は、むしろイギリスにおいて主流であるイングランド名家の出身だったことからきている。だからスコットランドやアイルランドにおいては、反・現王室という意味での人気しかない。

奇妙なことに、現ウィンザー朝はドイツ北部から来た王統で、ウィンザー地方を領地とする貴族でもなんでもなかった。ドイツのハノーヴァーの近く、今日のエリカ街道近くにあった小国リューネブルク公国貴族の親戚である。このハノーヴァー家出身のジョージ一世が即位した当初は、ドイツ系であることを隠さずにハノーヴァー朝と称していた。が、これもドイツの地名をとったゴータ朝という名を経て、第一次世界大戦中の一九一七年、「国民感情を慮って」、離宮のあるウィンザーの名を名乗ったのである。

ユダヤ人の多いドイツ北部の血が現英王室に注入されたことから、アシュケナージ・ユダヤとのかかわりを言いたてる人もいる。これについてはよくわからない。だが、イングランドは西ヨーロッパの中ではユダヤ人が最も同化した社会であり、その同化は、宮廷や上流階級への彼らの進出から始まった。だからこそ、王室の出自についてまで、ユダヤ陰謀説が出たりする背景が出来上がった。だからダイアナ妃の人気は一面、非ユダヤ人気なのだ。

かくして彼女の最後のボーイフレンドはアラブ人だった。

ケストラーの遺志を継ぐ者

「ユダヤ人のパラドックスの長い目で見ての解決法は、イスラエルへの移住か、その住んでいる国への同化しかないだろう」

アーサー・ケストラーは『第十三支族』の結論部分で、こう述べている。ケストラー自身の結論は、ハンガリーにおいてそうであったように、その社会との同化と融合であったに違いない。つまり、もはや「虚構の民族性を捨てよ」、「虚構のパンツは脱ぎ去れ」ということに等しい。

しかし、カザール系ユダヤ人のルーツを緻密に追ったケストラーの書『第十三支族』は注意深く無視され、やむをえず触れるときには「胡散臭い」とか「あの知識人もついに狂ってしまった」とか、注釈をつけたうえで語られることになった。そればかりか、スターリン主義、近代科学、実存主義を含む現代思想など、驚くべき多様な分野において虚構を覆す仕事を続け、名声を勝ち得てきたケストラーに対し、急に過去の女性問題が暴かれたりもした。

たとえば、サルトル（やはりユダヤ人）との交流がうまくいかなかったのは、サルトルの未婚の妻であったシモーヌ・ド・ボーヴォワールと一夜をともにしたからだとか、人生において一度ならずレイプをしたことがあり、そのうちの一人はのちに国会議員の妻となった女性であるといった噂が飛び出した。実際突然にであった。この女性は、実名でその「事実」を認めたという。ケストラーは非常な美男子であったうえ、女性に対して熱情的であったことは間違いないようである。しかし、地位のある上流階級の女性が、そういう過去の「事実」を自ら実名を出してまで認めること自体が不自然である。

また、二〇〇二年三月には、アメリカ議会の図書館の書棚からケストラーの『第十三支族』が盗まれた。しかし、一冊だけ本を盗んでも、どうなるものでもあるまい。これは脅しないしは嫌がらせということだ。こういう事実こそ、ケストラーのこの本の信憑性を逆に証明しているといえよう。

ケストラーの自死という悲しい知らせが届いたのは、一九八三年のことだった。八〇年代初頭、私は第一次世界大戦前後のブダペストのユダヤ知識人社会について調べていたのであるが、多くの知識人が、ケストラーに話が及んだとたんに異様な警戒心を見せ、「苦痛の沈黙」をするのがわかった。彼が『第十三支族』を書いた、ほとんど直後の時期だったのだからやむをえない。

あるユダヤ人のインテリ女性は、ブダペストのユダヤ人コミュニティのリーダーでもあったカール・ポランニーの母親が、俊才ぞろいの自分の子どもたちのなかでも「最も性格がまともで良い子だった」娘のゾフィーがアウシュビッツに送られたことを知っても、見殺しにしたと言って、カールの母親を涙をためて非難した。ブダペストのユダヤ人コミュニティの実力者だったカールの母セシルは、ゾフィー以外の子どもたちを、さまざまな影響力を駆使して弾圧から守ったからである。つまり、使えば使える逃げるためのネットワークがあったということである（ユダヤ知識人の亡命の実態については『亡命の現代史』全四巻、みすず書房、を参照）。

この話をしてくれた女性ユダヤ知識人は、私がポランニー家の俊才たちにだけ関心を持っていたことを暗に批判したのかもしれない。栄光の家族のなかにも暗い側面があったのだ。私は内心暗然とせざるをえなかったが、このことは書けなかった。また、ケストラーの初恋の人ではないかと目された女性（幼稚園で一緒だったカール・ポランニーの姪）の目にも、ケストラーに対する不思議なこだわりの思いが見て取れたが、それについても書けなかった。

それから二十年以上が経つ。その間、ユダヤ人とは誰か、パレスチナ問題とは何か、私はずっと考え続けていた。しかし、ケストラーの血のにじむような結論以上のものは私には出せない。だが、ヒトの進化と「パンツをはいたサル」という大きな枠組みのなかで、この問題を改めて考えてみることはできると思って、この本を書いている。

ユダヤ人という人種は存在しない

フランスの人類学者で思想家のミッシェル・レリスは、「ユダヤ人という民族は人種的には存在しない」と言っている。自然人類学あるいは遺伝学の研究によれば、どこの国のユダヤ人もその国の主要人種と遺伝子的特徴を共有していて、他国のユダヤ人との共通項を多く持たないのである。だから、ユダヤ人が民族だとすると、人種性を共有しない不可思議な民族だということになる。

ユダヤ人というのは、文化人類学的に見ても一つの人種ではないし、せいぜいのところ民族である。民族とは、一定の価値観を共有し帰属意識を持っている集団を言う。その価値観はしばしば宗教によって代表されるが、宗教が必要条件というわけでもない。このことは、曖昧にされてはならない。

「ユダヤ人」(Jewish) という言葉が実際に示すものは、「ユダヤ教を奉じる人々」ということ以外にはない。つまり、「ユダヤ教徒」という意味にほかならない。人種を指すのでも、民族を指すのでもないのだ。

これに対し、反ユダヤ主義のことを反セム族主義 (anti-Semitism) と名づけたのはユダヤ人のほうである。つまり、人種を表わす「セム族」という言葉を用いることによって、自分たちは一つの人種であると自己規定したいわけだ。もちろん、ユダヤ系のジャーナリズムの仕事である。ここには明らかに意図的な「間違い」あるいは「嘘」が含まれている。

だが、ユダヤ人はセム族ではない。この問題は、ヨーロッパの一般民衆がユダヤ人を見分けるときに、何を基準にしているかということを考えると、はっきりする。どんな問題であれ、民衆の受け取り方が真実を直截に指し示すことがあるものだ。彼らは政治に関係なく、正直だからである。

彼らによれば、ユダヤ人の顔の特徴は、「ユダヤ鼻」と言われる鉤形に折れ曲がった鼻である。オーストラリアの巨大魚ナポレオンフィッシュは、その大きくて曲がった鼻によって「ユダヤ魚」(Jew Fish) と呼ばれていて、私は「なんでユダヤの魚なの?」と娘に問われて返答に窮したことを覚えている。

ところが、その鉤形に折れ曲がった鼻というのは決してセム族の特徴ではなく、コーカサス系民族の特徴であったのだ。

してみると、一般民衆にとってのユダヤ人とは、ここでも実はカザール人だったということになる。皮肉なことである。

誇るべきカザールの歴史はなぜ隠されるか

ケストラーが明らかにしたように、またここまで見てきたように、草原の梟雄カザールの歴史は決して恥ずべきものではない。むしろ誇るべき歴史だったはずだ。

カザール系ユダヤ人は母国滅亡後、騎馬戦闘以外の彼らの優れた能力を生きるよすがとした。それは、財政・経理・金融の能力と、情報収集力である。前者は、単純な金融業（金貸し）から銀行業にまで至る。後者は、近代ではまずは新聞が中心になり、メディアを席捲していった。

彼らは一九世紀から二〇世紀にかけて、学問、思想、芸術、情報、政治、経済、そして金融などのあらゆる分野で活躍した。アーサー・ケストラーもカール・ポランニーもカール・マンハイムもゲオルク・ルカーチもフォン・ノイマンもレオ・シラードもエドワード・テラーも、初期のハリウッドの大スターのほとんども、現代の大映画監督も、彼らのなかから生まれたのだ。

ヨーロッパ哲学中興の祖スピノザはポルトガル系の正統派ユダヤ人（隠れユダヤ教徒マラガ）の子孫であるが、サルトル、マルクス、レーニン（四分の一）、アインシュタイン、ルーベンシュタイン、ヒトラー（二分の一）などは、アシュケナージである。現代の哲学者デリダなどは、その政治性を最も感じさせるアシュケナージである。

これは、驚くべき事実である。だが、このような影響力を持った人物群の源流となったカザールの歴史の真実は、アシュケナージ強硬派によって押さえ込まれてきた。強国カザールの存在に触れた著名な歴史家は、アーノルド・トインビーぐらいである。

要するに、ユダヤ人とは実質的にカザール系の人々であるということを、大っぴらにされては困る人たちが大勢いたということだ。「反セム族主義」が、実は「反カザール主義」であっては困ると考えた人々は、反ユダヤ人派がユダヤ人を弾圧する以上にこの「事実を弾圧」し、隠し続けてきたわけだ。ところで、カザールの歴史を、アシュケナージであるカザール系ユダヤ人の強硬派が隠そうとするのは、あくまでも現イスラエルの存在をあらゆる面で正当化しようという、現代シオニズム運動のためだと考えてよい。

考えてもみよ。シオニズム運動を担っている中心勢力が、もともとヘブライの民などとは何の関係もなく、五～一三世紀ごろまでコーカサス地方に存在していた帝国の民の子孫であるというのは、いかにもまずいではないか。

現在の地にイスラエルを建国することに対しては、実はユダヤ人内部からもさえ反対論や疑問が強く出されていた。そういう状況のなかで、一部アシュケナージだけがカナンの地に「帰還」したのであれば、相当困った事態になったはずだ。それではまったく「帰還」にならない。「侵入」したということになってしまうからである。

しかし実際には、正統派ユダヤ人（スファラディ）もこぞってイスラエルに移住した。この人たちは、紀元前の故郷に帰っていったことになるわけだが、そこにはまたしても、アシュケナージによる支配という別種の苦難の道が待っていたというわけである。

かくてユダヤ人問題は、きわめて奇妙なミステリーを孕みつつ現在に至っている。そしてこの問題の闇は、現代シオニズム発祥の地ブダペストから、つまりカザール系ユダヤ人の本家本元の舞台のひとつから、闇の幕が開かれ始めることになるのである。

難しすぎることだろうが、イスラエルにいるカザール系ユダヤ人は、もはやどこかで「ユダヤ人」というパンツを脱ぎ去って、あらゆる周囲と話し合いに入ることはできないだろうか。とにかく暴力の連鎖は断ち切りたい。

ユダヤ人資金資本家はどこから生まれたのか――そして我々は何をなすべきか

以上のようにさまざまなことがあったが、東欧から西欧へと動いたアシュケナージ・ユダヤ人ことカザール・ユダヤ人の流れをもう一度確認しておこう。

1、カザール・ユダヤ人は、一三世紀にコーカサスを去ったのち、第一にポーランド、第二にはハンガリー方面へ移動した。第三にクリミアやバルカン半島の正統派ユダヤ人と合流する者たちもあった。ポーランドからさらにリトアニアへと移動した。

2、ポーランドではその王国建国にも寄与したが、ハンガリー以外では不当な差別や弾圧を受けることがしばしばだった。かつて配下だったマジャール人、ブルガール人、モラビア人らがそれぞれそれなりの支配地を持つに至っていたのと比較すれば相対的に不遇だった。

3、それでもユダヤ教を維持したのは、(a) 民族のアイデンティティがそこに収斂してきていたからか、(b) スファラディ・ユダヤ人との同盟に希望を見たか、(c) ミシュナ (タルムードのもととなる不文の律法) で利付き金融が奨励されていた結果キリスト教徒には許されない経済活動ができるのを奇貨としたか、それはわからない。

4、スファラディとの同盟のことがあったためか、カザール人は最初から「パレスチナから来た」

ことを押し通す。一五世紀ころにはそれが民族のアイデンティティの要となっていく。なぜなら、繰り返し（そう確かに繰り返し）、シオニズム運動が起きたからである。それが起きるのは、やはり苦しかったからだ。その中で神に選ばれた民、すなわちイスラエルであるということがアイデンティティになったのである。今日、もはや世界を全域支配する勢いでさえあるカザール系アシュケナージ・ユダヤ人が、常に迫害を受けた歴史を語るのは、一五、六世紀まで実際にかなりの不当なる迫害をキリスト教徒から受けたからであろう。おそらくロスチャイルドの家庭に生まれたとしてもこの歴史の記憶が繰り返し幼少時に叩き込まれるに違いない。

5、リトアニアのカライ派ユダヤ教徒には以上のことは起きなかった。なぜなら、彼らは財政術や金融業をもって宮廷に入っていくというパターンはまったくとらなかったからである。これは要するに、アシュケナージ・ユダヤ人は才能があり、人並み以上の強い誇りがあり、力があり、（パンツ論的に言えば）攻撃性もあったから不当に叩かれたと見ることができる。

6、マックス・ウエーバーが資本主義の起源を作ったと評価したプロテスタントの商業倫理はアシュケナージ・ユダヤ人がゲルマン人に教えたものである。

7、ヨーロッパ社会は、一八世紀後半から大激動を始めた。市民革命の時代である。このころ、社会の状況をよく見ていたユダヤ人に改めて危機感が湧き起こる。「これは危険だ。我々は生き延びられるか」という危機感である。財政能力に長けたユダヤ人は宮廷や上流階級には一定の浸透をしていたが、それをもって逆に民衆には敵だと見られることが多かったからだ。

8、ここでユダヤ人（特に指導層、知識層）の間に一種のメシアニズムとも言える「改革運動」が起こる。情報力と組織力と財政力と知力で武装し、ゲルマン人社会に対してもある程度積極的に介入すべきだし、自立しなければいけないというものである。これは一八世紀から始まり、一九世紀に入るときわめて盛んになった。もとはゲットーの行商人だったロスチャイルド家はそのリーダーである。マルクスの父（弁護士）もその一員だった。彼は、弁護士として市の仕事をするために表面上キリスト教に改宗せねばならなかった。

9、この時期に合致してフリーメーソン内にさらなる秘密結社イルミナティがババリアで作られた（公式には一八世紀中に官憲に弾圧されたことになっている）という説がある。また、ユダヤ人商人あるいは資金資本家の萌芽形態のものがナポレオン戦争やフランス大革命などの革命と戦乱に積極的に金融的に関与し始める——このためユダヤ陰謀史観が生まれることになる――。『共産党宣言』を書こうとする若きマルクスを支援するのもこの「組織」である、という。この説はここでは検討しない。秘密結社があってもなくても、大筋に変化はないからである。

10、ただし、意外なことに現代シオニズム運動の創始者ヘルツルは支援を受けなかった。秘密結社があったとしたら、そこに属していなかったからだろう。もちろん、すぐのちに彼の運動はメシアニズムに取り入れられる。だが彼の影響は注意して排除されていく。

11、歴史の中の必然性、進歩の必然性、何ものかの絶対優位性を探る哲学（ヘーゲル）は、近代の確立を模索するヨーロッパ（ゲルマン）にとっても危機を救済に変えようと模索するアシュケナージにとっても導きの糸となった。その一翼からマルクスの哲学は生まれる。一九世紀前半のことである。

12、ただし一九世紀末までには少し状況が変わる。国家を相手に貸し付け、戦争の混乱で資金を増やす（それを情報がバックアップする）という方法は非常な効果を上げ、来るべき二〇世紀をユダヤ人の世紀にできるかもしれないという希望（野望？）が生まれるとともに、日露戦争を引き起こして仇敵ロマノフ王朝を倒すとか、若き活動家を動員してロシア革命を主導するとかの積極路線も生まれる。

13、そういう理由で、有名な革命家でユダヤ人またはユダヤ系という人たちは数知れない。マルクス、レーニン、トロツキー、（影響を受けて取り込まれたところの）スターリンおよびほとんどのロシアの革命家、クン・ベーラ（一九世紀ハンガリー革命）などである。

14、中でも最大の謎なのがアドルフ・ヒトラーだ。父がユダヤ人である上に、権力を取るまではユダヤ資金資本家およびメディア資本家（ハースト家）のバックアップを受けている。ヒトラーもまたそれに応えてイスラエル強化策に手を貸す。人をたくさん送り込むのだ。ところが、最後的にはユダヤ人庶民の大虐殺を行なう。結果としてイスラエル建国の背中を押すことになったので、ナチスによるホロコーストさえも謀略ではないかという「説」（？）を唱える者までいるが、私はさすがにそこまでは認めがたい。というより、検討する気にもなれない。

15、結局、イスラエル建国は一種のユダヤ・メシアニズムが生んだものだ。メシアニズムというものは途中で決して止まることができない。

16、ユダヤ人の中にも、これ以上はやりすぎだとの気持ちも芽生えてきた。実際にやりすぎである。実は、それだからこそ、逆に戦争へと掻き立て、資金資本を生かす行動が強化される危険がある。

17、９・11テロはこういう状況下に起きた。これははっきり陰謀である。ただそれが確認されるまでに元気なジャーナリストが何人か死なねばならないかもしれない。けれども、ケネディ暗殺事件取材の教訓（二〇人を超すジャーナリストの怪死）があったため誰も追わない危険性がある。

私は後者だと思っている。

18、ユダヤ人資金資本家が持つ「貨幣」は、もはや誰にも制御できるものではない。実は彼らユダヤ人にもだ。事態は、近代のユダヤ人内改革派ができたときの危機的状況をはるかに上回っている。

19、結論として、この状況を放置しておけば誰にとっても悲惨なものになる。地球が実際に住めない星に（当分の間、たとえば数千万年）なってしまうだろう。そうすれば、誰が勝利者でも生き延びられないのだ。

どうすればいいのかということはこの本の課題ではない。脱出する道はなくもないから、別の場で考察することにするが、（この原稿を書いていたとき）目の前で進んでいたことは、なんとユダヤ支持派の米大統領とユダヤ人資金資本家そのものの対立候補の選挙戦であった。どちらがどう勝っても、もともと目クジラを立てることはなかった。何が起きるか予想も簡単だった。事態は何も変わらない。次の米大統領は、体調さえ崩さなければヒラリー・ロダム・クリントンだろう。大穴は、初の女性アメリカ大統領という売りのさらに上を行く、「初の黒人にして女性の大統領」たりうるライスである。

アシュケナージ・ユダヤ人たちは誇りも高く、優秀である。そして生きるために民族の団結についても国家の運営についても、もちろん宗教の意味についても並々ならぬ苦労と勉強をしてきている。政治についても経済についても二重三重の網をかけて「支配」を狙ってきている。それをわけもわからず応援したり、批判したりしているというレベルでは意味がない。

ヒトはもっと簡素で質実で強力な対抗策を心から決意してとらねば生き延びられないだろう。言うまでもなく、ユダヤ人だけがヒトではないからだ。

つまり本書で言うパンツを脱ぎ捨てることが重要なのだ。宗教も民族も国家も、である。もちろん、貨幣さえも最終的には……。

ユダヤ人問題というものは結局、宗教と民族と国家についての本質を最も象徴する問題である。もちろん、ヒトがはいたパンツにかかわる象徴的な真実はほかにもあった。たとえば、ヒトの進化の道筋がそうだ。そのなかには、私が一時打ち倒された血栓症の問題も入ってくるだろう。ヒトの遺伝子の問題は、ある見方に立てば、パレスチナ問題さえエピソードの一つにしてしまうかもしれない。

しかし、ユダヤ人問題だけをとっても、解くべき問題はまことに多いと考えるべきだろう。

カザール関係年表

前三世紀末　匈奴《フン》王冒頓単于《ぼくとつぜんう》、諸族を統一。匈奴帝国。
紀元一世紀　匈奴、南北に（あるいは東西にともいう）分裂。鮮卑の力、強大化。
一四五〜　西北インドからアフガニスタンおよび今日のセイスタンにバクトリアから月氏に追われたサカ王国（サカスタン）成立。三九〇まで存続。
三七五　おそらくササン朝ペルシャ（二二四〜六四二年）の影響を受けて匈奴の西方大移動始まる。ゴート族半分吸収され、半分西へ追われる。結果として、ゲルマン人大移動の開始。
四四五　アッチラ、フン族の大王になる。
四五一　ローマ、カタラウヌムの戦いでフン帝国をかろうじて撃退。
四五三　アッチラ急死。カザール人、フン帝国の崩壊によりコーカサス北部に半定住、勢力拡大。
四七六　西ローマ帝国崩壊。

五五二　突厥、柔然《ジョウゼン》から独立。カザール人、可薩として支配下に入る。カガン（可汗）の称号をカザール人が学ぶ。
六世紀末　突厥東西に分裂。カザール、帝国へ。
七世紀初め　東突厥栄える。
六一〇　イスラム教成立。
六二二　ムハンマド、メディナへ遷都。
六二七　ビザンチン皇帝ヘラクレイオス、対ペルシャのためカザール人と同盟。
六三〇　東突厥、唐に滅ぼされる。
六四五　日本に大化改新起こる。
七三〇　カザール帝国、コーカサス山脈を越えてイスラム領内に侵入、アルダビルで歴史的な勝利をあげた後、勢いよくモスルに迫るも最終的に追い返される。要するに激しく一進一退を繰り返す。
七三二　ツール―ポアチエの戦い。カザール王女（名はロウロウディまたはアザンチ、いずれも「花」）ビザンチン皇帝コンスタンチヌス五世の正妃になる。
七三七　カザール、表面上だけイスラム教に改宗。
七四〇　カザール帝国、支配層がユダヤ教に改宗。
七七五　カザール人「花」を母とする「カザール人レオ」、ビザンチン皇帝レオ四世として戴冠（～七八〇）。
八三四　サルケル建設。
八六二　ルス人、キエフ占領、このころ、マジャール人フランク王国略奪、ノブゴロド公国建国。
八八二　キエフ公国成立、このころサルケル陥落。

八九六　マジャール人、現在のハンガリーの地に建国、モラビア人、ブルガール人追い出される。
九四五　『カザール書簡』
一〇世紀　カザール帝国人口約五〇万人。
九六五　キエフ公スピャトラフ、カザールの首都イティィルを占領破壊。
一〇一六　ビザンチンとルス（ロシア）の連合軍、カザール国軍を破る。
一〇二三　キエフ大公軍の中にカザール人部隊あり。
一〇七一　グズ族（オグズ族）のセルジューク族、ビザンチン帝国を破り、セルジューク・トルコ建国。
一二三六　モンゴルのロシア侵入。
一二四三　キプチャク汗国成立。カザール国はバトゥ汗の支配下に入る。カザール国最終滅亡、約三〇万人のカザール人流出。
一三世紀後半　北ヨーロッパにアシュケナージ・ユダヤ人大量に登場。
一二九九　オスマントルコ成立。
一四五三　ビザンチン帝国滅亡。
一四九六　ポーランド議会、ユダヤ人の農地取得禁止法。
一六世紀　全世界ユダヤ人人口約一〇〇万人。
一七世紀　ポーランド、リトアニアのユダヤ人人口約五〇万人。
一八世紀　フランクフルト人からロスチャイルド家登場。ユダヤ人に何度目かのメシアニズム発生。やがて一九世紀の改革運動に。マルクスの父も加わり、やがて、シオニズムへ。
一九四八　イスラエル建国（人口六二〇万人（一九九九年）、うち八〇パーセントがユダヤ人）。

第五章　政治陰謀としてのビートルズ
――反・反体制運動としてのグローバリズムと麻薬

「ビートルズを誉めろ！」の脅迫

ビートルズについては、悪いことはほとんど言われていない。それはそうだろう。ビートルズは、二〇世紀後半の音楽の流れを変え、広い意味でロックを時代の中心に据えた。つまり文化の中心に据えた英雄だ、ということになっている。ビートルズの音楽こそは歴史の勝者であり、言うなれば経済に先行したグローバリズムの極致である。その周りには良い意味の神話だけが舞い飛んでいる。一九八〇年に暗殺されたジョン・レノンなどはそのまた極致である。そしてその遺産の中で食べている人々がまだ無数にいるから、批判や悪口などはほとんど排除されてしまう。わからない奴は時代がわかっていないのだという一種の脅迫めいた考えまで存在する。

だが、その神話はほとんどのところ情報謀略のプロが全力を挙げて作り上げたものであり、一定の意図を持って作られたものだということが知られていない。

実は、ビートルズ登場当時、はっきり言って私はそのことになんとなく気づいていた。しかし、それを人にはうまく言えないし、分析能力もまだなかったし、情報を収集する力もなかった。結婚したての妻に「あいつら（ビートルズ）はなんだ」とぶつぶつ言ってみるくらいが関の山で、友人に問題提起する力さえもなかった。

そうこうしているうち、あっという間にビートルズとその音楽の帝国は、文句のつけようのない「権力」になっていった。権力ということのうちには、ビートルズは断然たる善である、政治的な隠された意図があるぞというような議論自体が無価値なばかりか下劣であるというムードの創出も含まれていた。実はそれは自然にできたものではなくて、その中心には、「ビートルズを誉めろ！」という「脅迫神話」のごときものも含まれていたのだった。

つまり、情報操作（あるいは価値観の操作）が重要な一環として組み込まれていて、我々が感じたちょっとやそっとの疑問くらいでは「ただ新しい時代がわかっていないからだ」と跳ね返されることになってしまったのであった。

ビートルズの登場と権力への登壇の時期は一九六〇年代半ばである。ちょうど若者たちが新たな社会変革運動を作り出そうとしていたときだった。彼らはマルクス主義では捉えきれない多様な現実に対して苦闘しつつ、システム変革の新たな思想を作り出そうとしている時期であった。その思想はまだぼんやりとしていただけだったが、現実のほうでは一九六五年にベトナム戦争が勃発し、反戦運動の波が盛り上がっていた。そんなあわただしい波にいやおうなくもまれながら、若者たちは「次に来るべき世界像」を構築しようとしていた。いや、そうせねばならない時期だった。

つまり反資本主義、反軍国主義だけでなく、反（既成）社会主義、反単純平和主義が必要になり、そのうえでの世界の未来像を作らなければいけない時期だったのだ。おそらくそこで、今日の反グローバリズム（反汎資金主義）に繋がる運動の基礎が据えられるべきだっただろう。一九六三年に米国のケネディ大統領が暗殺されて、それらの「犯行」の陰にイスラエルやそれに繫がる資金資本の影が暴かれそうになってもいた。

そのことに危機感を持つ勢力が若者たちの運動をなんとかして止めようとしていたのだと思う。実際、ビートルズの「利用」はケネディ暗殺と同じころから始まっていたし、ビートルズの大売り出しは学生運動の世界的拡大の時期に行なわれたのだった。

伝説になっているビートルズの日本登場（一九六六年）は、なんと先方からの売り込みだったことが明らかになっている。マネージャーたるエプシュタインが直接、さしてコネクションもなかった日本のプロモーターに電話してきたのだった。そして、当時の世界的常識からはとんでもなく安いチケット代で公演が行なわれた事実が二〇〇五年正月のテレビ朝日の番組で暴露された。これは商売抜きの学生運動対策だったというのが、ビートたけし司会の番組の結論だった。

そんなことも明確にはわからなかった私自身は当時、もはや二〇代後半になろうとする遅ればせの大学院生であって、六〇年代後半までの学生運動の闘争からはじき出されている時期だった。私の妻も自治会委員長まで経験した小さな国立女子大での学生運動を終わり、妻の兄も明治大学で二度の中央執行委員長を終わって自分自身とその運動の行く末を考えている時期だった。六〇年安保、およびその後の停滞期の学生運動（日韓条約、大学管理法）を経た者は、成田闘争が過激化し、内部暴力（内ゲバ）も拡大し、その延長線上に広がった全共闘運動に共感とともに思想的（展望）な不安を感じていた。もちろん、そこからさらに歩を進めてのちの全共闘運動に加わった者もいる。社会主義学生同盟マルクス・レーニン派（ＭＬ派）の今井澄（故人、元参議院議員）、豊浦清（元同秘書）などである。社学同マルクス主義戦線派だった嵯峨一郎（経済学者）もそうだ。

今井は、その後、長野県での医療活動を経て「七〇年代に暴力革命をあきらめた」（本人が一九九四年に私にそう語った）のち、社会党（当時）に入党、のちに長野選出の参議院議員（最後は民主党）になった。医療行政の改革について私が期待する政治家であったが、二〇〇二年、まだ六〇歳そこそこの若さでこの世を去った。葬儀の祭壇正面にはML派のヘルメットが置かれていたという。そのML派の拠点であった東京学生会館にはいまはなき妻の兄、戸田勝義もいた。戸田は、いったん、運動から学業に戻り、気鋭の教授・和田英雄（憲法学者、故人）から将来の教授を視野においた助手として大学（明治大学法学部）に残ることを勧められる。しかし、折しも、統合失調症を発病、運動で知り合って結婚した妻との家庭も崩壊、故郷広島県三原に戻って港の船のもやいときや工員をしてその後の人生を送った。そしてやはり六〇歳でこの世を去った。最後には、たかが歯痛なのに歯医者に行かず、菌が入って感染症で死んだのである。私は、この義兄が去ったずっとのち、たまたま同じ明大の同じ法学部に教授として奉職する。和田教授とも親しくなったが、このことは何も言わなかった。のちに私は、逆に大学権力者と一部学生運動の腐敗的結託に抗議して辞任した。そのときは和田氏も他界していた。

このような「その後」の我々のさまざまな人生の軌跡は、いずれも人生を賭けた（少なくとも主観的には）社会革命の運動の方向が六〇年代後半に光が見えなくなったように思えたからである。光は少なくとも分散した。のちに多少なりとも「思想」を論じることになるお前には責任があるだろうと言われれば確かにそうだ。

でも、私について言えば、とても一人で展望ある思想を切り開き、他者を説得するなどという力はなかった。私にとってはカール・ポランニーの経済人類学との出会いはそういう時期のものであった。

そういう時代に対する無力感は、形を多少変えて、誰にでもあったと思う。今井にも戸田にも豊浦にもあったはずだ。そしてその後の彼らの人生は、いずれも六〇年代後半の「光の分散」を背負っている。

我々はビートルズを背負った

それはなんと、ビートルズを背負っていることではないか、それがこの章の主題である。

つまり、こういうことだ。六〇年安保またはその直後世代である私たちは、すぐ後ろに続く後輩たちをビートルズに盗られた。俗に言うと、かっさらわれた。六〇年代の左翼だった我々は運動を大きくしていくための後続部隊の援護を絶たれてしまって「負けた」のである。六〇年代後半の全共闘運動以前の学生左翼は明らかに時代のヒーローだった。全共闘は、そのやや小さな再生産である。ただ、そのころ、世界的に同時性を持って学生運動が展開されており、日本の全共闘はそのなかで一つの伝説となる位置にいた。実は、一九五八年の日本共産党からの離脱から始まり六〇年の三池闘争、ついで安保闘争の主役となった日本の反日本共産党系全学連運動の栄光は、全共闘運動よりもっと大きく世界に轟きわたっていた。それがのちに新左翼と呼ばれる系統を生む。

しかし、運動自体が内ゲバという不潔な内部暴力を生んだし、大学内部での全共闘運動だけならともかく、大学外における成田闘争では暴力的戦闘性の伝説は生まれても、社会からの共感は六〇年安保闘争の一〇〇分の一くらいに減ったように思える。暴力への哲学抜きの賞賛が一部に起こり、のちのいわゆる「過激派」に堕ちていってしまう流れもできた。全共闘の時代は、新聞の報道がどんなに派手に取り扱っても、内部で起きていたことは本当の盛り上がりと熱気に欠けるものだった。後続部隊になるべき者たちが学生運動の代わりにビートルズとロックに取り込まれるという傾向を生んでいたからである。

つまり私の可愛い後輩たちは（とても良い奴も含めて）、マルクスでもウエーバーでもなく、ビートルズに行ってしまった。はっきり言ってそれが日本の革命運動における哲学と思想を崩していくことになる。もちろん、逆に、それらが崩れていたからこそ、若者たちがビートルズに行ってしまったという見方もありうるだろう。でも私は、このことが偶然ではなく繋がっている、あまりにもタイミングがよすぎるという疑いをずっと持ってきた。それがこの章で分析するテーマである。

とにかく勝ち負けで言えば、我々（元左翼）は社会的に負けた。その結果、それぞれが表面的にか内面的にか「転向」し、生きていくことになった。私などはついに自民党の衆議院議員まで経験した。実は、そこに行ってみたら、何人もの旧学生運動経験者が隠れていたのを発見したくらいである。

ところで、何をもって負けたとか、崩れたとか言うかといえば、きわめて精神史的なことだ。何においてもいろいろな局面があるが、世代のヒーローとか時代のヒーローとかがそのとき持っているものには共通のものがある。時代の夢を自分たちが体現しているのではないかというあの充実感、社会が自分たちにその夢を託しているのではないかと思えたときの身の震えるような思いは何をもってしても超えることのないものだったはずだ。この本を書いている数十年後の私の身にも時折思い起こされるあの熱狂は、まさに生きることそのもののようだった。

あのころ、我々は若かった。そして、世界はどこにどう行くのかまったくわからなかった（わかっていた連中がいたとのちに知ったときはショックだった）。その後、知ったことでは、共産圏の一部はまじめに日本で武装蜂起をさせようと計画していたらしかったし、それをどう受けるかとまじめに論じ合っている勢力もあったらしい。これは裏面史ではあるが事実としてまじめな話だ。政治集会や社会科学の研究会にいまでは想像もできないくらいたくさんの若い学生たちが集まり、日本は、世界は、そして日米関係のあり方はと論じあっていた。まただ集まるだけではなく、また聞くだけでもなく、語ること聞くことの一つひとつに大きく反応があって集会は常に大きく揺れた。多くの学生と同じく、私も最初はそういううねりに感動して運動に入っていったのである。

中学での同級生の一人が、日本で最初の若者向けサウンドのグループに入っていたというが、そちらのほうにはまるで関心が向かなかった。

政治を語る者たちのきらきらした目、そのメッセージを受ける者たちの純粋な同意を示す身振りはいまでも身体の芯に記憶されている。私はたまたま二万人ほどの人前で演説することになったとき、拍手や歓声を受けたことがあった。そのときの身体の底から揺れてくるようなぎらぎらしたときめきはとうてい忘れられない。今井澄の遺体を祭った祭壇の前に置かれたというML派のヘルメットは、そのうねりとときめきがあの世にまで持って行かれるということを示している。

しかし、我々は「負けた」。そして、「敵」であるはずのビートルズについてちょっとでも「胡散臭い」などと言えない状況に置かれることになった。もしそう言えば、「わかっていない」、「遅れている」という社会的罵倒が飛んできた。いわば、見事な先方（ビートルズ）の完勝、当方のまったくの完敗であった。

以降、ビートルズを理解しないのは悪い奴、わかる奴は良い奴という線引きが継続されることになった。私や、たぶん、西部邁などは、ビートルズについては黙ることになったのだ。私は、ビートルズの世界席捲以降は、(どこか胡散臭いじゃないかという) 内心の思いを見せないようにせねばならず、誉めないまでも「理解できる」という態度をとらねばならなくなった。つまり昔の言葉で言う日和見である。そうしなければ、知識人のはしくれとも認められないからだった。食うためには知識人性のかけらも必要だった。実際のところいまでも、こんなことを書いたらランチを出してくれなくなってしまいそうな友人経営のカフェがある。だから本当は、ビートルズの真実について語るのはいまでも気は進まない。でももうよかろう。

つらかろうとなんだろうと、人は真実を知らねばならぬときがある。イラクやパレスチナの民衆は、毎日、つらい真実に出会っているではないか。

オノ・ヨーコからの手紙

幸せなビートルズファンも少しはビートルズのうす汚い真実を知ってもよかろう。ついでに、サイモン&ガーファンクルの半端でないやり口ものちに分析する。連中は間違いなく凄くてあざとい。いま思っても、とても中途半端な我々の力の及ぶところではなかった。

ジョン・レノンは私と同年である。ビートルズは、つまり、私たちの世代 (六〇年安保闘争後、全共闘前) が生んだ世界的ヒーローだと言える。それに対して何かを言えば、ただ時代のリーダーに対する妬みや、鈍感さなのさと批判されるのが怖いため、裏では「俺はビートルズなんかわからん、嫌いだ」と呟きながら、公にはビートルズ礼賛をしていた人を何人か知っている。私も、彼らを批判する資格はない。この章で明らかにする「陰謀」の事実を大学のゼミで論じながら、夜にはビートルズの何が凄かったかを電波に乗せて語ったことがある（反省する。でも、やむをえなかったのだ）。

　実は一九八〇年代末、私は故ジョン・レノン夫人オノ・ヨーコから手紙を貰ったことがあった。一九九〇年に入っていたかもしれない。世界の環境問題のため音楽で何かをしたいし、力を貸してほしいというような内容だった。もちろん、オノ・ヨーコ個人ではなくその事務所が適当に人選して送った手紙かもしれない。だが、彼女のサインがしてあった（と思う、よく覚えてなんかない）。このことをついこの間、学生に話したら、「先生は凄いんですねぇ」と目を輝かせた。「馬鹿野郎、オノ・ヨーコの手紙の何が凄いんだ。俺はかみさんからだって手紙を貰ったんだぞ。こっちは美人だったんで一生を潰した」といっても通用しない。なにしろあっちには世界的神話ができていて、こっちにはまるでないのだから当然といえば当然だが、やっていられないではないか。それに、いちいちこの章に書くことになる中身を教えてはいられないではないか。

「もちろん、とってあるんでしょうねぇ（見せてほしい）」という問いには、「もちろん、捨てちゃったサ、返事は書いてね」と答えると、学生はどうして？　という顔をするというより、もう事実自体を完全に信じない。でも、事実である。有名人からのお手紙を有名人のものだという理由でとっておく気なんかない人もいることを知っておくべきだ。特に私は書かれたものや出版されたものに（形の上で）無頓着なのである。自分の書いた本でさえ四分の一くらいしか持っていない。

　私がいつもそうだと知っている妻は、あるときそのため、私の言葉足らずによって大失敗をしたことがある。あの詩人で思想家の吉本隆明氏が、私が開いた個人パーティ用にお祝いの清酒を届けてくれたことがある。そのとき、あの大思想家が熨斗《のし》に墨で洒落た署名をしてくれていた。私は軽いエッセーで、かの大思想家をその主著『共同幻想論』にちなんで経堂源蔵と名づけていたのだが、その熨斗には墨痕鮮やかに「お祝い・経堂源蔵」（たぶん、自筆）と記されていた。私はその洒落心を喜んで、その熨斗を指さしながら妻に向かって「これはとっておいてくれ」と言って大学へ出かけた。帰宅すると、源蔵熨斗は捨てられていた。妻は、私が喜んでいたのに変だなと思ったそうだが、いつものことでそういうものにはこだわらないのかと思って「取って、捨てて」しまったのである。あれは「とって保存」しておきたかった唯一のものだった。したがってオノ・ヨーコさんからの手紙が残っていないことなど私には当たり前だ。

私の返事は、きわめて簡単明瞭なもので、それを玄関で立ち話ならぬ立ち書きをした覚えがある。曰く、ミュージシャンが音楽をそういう「良いこと」のためのメッセージに使おうというのは間違っていると私は思う。もしそういうこと（環境保護運動など）をせねばならぬと思って居ても立ってもいられなくなったら、（現金を寄贈するなり、排気ガスを自分で吸って減らすなり）直接やるべきである。別にお会いしたくないと書いた。相談ができれば、と書いてあった（ような気がする）からである。

――こういう「事実」は証明のしようがない。しかし、方法はあるだろう。私だけがそういう手紙を貰ったはずはまずないからだ。テレビのトーク番組でよく発言していたため手紙を貰ったのだろうから、ほかに似たような立場の評論家がいたはずだ。彼らは保存しているだろう。また無視され、反論されたので先方の事務所には、特に記録は残されていないかもしれないが、あるかもしれない。けれども、いずれにしてもそんなことはビートルズフリークだけの問題であって、フリークではない私にはまったくどうでもよい。

そんなことより、重要な「事実」とは何か。とにかく評価より「事実」が問題だ。

陰の仕掛け人と操り人形

ビートルズというよりビートルズグループの仕掛け人たちは次のようなことを意識的に行なった。陰の仕掛け人たちがまずやったことは、ビートルズの音楽に集中的・意識的にわけのわからないメッセージを込めることだった。なぜか。のちに述べるように、そのことが六〇年代の若者の運動を大きく曲げるのに役立つからだった。その構造を明らかにする前に、ビートルズ売り出しの仕掛けのバックグラウンドを見ておこう。

ビートルズ最初のマネージャーになるブライアン・エプシュタインは一九五〇年代と六〇年代を、イギリスでももはや辺境の港町に成り下がっていたリバプールの労働者街でゲイとして暮らしていた。生活に行き詰まっていたエプシュタインは、ビートルズのメンバーたちに出会う。そして何があったのか彼は、一九六三年には早くもヨーロッパのポップミュージック界でナンバーワンの大物プロデューサーになっていた。しかもたくさんのユダヤ人マネージャーやプロデューサーを一団にしてとりまとめて……。おそろしく早すぎる成功だった。成功者の伝説がいつもそうであるように、エプシュタインが個人の力で軍団を集めたというのはおそらく都合のよすぎる嘘だ。

すべてを用意してくれる背後があったのである。そしてビートルズに才能があったのではなく、ある一定の意図にはまる操り人形が求められていて、ビートルズはそこにはまったのであった。

エプシュタインは貧乏なアシュケナージ・ユダヤ人であったことを自ら隠さない。努力と才能で貧乏から抜け出したと言いたいからである。しかし、裏の「舞台」には裏の実行「部隊」がいなければならない。そしてそういう場合、ユダヤ人がユダヤ人であることを隠さない場合には、必ず、なにかのストーリー（社会的神話）における役割を振られていて、むしろ意識的に公然化されていることが多いことを知る必要がある。だから、当然、そのパフォーマンスは舞台上だけのことで真の仕掛け人はほかにいなければならない。

ロシア革命で言えば、舞台上のレーニンやトロツキーに対して、シフやロスチャイルドが陰の仕掛け人であった。そしてこのエプシュタインには、すぐあとに述べるシッド・ベルンシュタインという超大物がいた。ベルンシュタインはエプシュタインとは比較にならない業界の大物のボスだった。もちろん、こちらにも「神話」ができているが、その神話では彼の出自民族は（エプシュタインとまったく違って）巧妙に隠匿されている。

一九六三年と言えば、ケネディが暗殺された年だ。このことはケネディと同じ立場をとることになったジョン・レノンがやはり同じように暗殺されるという「必然」がのちに生まれることを考えさせる奇遇である。エプシュタインの伝記は『ブライアン・エプシュタイン物語』として一九九九年に映画化（アンソニー・ウォール監督）されている。ユダヤ人が作った中でも最もユダヤ的な映画の中に分類されるこの映画は、もちろん、微妙なことは一切省いて描かれている。実際には多くのユダヤ人たちが、ビートルズの売り込みにかかわろうとして集まってきた。あるいは集められた。そして言うまでもなく、どういう哲学と思想と売り出し技法が練られたかについて伝記は語らない。

だから、それを、いま、我々が分析するのである。

ビートルズの全世界への仕掛け人は、アメリカのシッド・ベルンシュタインだった。ベルンシュタインはエプシュタインと違って、それまですでに多数のミュージシャンを手がけている音楽業界のボスだった。幼少のころ、イーディッシュ語しか話せない祖母の部屋で育った人物である。

それは一般的に言って、ベルンシュタインがはるかに大物であることを意味する――血は四分の一だが実質的にはユダヤ人であったレーニンがその背景を隠したように。もっとも、それだけではどうということもない。もともとポップミュージックの世界では、資金資本家の世界に次ぐくらいにアシュケナージ・ユダヤ人のネットワークは強力だったからだ。ベルンシュタインを伝説の人として語るときにはいつも、「彼はビートルズだけではなかった」(ほかにもたくさんのスターを作り出した)と言われる。たとえば、ローリングストーンズ、レイ・チャールズ、クリーデンス・クリアウオーター・リバイバルその他その他を彼は「手がけた」からだ。

だがその中でも明らかに、ビートルズの「思想的位置」だけが傑出していた。他のスターは確かにスターだが、言ってみればビジネスだけのものだった。しかし、ビートルズは違った。ビートルズには最初から、ビジネス以上に政治がかかっていたのである。ベルンシュタインはエプシュタインと協力して(彼から買って)、ビートルズをイングランドの田舎町からアメリカを通じて世界のひのき舞台に引っ張り上げた。それも歴史上特別に輝くひのき舞台だった。そしてそれを単なるビジネスとしてでなく、一つの思想運動として行なったのである。

別の言い方をすれば、思想運動をビジネスとして行なった。それは、ロシア革命をビジネスとして行なったのと同じやり口だった。また、仕掛け人も基本的に同じだった。

「綺麗じゃあない」、そこをなんとなく感じて私は最初に不快感を感じたのである。

意識的に意味不明な哲学

彼らはいろいろなことをやったが、音楽そのものについては次のようなことを試みた。いや自信を持って推進した。ジョン・レノンを含めて、リバプールの悪がきども知恵でそうしたのではない。プロデューサーたちがそうしたのである。

まず、歌詞に込めるメッセージを意識的に象徴的なものにした。平たく言えばわざと意味不明にした。

理由は、時代（一九六〇年代）が大きく政治（反体制）に向かっており、若者たちの怒りや不安がしばしば具体的な政治行動に向かおうとしていたからである――そして、日本では私などもその中にいた。ビートルズ（あるいはビートルズ・プロジェクトとでも呼びうるもの）は意識的にそれを攻撃した。のちにフランスでユダヤ人哲学者デリダがやったのと同じ「明確なメッセージをことごとく棚から下ろす」商売法だ。どこかにそういうマニュアル本でもあるのかもしれない。

ビートルズに先行する音楽的ヒーローはエルビス・プレスリーだったが、彼はアメリカはテネシー州メンフィスのさらに南のミシシッピの田舎から来た「お兄ちゃん」で、最後の最後まで田舎っぺ丸出しだったし、陰謀や仕掛けのかけらもあるものではなかった。彼の音楽は政治的メッセージどころか、社会的な方向性の匂いすら持たなかった。歌は本当に天才だったし、持っている雰囲気は一九五〇年代の黄金のアメリカを象徴していたが、何かを引っ張ったわけではない。

ところが、ビートルズは明らかにわざと引っ張っていく何かの方向性を持っていた。そして、そこがプレスリーよりビートルズがはるかにインテリに評価されるところとなったのである。
ではその方向性とは何だったのか。まずはその「技」から拝見しよう。

霧の海で逃避と自閉の正義を

ビートルズはその売り込みに際して縦横にサブリミナル（意識下）テクニックを駆使した。この事実は容易に確認できるし、絶対に否定できない。ウイルソン・ブライアン・キイの『メディア・セックス』がその研究書である。

彼らが歌う歌の歌詞がわざとはっきりせず常に曖昧なものにされていたのは、一つにはそのテクニックを生かすためであった。ある方向性への指示を行なうのは、都市の街路においてよりも茫洋たる海の霧に巻かれているときのほうが有効である。そのため全体的には必ずわざとおぼろげなメッセージが選択された。そのとき何かを主張する（既成の）価値観は、はっきりしすぎているため薄っぺらいものだと排除される。またもデリダの仕掛けと同じだ。何かを正面から言うのはすべてくだらない、という仕掛けだ。

そしてその代わり、ビートルズの音楽には土台というか枠組みはしっかり確立されていた。枠組みとは、「現実への軽蔑とそこからの逃避」が主張されることであった。愛や恋は語られなくて、その代わりに家族や友人や（間接的だがはっきりと）正義について語られた。この場合、正義とは逃避することであった。

だからビートルズの音楽では、常に広い意味での「道徳」が語られていると言ってよい。これもインテリに受けた理由だったが、それは当然で、そこがビートルズの狙い目だったといえるだろう。

一九世紀の法哲学者グリム兄弟は、ゲルマン社会の民衆の道徳観を探究するため民話を収集したが、法哲学の講義も担当した私（法学部では法社会学者）がビートルズをそういう目で検討すると、簡単にまとめた結論は以下のようになる。

ビートルズのメッセージは、

1、家族も政治形態も、すべてイリュージョンに過ぎなくて、体制的な道徳もくだらないが、その改革にうつつを抜かすのもナンセンスだからやめなさい。もちろん、革命も……。
2、自分自身があるのだから断固そこに戻りなさい。

というものである。


このため、時代的にちょっと先行する我々の政治的メッセージは、善し悪しが判断されたり考察される「前に」拒否されることになった。言うまでもなく、このビートルズのメッセージはすべての政治的メッセージを「ダサく」見せる効果を持っていた。

傲慢な支配者は、抑圧された民衆が目覚めることを嫌う。そういう場合の決まり文句は、お前らは「一隅を照らしていろ」、「決して全体に目覚めるな」というものだ。はっきり言ってビートルズは若者たちにそういうメッセージを送りつけた。いや、真に送りつけてきたのは、シッド・ベルンシュタインである。

ロックはしばしば反体制の武器とみなされるが、それは実は体制が強烈に自信に満ち満ちていまだにシステムが有効なときに限られる。体制が弱っているときはそれが逆になる。ロックに夢中になる若者が増えると、本来は反体制派側の戦力になるべき若い兵士が戦線離脱していくことになる。恒常的な不満や怒りであるべきものが、つかの間のロックで解消されていくからだ。

つまり、ビートルズは政治のメッセージだったのである。

だが普通こういうことは意図的な仕掛けではないと思われるだろう。だから、もう少し事実を追っていこう。ビートルズ売り込みには無数のサブリミナル的仕掛けや、よく考えられた感情の誘導が組み込まれているという事実だ。

ポール・マッカートニーはなぜ死んだか？

無数のサブリミナル作戦中の一大成功例は、ポール・マッカートニーが死んだと見せかける一九六〇年代後半の大胆不敵な目論見だった。

マッカートニーは意識的にしばらく公の場から姿を消していた。「ポールが死んだ」という噂が世界中の大都市の新聞に出まくっても、ビートルズ側は否定せずわざと広がらせていった。一見ちゃちな仕掛けに見えるが、そうではない。立派に知的な背景がある。

こうした伝説や噂は、田舎ではなくむしろ大都市に広まるものだ。広まり方は決して多種多様ばらばらにはならないもので、一つか二つの限定的なパターンにあてはまっていくものだ。このことは一九八〇年代以降の都市伝説研究（「消えるヒッチハイカー」や「窒息する（チョーキング）ドーベルマン」あるいは「ミミズ入りハンバーガー」など）が提示した研究成果であって、いまでも決して一般的な知識ではないが、ビートルズの「背後」はすでに十年以上も前にそれを知っていたのだと思われる。都市伝説の研究は、都市民俗学の重要な柱である。これは決して素人が、「それなら俺でもできる」という無手勝流で感覚的なものではない。それも彼らの強力な情報力の一つであろう。

かくて都市の若者に影響を与える最も有効な手法が、明らかに意識して用いられた。噂というものはしばしば馬鹿げているが、噂を意識的に利用するのは馬鹿げた頭ではできない。言うなれば集団的「マインドコントロール」の技だからである。ビートルズの四人のメンバーどもがそれを知っていたとは思えない。

「犯人」は、間違いなく情報操作の高度なプロである。

そういう目から見ると、大都市の新聞はこの手の噂のばら蒔きには（結果的に）最高の効率的メディアだった。もちろん、マッカートニーは実際には死んでなんかいなかったのだから、噂を打ち消す気があれば簡単なことだった。しかし、目的はファンを不安に駆り立ててマインドコントロールしようということだったから、もちろん、作戦終了までポールは隠れた（隠された）ままだった。

噂の流布途中で出されたアルバム『マジカル・ミステリー・ツアー』には「ストロベリー・フィールズ」という曲が収録されている。この曲の最後の部分に不可解な低い声が現われて「私はポールを埋葬した」と呟くのである。この「メッセージ」は曲のどの歌詞の意味より明瞭だった。曲のどの歌詞もほとんど明確な意味を持たされていないのだから、これは目立った。こうして若者たちの不安は、政治や社会や家族のことから離れてポールの生死とビートルズの今後のことについて集中させられていったのである。

大々ヒットアルバム『サージェント・ペッパーズ・ロンリィ・ハーツ・クラブ・バンド』（一九六八

年）の表紙は、この作戦のために意識的に作られている。そこにはビートルズの四人のメンバーが描かれているが、なぜかポール・マッカートニーだけが見る人に背中を向けている。もちろん、「なぜか」の答えは明瞭で、ポールが死んだとサブリミナル的に訴えているものだ。さらに、『アビー・ロード』のアルバムの表紙には、ポールが露骨に死に装束で登場している。

『ビートルズ・イン・ザ・ビギニング』というアルバムのレイアウトには四本のロウソクと燭台が描かれているが、そのうちの一本は火が消されていた。ビートルズの登場に夢中になった私の可愛い後輩たちよ、見事にやきもきさせられただろうことを思い出せ。君らは単純にマインドコントロールを受けていたのだ。

のちに確立された、ビートルズには知的な意味があるという（ゴマすり）評価とは逆に、売り出し当時、多くの心理学者や社会学者は、若者たちのビートルズへの陶酔ぶりに大きな疑問を持っていた。そこで行なわれた調査は、ビートルズの曲や歌詞の意味を若者たちがどう捉えているか（わかっているのか）という調査であった。ミシガン州デトロイトとグランド・ラピッズの四〇〇人以上の生徒たち（第八学年、第一一学年）のうち、大ヒット曲「オールド・トゥ・ビリー・ジョー」、「インセンス・アンド・ペパーミント」、「ヘビー・ミュージック」、それに「ルーシー・イン・ザ・スカイ・ウィズ・ダイヤモンド」などの歌詞の意味をなんとかでも説明できる者はやっと二〇パーセントだった（心理学者ジョン・ロビンソンとポール・ヒルシュ）ということを調査して報告した。むしろ重要なのは、多くのティーンエージャーが、一様に、意味についての議論を積極的に避けようとしたことだと調査者が言っていることはよくわかる。

ここで問題なのは、ティーンエージャーが知的に劣っているということではなくて、ビートルズ側が「意図的に意味性を避けるよう明確な」メッセージを送っていたということである。だから、多くのビートルズファンが、そういう意味なんか問題ではない、ただ良い音だから好きなんだからと言った（言わされていた）のであった。

つまり、ビートルズは政治的メッセージだったのである。

銀色の少女の正体は？

ところが、言うまでもなくビートルズにはメッセージがはっきりあった。

それは「逃避」であり、体制と反体制両方の運動の具体的拒否である。

たとえば、先にあげた最後の曲、「ルーシー・イン・ザ・スカイ・ウィズ・ア・ダイヤモンド」は、その曲名自身の頭文字に幻覚ドラッグＬＳＤの頭文字がほとんど無理やりに埋め込まれていた。Lucy と sky と diamond である。

それは決してただの言葉上の洒落ではない。中身においてもドラッグ中毒者にはわかる隠語をたくさん駆使して「ドラッグをうまくやれよ」と言っているのだ。ここらへんにくるとビートルズ側は、もう相当に自信をつけて大衆を「なめて」かかってきてもいる。遊ぶ余裕さえある。あるいはもう捕まえてしまった虜囚の調理にかかっている感さえある。こうなるともう、サブリミナルの域を踏み出して、露骨である。それでも、「ダイヤモンドを持って空にいるルーシー」というのが、単語だけの明快ながら全体の意味は茫洋という原則にのっとっていることは変わらない。だいたい、「ダイヤモンドを持って空にいるルーシー」というタイトルそのものが意味を持つようなものではないのだ。

ポールが歌った超ヒット曲、「ヘイ・ジュード」は、見せ掛けの友情のもとキリストを裏切ったユダを歌ったと見せるもので、偽善の中に生きるキリスト教徒に警告を発しているように見える。だが、「苦しいと思うときは、いつでもヘイ・ジュード」とのリフレインは、むしろ苦しかったらいつでもユダであれ、ユダのほうがいいんだと言っていると聴くのが自然だ。苦しいときにはもう闘うな、ユダになってもいいんだと言っていると考えるべきだ。このジュードがユダだけでなくユダヤ人の隠喩(もはや明喩？)であっても何の不思議もなかろう。

ポールは、曲の中で「彼女を心の中に入れなさい」と歌う。この彼女とはドラッグのことを意味する。当時、ヘロイン等を射つ注射器は隠語で、「シルバー・ガール」すなわち「銀色の少女」と呼ばれていた。「彼女」とは、言うまでもなくこの銀色の少女のことである。だからこの少女を入れるための「心」は、日本語では同じ「心」であっても原語(英語)ではマインドでもソウルでもなく、ハートすなわち肉体の器官としての心臓なのだった。だから注射器は心臓の血液循環ポンプの中に麻薬を具体的に入れるものとして登場する。そして、そうすれば「君はもっとうまくやれるだろう」となる。「恐れることはない」「彼女を皮膚の下に入れる瞬間に、君はもっとうまくやれるだろう」。「僕を沈ませないでくれ」という訴えが繰り返され、「クール」とか「寒気」というドラッグの禁断症状を表わす言葉が頻出し、第四番目の節では「思い切って彼女を手に入れ」「心(臓)の中に入れろ」と歌うのである。続く第五節では、「君は一緒にパフォーム(トリップつまり「飛ぶ」の同義語)してくれる人を待っている」、「君はそれがまさに自分だということを知らない」と歌う。

父母のいる家庭や社会や、ましてや社会運動などの中には君の居場所はなくて、君自身こそが君の必要とするすべてであるということである。いわゆるミーイズムの走りだ。ミーイズムはもちろん、明確な集団的政治行動を否定する。

もういいかもしれないが、さらに露骨で決定的なフレーズがある。「君に必要な動きは、肩だけだ」である。ヘロインをやらない人には意味不明（ビートルズの歌詞はいつも象徴的だからかまわないと聴き手は思う）でも、ヘロイン注射の針はどこに刺すものかを知っていれば「それいけ、やれいけ」と言っているくらいに明瞭ではないか。

ヘロインを心臓の血管に入れるためには肩に注射するのが普通だった。もちろん、ヘロインは、脳の神経伝達物質に働くのだが、気分としては脳ではなく心臓に入れるものだったから「心」になったのだ。この歌には、「ママ（助けて？）」という声が挿入され、ついでに「うまくやれ」「逆戻りするな」というメッセージさえも届けられる。

六〇年代末当時、音楽評論家たちが何をどう言っていたか私はまったく知らないが、「ヘイ・ジュード」に関して言えば、うっかりすればもはやサブリミナルとは言えないくらい逸脱してはっきりしたドラッグへの駆り立てであった。

このビートルズ（および背後のユダヤ人たち）の仕掛けぶりは、のちにメディアとサブリミナルなセクシーメッセージとの関係を研究した学者によって、成功の代表例として紹介されることになったくらいなのだ――『メディア・セックス』ウイルソン・ブライアン・キイ著。

つまり、ビートルズは麻薬支援の政治的メッセージだったのである。

「偽善からの旅立ち」の偽善

ビートルズの場合、しばしば権威への反抗を促すようでいて、それはまったくの偽の外皮であった。一見、理解を示して人を引き付け、それをすべてドラッグへの耽溺に収斂させるようにメッセージがまとめて送り込まれている。

ドラッグでなければ、ユダになること、すなわち積極的逃避（裏切り）である。当時、日本はほとんど英米のドラッグは入ってきておらず、若者たちはビートルズの真のメッセージにとってはほんの入り口に過ぎないところの、偽善を排せ、形の中には真実はない（たとえばつまりは家族の中にもない）というあたりだけを甘ちゃんの反体制的言語として受け取ったのであった。そして、日本の政治運動の内部に単純な甘ちゃん思想やそれに直結する単純な暴力主義を拡大させていくのに大いに貢献（？）した（と私は考えている）。

かくてビートルズにおいては、社会や家族制度への批判（？）は、一人ひとりが（ドラッグでもやって）自分自身に戻ることによってすべて解決できるよ、というように収斂させられる。制度については、すべて制度そのものがむなしいものなのさ、との愚弄もなされる。だからジョージ・ハリスンはこう歌う。

「ぼくらみんなの間には距離があって／人々はイリュージョンの壁の背後に／自分たちの姿を隠している」

これは、飢えて路頭にまよっている子どもたちに対して、「この現実はひどい。お菓子と温かい食事をあげるから、一緒に泥棒になろう」と誘いかける、泥棒からの最初のメッセージなのだ。

この見せかけの「偽善」の存在、その偽善の中にいたたまれない私たち、だから本当の世界へ旅立とうよ、というのがビートルズが提出した（漠然としてはいるが）全体的メッセージだと一般的に言われている（ようだ）。そしてこのメッセージは、後述のサイモン&ガーファンクルおよびそれ以降の音楽シーンの中心となっていく。

「偽善からの旅立ち」、そこには一見何も問題はないように思われる。しかし問題がある。たとえば、もしもあなたが単婚小家族制の支持者だったら大問題だ。ほとんどの歌の歌詞が、親子兄弟関係の（若者が生きてきたこれまでの）「偽善」を攻撃しているからだ。もちろん、象徴的ではあるが、他のことに比べればきわめてはっきりとである。

これは家族の強化ではなく、家族の崩壊の方向を積極的に指示している。

ビートルズ登場以前に社会運動にかかわっていた私の立場から言えば、ビートルズはすべての問題の正面からの逃亡あるいは逃避を呼びかけたことがはっきりと見える。

で、我々が負けて、そちらのほうが勝った。明確な体制変革を呼びかけた私たちは負けた。それは間違ない。ましてや、私などは以前から体制変革運動自体に変革の必要があると考えていたのだから勝てる要素はなかった。しかし、これは勝ったほうが偉い、負けたら全部駄目だったというようなことなのだろうか。

イギリスはリバプールだかマンチェスターだかの田舎町の音楽少年グループにこんな大それたことができたものだろうか。そんなことはありえない。

四人は明らかに操り人形であり、早めの解散も最初から予定されていたに違いない。なぜなら、いかに実態が操り人形であっても、ビートルズとして売り出されればアーティスト本人も相対的に力を持つからだ。いちばん、反抗的（懐疑的？）だったジョン・レノンなどは「哲学者」にまで格上げされる。

だから早めの解散すなわち、操り人形が自覚していくプロセスの切断は絶対に必要なのだった。

なにしろ内部にいる人間は、いかにもとが田舎の甘チャン坊やであっても少しは自覚したり、作戦の実態についてのインサイダー情報を持つことになる。それがたいした存在と思われていない者ならかまわないが、ひょっとして「哲学者」に昇格した男が具体的に何かを語ろうとしたらどうなるのか。そのため、狂った一ファンが「仕込まれ」て、「哲学者」アーティストを撃ったとしても、この世紀の大プロジェクトにとって汚点でもなんでもない。なぜなら汚点というのは、全体が白いところに付着するしみのことだからだ。もしも全体が汚点だらけで汚れ切っていたら、しみがもう一つ二つ増えてももはや汚点とは言わないからである。

本書で先に米大統領ケネディ暗殺のことを述べた。ケネディはビートルズが売り出してくる一九六三年に、「やりすぎて突出した」ため、昔の同志たちから暗殺された男だった。ジョン・レノンもそうだったかもしれない。殺され方もよく似ている。直接にはまるで関係がなかった人物が突然暗殺の引き金を引くのである。そして、その男が撃ったか撃たないかを別にして、真の犯人はどこかにいると思われるのである。

誰が本物の創出者か

では、残る問題は、いったい、ビートルズブームの本物の創出者とは誰かということだ。この「誰か」は、キリストを裏切ったユダを再評価し、西洋キリスト教社会が作り出した単婚小家族制を明らかに馬鹿にするメッセージを送っている。

当時、大家族制を一生懸命宣伝していたのは、イスラエルのユダヤ人である。音楽産業も当時からユダヤ人の拠点だった。「すべては見せかけ、本当のものはその次元にはない」というのは現代フランスのはやりのユダヤ人哲学者デリダの口調にそっくりだ。ビートルズによって骨抜きにされたと言える「敗れた」側の社会運動の波は、そこで敗れなければほとんど間違いなく中東問題に向かうところだった。つまり、イスラエル建国を批判し、攻撃を開始しかけていたのだ。実はその運動の中核にはエリート・ユダヤ人の子弟（つまり資金資本家の子弟）も多数入っていた。二一世紀に入って、いまやユダヤ資金資本による世界支配の次期の切り札になった感のあるヒラリー・クリントン（旧ヒラリー・ロダム）もまた、大学生時代の一時期、断固たる左派学生運動家だった。

権力を持つ誰かにとって、ユダヤ人の若者のこういう（反イスラエル、反ユダヤ系資金資本に向かうだろう）偏向は大変に危険なことだった。しかもそれは決して個別の問題ではなく、世界の若者たち全体の大潮流になろうとしていたのだ。それは看過できなかった。だがその時期に、まるで迎撃するかのようにビートルズのマインドコントロールの運動が成功し、ヒラリー・ロダム・クリントンは新しい左翼であることを捨てて、いまや反シオニストの強力な敵に成長して二一世紀を迎えているというわけだ。

ということは、このビートルズ・プロジェクトの商売としての成功および神話としての成功もまた、単純にカザール・アシュケナージ・ユダヤ人が仕掛けたものなのだろうか。

そう単純ではないのだが、ここでは結論は出さない。誰か暇で知性と関心のある人がしっかり調べてほしい。

だが、私の「推論」を述べておこう。権力派のカザール・アシュケナージ・ユダヤ人は、あの時期、イスラエルを巡る状況が危機的なほど厳しく、一九六三年に暗殺せねばならなかったケネディの「反乱」もあったし、焦っていた。その中で、自分たちの子弟をも含めた全世界の若者たちの反体制運動は大脅威だった。ユダヤ人たちの中でも、（最初から多数存在することは存在した）反イスラエル建国派が力をつけようとしていたからである。だからケネディの反乱は「暗殺」という強硬手段まで用いねばならなかった。そういう苦慮すべき状況の中、若者たちに自分たちにとって都合のよいメッセージを送り、うまくマインドコントロールも仕掛けられる「弾」が見つかった。それがビートルズである。

たぶん、ほかにも探していただろうが、ビートルズになった。マインドコントロールというか、思想運動の方法はすでに研究されていた。メディアを通じて、神話ないしフォークロアを作り出すのが基軸である。実はその方法は、ジョン・ケネディが大統領になるときにすでに用いられている。そのとき、それを行なった連中が今度は「ビートルズ売り出し運動」に協力して、ここに述べたような売り出しが行なわれた。

だからもちろん、ジョン・レノンには顔つき以外に哲学などはなかったが、最後に何か「真の主人」に具合の悪い反抗をして暗殺されたのだろう。同じジョンの名前を持つケネディ殺しと同じ犯行主体によってである。

嘘に架ける橋――サイモン&ガーファンクル

「明日に架ける橋」と訳されるサイモン&ガーファンクルの〝名曲〟「ブリッジ・オーバー・トラブルド・ウオーター」は、一九六九年に発表されてシングルレコードとして五〇〇万枚売れ、アルバムとしては四〇〇万枚以上売れた。ビートルズの「サージェント・ペッパーズ」にわずかに及ばないが、ビートルズに劣らず音楽の世界を席捲した。

「ブリッジ」はレコード業界のオスカーに相当するグラミー賞を五部門にわたって受賞した。これはロックではなくフォークソングだった。フォークソングという分野はすぐに明確な反戦（反ベトナム戦争）主義者ジョーン・バエズを生むように、反体制の匂いをビートルズより強く持つものだったし、この歌もときにはそのように取り扱われている。少なくとも現実肯定ではないということでは、確かにそうだった。

だが、その陰には露骨な「嘘」が含まれていた。「陰で露骨」とはまことに妙な表現だろうが、実際、馬鹿にはわからなければそれでいいさと言っているほど露骨だった。音楽評論家は一味だったり買収されたりした。調べてみればわかる。反戦フォークの女王、ジョーン・バエズに対し「きんきん声だ」とかケチをつけ、バエズ来日に際して「日本の森山良子のほうがうまい」とか言った連中は、いずれも「明日に架ける橋」の先棒担ぎだったはずだ。

作曲者サイモンは、この曲について、「安らぎを感じさせるものを作りたかった。暖かみがあり、人をリラックスさせるものを。ぼくの音楽はトップ10に入るようなものとはいつもどこか違っている」（『ジャズ・アンド・ポップ・マガジン』）と語っている。しかし、それは嘘だ。トップ10の歴史的リーダーはビートルズであった。そのビートルズとサイモンの音楽が関係がないとは言わせない。手法がそっくりだからだ。

日本人評論家、ミュージックシーン関係者も、この一種の運動に「買収」されていたと言える。なぜなら、日本語の曲名自体が恐るべき微妙な（つまりまたも露骨な）言い換えであるからだ。「ブリッジ・オーバー・トラブルド・ウオーター」とは「トラブルド・ウオーター」の上に架ける、あるいは架かった橋である。「トラブルド・ウオーター」とは、海なら荒れる海、川なら逆巻くあるいは渦巻く波のある川のことである。どこにも「明日」なんか歌われていない。もしも歌われているものがあるとするなら、逆巻く水の上を越えて出帆して得られたやすらぎの世界のことである。こうだ。訳は私である。疑問があれば、どこでも手に入る原詞を見てもらいたい。

「きみが打ちひしがれているとき／きみがあてもなく通りをさまよっているとき／すっかり暗くなってしまった夕闇には／僕が君をなぐさめてあげよう／僕が君の身代わりになってあげよう／暗い闇が訪れて／まわりには苦しみばかりになったとき／逆巻く水の上に架かる橋のように／ぼくがこの身を投げ出してあげよう（繰り返し）」〔ポール・サイモン作詞（の一部）〕。

とても美しくてやさしい。メロディーのほうもビートは弱く、激しいダンスはできない。冒頭に、教会音楽風の弱いピアノが流されるくらいだ。

この詞からすぐにわかるように、橋は逆巻く水の上に架かっている。ではその橋は、渡れば明日につながる橋なのか。別にそういうわけではない。橋はただの橋、人が逆巻く水に巻き込まれないよう、ようやく何かを避けている場所に過ぎなくて、それも誰かが身を投げかけてかろうじてできているだけの橋なのだった。だから、いつまでもそこ（橋の上）にはいられない。俗な表現で申し訳ないが、橋は「ちょっとだけヨの緊急避難」場所だった。

では橋に避難してからどうするのか。明日はどこからやってくるのか。これから紹介するのがそのメッセージである。そんな歌詞はお前よりよく知っている、と言わないでいただきたい。サイモンたちの「露骨な陰の」メッセージはあなたの頭を通り抜けて体に浸透したはずだからだ。

先にあげた歌詞が終わると、曲調全体は相変わらずソフトなままなのだが、よく計算された恐るべき転換が行なわれる。ビートも入ってくる。エコーのかかったドラムが聴き手の心を奪う。それまでに、「そうだ、そのとおりだ、俺たちは偽善の世界で苦しんで涙がいっぱいだ」と説得されていた聴き手は、もうたまらない状態に持ち込まれるのだ。ビートルズもよく裏声を出して曲調を転換させるが、この場合のほうが見事な効果だと私は思う。それは野球の投手が球速の遅いカーブを投げ、次の速球をことさらに速く見せるのに似ている。

それでは、一気に解放へ、そして明日へと誘うものは何か。

いま述べたように、橋は渡らない。言うまでもなく、「明日に架ける橋」は意図的な誤訳なのである。サイモン&ガーファンクルは次のように歌う。もちろん、音は解放に向かって開放的になる。曰く、「銀色の少女よ　さあ船出のときが来た／いまこそ船出のときだ／君の時代は輝き始めている／君の夢はすべてそこに辿りつく／ごらん、その輝きを／もし君が仲間を必要とするなら／僕が君のあとから行くさ／逆巻く水の上に架かる橋のように／僕が君を楽にしてあげよう（繰り返し）」

ということなのだ。国語の問題のようだが、橋は橋であることをやめて、一緒に航海に来てくれると言っている。コンサートでは、この部分で聴衆がみな感動し、涙さえ流して熱狂した。つまり「明日に架ける橋」は内容的には「明日に向けての船出」だったのだ。まるで演歌だ。三沢あけみに「明日はお立ちか」とかいう歌があるではないか。まったく同じものだ。

では、この銀色の少女とはいったい何者か。突然登場して、誰にでもわかっているという扱いではないか。そうだ、だから「露骨なサブリミナル」だというのだ。

銀色の少女は、先にも述べたとおり、ヘロインの注射器である。「出帆」「船出」という表現は、旅立ち、トリップする、トリップに出るというのと同じドラッグの用語である。最も簡単には「飛ぶ」というのと同じだ。トリップは一人でやると、突然、恐怖を覚えるような異様な孤独感に襲われることがある。背筋の寒さをも感じて、これをクールな感じといった。

だから、ドラッグには仲間がほしいものなのだが、ここでは逆巻く水の上に架かった橋がその体を人間に戻して仲間になってくれると言う。うれしいではないか、親切ではないか。若者は喜ぶではないか。かくて、逆巻く水の本体である社会や家族の偽善は銀色の少女（シルバー・ガール）による船出によって乗り越えられる。そして若者は向こう岸へと到達できる。もしそこが本当に明日であれば、若者は明日を迎えるのである。

だが私の考えでは、そこは本当の明日ではない。すべての問題をごまかして逃避した世界でしかないのだから。

当時から私は、「橋が友だちになってくれる？　ンなわきゃないだろ」と思ったものだが、ビートルズにだってまったく抵抗できなかったのに、もっとソフトでもっと計画的だったサイモン&ガーファンクル様にはまるで手も足も出せなかった。かつて潔く負けを認めた私は、いま、「明日に架ける橋」を舌のリハビリ用に使って、なぜ抵抗できなかったかを自分なりに研究している。

音楽まで政治に動員して、なおかつそれ自体でも商売をする。この仕掛け人たちはあざとくもあるし、優秀である。非常に優秀なパンツの「はき手」である。

しかし、そういう優秀な技が、蕩尽できない過剰を溜め込みつつある地球に通用するのであろうか。貨幣を筆頭に行き詰まりつつあるパンツに解決の道を示したりできるのだろうか。

第六章　結論　ヒトはどうすれば生きていけるか、あるいは生きていく価値があるのか

ここまでに述べてきたような厳しいパンツという制約のなかで、今後、ヒトは生きていけるのだろうか。生きていけたとしても意味のない生を生きるしかないのだろうか。

いや、ヒトが生き続けていく道はあることはある。ただそれは大変難しい道だ。

深く考えるまでもなく、今日の地球の危機（自然的にも社会状況的にも）は間違いなく我々ヒトが作り出した。その責任を考えることもなく、ただ自分の都合で生き延びようとするのでは意味がないし、それでは他のヒトあるいは他の動植物の生命を傷つけるだけの自分勝手な存続になるだけだろう。そしてまた簡単に次の袋小路に入り込んでしまうだろう。

なにしろヒトは自らの進化の過程にも足を踏み込んだうえ、他の生物の進化にも介入した。いちばんいけなかったことは、その行為に対し、まったくと言ってよいほど無自覚だったことだ。地球の自然環境のリサイクルにも平気で介入し、その結果、うっかりすると自分たちの土俵である地球全体を破壊しかねないところにまでやってきた。そしてようやく、「このままでは生きていけないかな」という疑問を持つ程度のところまできた。なんと、それすらも気づいていない人たちだとて山のようにいるのが現状である。反省が生まれるのは当然のことだ。だが、そういう反省もまだまだ身勝手な範

囲にとどまっている。

たとえて言うなら、親のすねをかじって、他人に犯罪的な迷惑をかけて生きてきたところ、その親がかじられたすねのせいで死にそうになったとする。それではもうこれから勝手ができなくなるから、もう少し生きていてほしい、もっとかじりたいというのでは本来の意味の危機感などではないではないか。そういう疑問は、「このままやっていければそれに越したことはない」という程度の「哲学」に基づいている。そんなことなら、ヒトは絶滅したほうが地球にとってよいことだろう。

そのヒトが神によって選ばれた存在だとかいうのはまったく根拠がありえないことだ。勝手な思い上がりである。もちろん、その中のある民族だけが神に選ばれたということもありえない。

控えめに見積もっても一〇億人くらいはゆったりと共存していけるはずの地球で、ごく一部の集団だけが生きる権利を持ち、豊かな土地を与えられたということがありえるわけはない。そういう考えを選民意識というが、その集団が生きていくのが苦しいとき、みんなでがんばろうと励ましあうためには確かに意味があった。しかし、それも内部的に見ればという限定つきの話である。

選民意識は、内部の結束を高めること以外には、他者を差別し攻撃するためにだけ役立った。そして実際には、その機能が逆に内部結束を高め、他者攻撃の意識を増大させ、危機脱出の力となった。

ユダヤ教からキリスト教に受け継がれたこの考えは、救世主を待ち望むメシアニズムと結びついていた。かくてメシアニズムは差別と選別と攻撃（と遠征）を生んだのだった。メシアニズムの起源は、ミトラ信仰に悪神の観念と、その悪神との戦いの観念を持ち込んだ、ゾロアスターまで遡れるとも言えるが、ユダヤ教とキリスト教がそれを最も強く体現したと言える。「右の頰を打たれれば左の頰をも差し出しなさい」というイエスの教えは、『新約聖書』を編纂した弟子たちによって改ざんされ、他人どころか同じキリスト教徒でも少し教義解釈の違う「異端派」なら集団的に虐殺していくという攻撃性を持って実質化されたのである。

実際、ゲルマン人の政治的統一は、フランク族の王クローヴィスがアタナシウス派キリスト教に改宗したことから実現された。クローヴィスは、ゲルマン人に多かった（ゲルマン人の宗教と呼ばれた）アリウス派キリスト教徒たちを攻め滅ぼしていった。ヨーロッパに連綿として残っていくことになる「異端狩り」や「魔女狩り」や異常な「猫狩り」の暗い伝統はこのことに始まる。

そうした他者攻撃に繋がる救済思想こそ、これからのヒトがまず真っ先に廃さなければならないものだ。

キリスト教と共産主義を含む、そういうメシアニズムは、必ずヒトの生命が殺戮される危機を生んできた。要するに、選民意識とメシアニズムは、混乱と戦いと差別を生むところの思想構造を基盤として持っている。その二〇世紀的な帰結のひとつが、その名前自体に「神に選ばれた」という意味を持つイスラエルの建国であった。これは、当然ながら、対立と殺戮を生む新たな震源となっている。しかも、どう考えても神に選ばれたというアブラハムの子孫ではない勢力がこれを仕切っているのも奇妙なことだ。鈍感な他の人類に比べて、救済思想は暴力と戦争の合理化を生むという真実を、彼らは一歩先に知ってあたかも利用しているかのようである。確かに彼らはある意味では「勝ち組」であり、知識を持つという点ではぬきんでて優れているように見えるが、最終的には（それも近いうちに）彼ら自身の住む地球を（物的にかつ精神的に）破壊してしまうだろう。戦争と対立を恒常的に生み出すことによってのみ生きられる貨幣が、資金資本としてぴったり背後についているのだから当然の結果である。

それは、人種的には彼らの仲間であった、経済人類学者のカール・ポランニーや科学哲学者アーサー・ケストラーや物理学者エドワード・テラーたちが強い疑問や反対を表明し、彼らが一様に「共生と融和」を訴えたことなど、どこかへ吹き飛んでしまうものなのだろう。

非メシアニズムの戦闘へ

そういうヒトの現状を考えるとき、別の新たなメシアニズム的な思想を持ってきて解決を図るのはとんでもなく無意味な集団死への道である。

生きるための哲学は、過去の敵であっても徹底的に平和的に共存する道を探ることのなかにしかない。過去のメシアニズムは具体的には「敵の発見」と「戦闘の意義の称揚」に繋がった。ヒトの攻撃と殺戮と破壊への快感がこれに伴った。

それは間違っている。しかしそれに対して、いくら理想的に正しくても、戦いのない平和主義だけでは絶対に理想が貫徹されることはない。我々は、真実の敵に対してだけは断固として戦わねばならない。ときには相手の殲滅もやむなしとせねばならない。それがなければ、愛も病み衰えてしまうからだ。もちろん、最終的には戦いのない平和主義が実現することがあるだろうが、それは我々が正しく進化に介入できた遠い遠い先の日のことである。

ヒトは、環境という意味でなら、すでに地球の決定的な破壊を行ないつつある。根本的に反省して、地球にとってあるいは宇宙にとって、少しでも生きていく価値のある存在になってこそ、ヒトはみずからの生きる道を探る資格がある。要するに我々は「パンツをはいたという原罪」を根本から反省しつつ生きる道を探らねばならないのである。

そして、生き延びた結果においては、地球の環境のみならず他の生物と共存することが必要だ。我々は、類人猿であったころから、生きるために他の生物（動植物）の生命を（たとえ最小限であっても）犠牲にしてきた。そうするしかなかったし、動物は大なり小なりみなそうである。

将来のヒトは（いやいまからでも）他の生命の犠牲を最小限のものにするよう努力しなければならない。ヒトの体内にある欲望は、決意や掛け声だけではなくならないが、つましく最小限にすることはできる。乱獲、乱伐はもとより食欲のために他の生命を「養殖」したり「移植」したりすることも慎まなければならない。ただし、そうしたことどもは、すでに「産業」としてヒトの社会に組み込まれている。ただやめようと決意するだけでやめることなどできない。そこにはまた、別の意味での戦いが必要とされる。ヒトは、いったん作り出した制度を廃するのにも（広い意味だが）暴力を用いてきた。暴力を用いずに制度から脱する手段など持っていないのだ。

だから、こういうことは実際には非常に難しい、叡智と勇気を必要とすることである。それでも近い将来のいつの日か、たとえば産業の構造は変えねばならない。そのほとんどはパンツを脱ぐという行為のほんの手始めに属するものだからだ。

あるいは、集団的な狩猟や、意味のない見せびらかしのための建設も慎むことができるだろうか。古代エジプト人の大ピラミッド建設以来、巨大建築は過剰–蕩尽の大きな手段だった。そして文明の起源とすら思える役割を果たした。それなのに、そうした行為を慎むことなどできるのだろうか。

自分たちを生んだ地球やひいては宇宙に反逆し、破壊を仕掛けずに自制して生きていけるだろうか。他の種の生命にも、あるいは鉱物のような非生命にも、尊敬と愛情を持って生きていけるだろうか。

ヒトの中の弱者に対しても愛情と尊敬を持って生きる道が持てるだろうか。難しい。だが、なんとしてでもそうすべきである。

それができて初めて、ヒトが地球において生き延びる意味が生まれる。そうでなければ、ヒトには簡単に自分たちの惨状の救い主（メシア）を求める資格などはない。だが、大変難しいことだが、仮にそういう意味が持てるようになったとして、どうすればよいかを探るためには、まず我々が（ヒトになって以降）生きてきた事実を反省し、歴史を持って以降の事実に対しさらに大きな反省をすることから始まる。そこから多くのものが生まれるのだ。

新たなる方向

1、ヒトは進化のプロセスにおいて「パンツ」をはくことを選び取った。そして同時にそれなしには生きていけない生命の形をも選び取った。

数百万年浅い海で生きたため、体毛を失い直立して、歩行（走行）速度の大変な退化と高血圧を生む心臓への大きな負担を得た。自由になった上肢を道具使用のために使うことはできるようになったが、木から木へと「腕渡り」をしていたときの腕力（筋力）は失われた。したがって、道具を使えるようになったといっても、かつての仲間であった類人猿と陸上であいまみえたとき（戦闘には）身体的に大変に不利であった。そこで道具と組織行動をもって対抗した。本当のところでは、「対抗」という言葉では済まされないほどの殺戮と襲撃を行なった。

2、それが大規模であり、組織的で効率的であればあるほどヒトは生き残れた。

3、組織的、効率的であるために、「快感」がセットされた。攻撃、戦闘、殺戮の快感である。
4、この快感が、建設、拡大の快感の起源である。
5、攻撃されたのは、仲間の類人猿や他の動物たちであった。しかし、ひょっとしたら仲間のヒトであったかもしれない。
6、ヒトがアフリカ大地溝帯北部で類人猿や他の動物と出会ったのは、ダナキル地塁からの南下遠征の途中（初期）であった。その遠征は、新たに生きる地を見つけねばならぬ行動であったが、ヒトはその時期なりの「救世主」を必要としていた。
7、身体の不能を補う「道具」と言語から始まり、民族、宗教、国家という「制度」はみな、ヒトが生きるための「パンツ」であった。組織、攻撃、拡大、建設を快感とすることも同じである。それを統合するのが、救済思想だった。歴史を動かしてきた最終の力は、生産構造や資本や宗教ではなく、これである。
8、だが、市場社会という大制度を選び取ったことから、最終的には貨幣がその最上位にきてすべてを支配することになった。
9、貨幣はしだいにその力を増しただけでなく、ついには自らが生き延びるためには自己増殖が必要だという段階に入っている。冷戦終結以降の世界は明らかにそういう状態である。
10、しかし、鈍感な我々が気づいていなかっただけで、敏感な者は早くから気づきそれを悪用すらしていた可能性があるが、一八世紀後半以降の世界はすでにそういうことになっていた可能性（危険性？）がある。
11、そのことにいち早く気づいた者たちが今日のグローバルな資金資本家の基礎を作った。少なくとも、一八世紀後半以降の戦争や革命の（双方の）背後には資金資本があった。世界史の陰謀説の多くは、このことを側面的に主張しているものだ。

12、マルクス主義、レーニン主義は、この歴史の事実からむしろ目をそらさせる役を果たした。世界経済の具体的状況を理解せず、労働者が権力を取ればすべては変わるという「安易」なメシアニズムに人々を導いた。しかし、マルクスの時代においてさえ、国家経済内部の資本家はすでにとうの昔に見せかけの権力になっていたのだった。産業や生産から切断され、国民経済の枠から外れ、ときには金融からすら乖離した資金資本すなわち貨幣が実際の世界の権力者だったのだ。

13、マルクスはともかくレーニンは、資金資本の役割や行動を十分理解していた。そのうえで、あえて「金融資本」と「帝国主義」という無効に近い概念を提出して真実から目をそらさせた可能性がある。ただし、帝国主義は当時の世界を説明するには便利な概念だった。問題は、そのエネルギー源である金融資本の概念である。レーニンは、マルクスの生産構造基本説を実質上無視しながら、正面からは批判しなかった。

14、人類社会の現状を根本的に改革せねば、ヒトは生き延びられないであろう。もし我々が完全に貨幣に対し白旗を上げて屈服しても駄目だ。貨幣自身ももはや生き延びられるかどうか厳しい状態に入ってしまったからである。

15、こういう状態の中でヒト（人類）が生き延びうる道を探すなら、「パンツ」を脱ぐことしかない。だが、身体にすでに組み込まれた「パンツ」は、決意や哲学で捨てられるようなものではない。だから、それを無視するということではすみはしない。たとえば、食べることへの欲望や、性の快感や、遠征、攻撃・殺戮の快感を、ヒトは決意だけで捨てられない。だから本当にそうしたければ新た作戦が必要である。それは何か。
16、そもそもヒトは他の生物（植物、動物）の命を奪うことなく生きることはできない。それらを意識して最小限にするにしても、欲望がたまりにたまって「過剰」になることを避けることはできない。ならば、それをある地点までは（ヒトが自らの身体の進化に積極的かつ有効に介入できるようになるまでは）逆手にとって生かすことである。
17、まずは、生きるために最小限の攻撃や建設を峻別して維持する。つましく安穏な生活を選び取ることが必要だ。ヒトは自らつましく自制心を持ち、他の生命を愛し、共存して生活することを決意し、断行せねばならない。
18、そのうえで貨幣の過剰な攻撃を廃するためにだけは、攻撃性、建設性を許すことにする。そのためにだけは発揮してよいこととする。ヒトの生命を無意味に（と言っても、貨幣のためには意味があるのだが）散らしつつ地球上いずくにも「遠征」する貨幣の個々の道を塞ぎ、抵抗し、非協力を貫き、最後には自分自身（貨幣それ自体）の存在こそ過剰の極致だと理解させ雲散霧消せねばならない。これは厳しい戦いである。
19、このことのためにだけ、ヒトは組織を作り、行動隊を作ることが許されるだろう。ただし、このとき、素直にして強靭な知性が絶対に必要である。何が真の敵かは真剣にかつ科学的に検討されねばならないし、資金資本家のグループとその仲間の学者に支配されるようではいけない。これも大変難しいことである。
20、言うまでもなく、『パンツをはいたサル』で述べた暗黙知、あるいは内知は「パンツ」ではない。それはヒトがヒトになる前から存在しているものである。だからそれはヒトが生きる道を探す資格を得れば、頼りにできるものだ。そのひとつがたとえば、自然や動物と言葉を使わずに交流できる感覚である。自然の声を聴くということでもある。動物たちはヒトよりはるかに大きくそれを持っている。かなりの個体差があるが、明らかにその力を保てているヒトがいる。個人の能力は、暗黙知、または内知を「磨く」ことによって発展させられると言ってもよい。これは諸存在の共存を助ける能力だ。もしもそれを生かす社会制度ができるなら、それは「パンツ」をかなり脱却できたものだといえるだろう。新たなあるべき社会制度についての議論はまだ早い。だが教育も、ヒトの暗黙知を意識的に発達させるものに変えられうる。

21、いずれも具体論はまだまだ先の課題だ。ただ言えることは、ヒトの個体が必ずある程度持っている「自然の声を聴く」能力を大切にしなければならず、集団においてもそれが生きる指針となるように変革していく必要があるということである。

さて我々ヒトははたして、生きていけるだろうか。あるいは、生きていく価値を自分たちに見出せるのだろうか。

あとがき

本書はもう二十年以上前に提起した『パンツをはいたサル』の過剰─蕩尽理論の完結篇である。

取り上げている問題は旧来の学問領域から言えば、進化論、国家論、宗教論、民族論、経済（貨幣）論、西欧文化論、中東史、国際関係論などになるだろうが、そもそものところ、そういう分類がもはや無意味になってきていると思えるくらい、各種の問題が根本で繋がっていると私は主張している。つまり、ヒトが浅い海で特殊な進化を開始したことが、現代の環境問題や株式市場での問題にも繋がっていると言っているのだ。宗教の現在もそうである。革命の思想や運動の行き詰まりも同じことである。

すべてがみな行き詰まっているわけだが、その根本の原因は一つである。

だから、結局のところ、本書で私が論じたことをまとめれば、「いま我々ヒトはどこにいるのか」、「どうすれば我々ヒトは意味をもって生きていけるのか」ということになる。

もちろん、それは大変な難問だ。そうそう簡単に解決策が見つかるようなものではない。

むしろ、考えれば考えるほど絶望的になるくらいのものだった。

だが、私は結論としては絶望することを説得したいのではない。むしろ、深い絶望的状況を本気で確認すればするほど逆に希望が生まれうると言いたかったのだ。

希望というものは安易に持てばヒトという舟をすぐに座礁させ、絶望に導く。逆に、安易な楽観を捨てて本当に深く絶望すれば、ヒトという舟は暗闇のなかの明かりを見出すかもしれない。たとえば、誰かがすべての問題を一気に解決してくれるだろうという安易な期待がメシアニズム（救済思想）を生んだ。世界宗教となったメシアニズムが、今日の地球上の問題のすべてを生んだということさえできる。二〇世紀の多くの大きな問題を生んだマルクス主義もメシアニズムの一種である。

しかし、そういうメシアニズムからは何の解決策も生まれない。我々が地球上でぶつかっている問題はすべて進化のなかで我々が抱えた「パンツに拠って生きる」という方法が行き詰まっていることから生じているからだ。

環境問題も、テレビ局やゴルフ場や主要な土地や銀行が、あるいは政党や大学までもどこかの金で買われるかもしれないということもみな同じである。

学問の世界で言えば、学会や有力学説などは簡単に貨幣で支配できる。評論などはそれよりもっと簡単な買収対象かもしれない。

簡単といっても、たとえばあなたや私がやろうとしても、それは無理である。必要なのは、人生の二回や三回すべてを賭けても作れるような金ではない。それは本当は、某メディア企業の買収に乗り出した若手経営者や、途中で登場した中年の若手資金資本家でも同じである。彼らもある役割を引き受けて、あるいは自ら売り込んで買って出て、舞台で演じる演技力を買ったのである。その「騒ぎ」は、ちょうど本書の校正が最終段階に入っていたころ生じた。「騒ぎ」全体は、本書で論じた資金資本の動きとして普通のことだから、私は特に関心を払わなかった。それはいずれにしても、今後しばらく繰り返されることに決まっていたからだ。

実際、某放送局を乗っ取るとか乗っ取らないとかいう話はほんの端緒に過ぎないと思う。けれども、私がちょっと関心を持ったことがあった。「騒ぎ」の最初のころ、その若手経営者が「私がやらなくても誰かがやるわけだし、(日本の企業は)防御が甘すぎる」と言ったのを聞いたからだ。これはまことに事態の核心を衝いている、と思った。少なくとも小泉純一郎よりは自分のしていることを客観的に理解する能力を持っているようだった。

これは人物論としては重要なことだが、本書で取り扱う範疇からはみ出しているので書かなかった。いっぽう、その経営者氏よりはるかに自分のしていることに無自覚なのが、時の内閣総理大臣・小泉純一郎であった。その人物論は、宰相という立場の人間の人物論だから、社会的には多少の意味があると思って書いたことは書いたのだが、人物がつまらないので、何をどう書いてもつまらなかったので削除してしまった。

彼が二〇世紀末からの行動(運動)で身を売って引き受けた役割というのが、日本を国際資金資本が乗り込める舞台にすべく大整理(大掃除)するというものだったと思える。だから郵政民営化などは、うまくいけばそれに続いてくるだろうはずの日本銀行の民営化あるいは国際化とかの方策の序曲にすぎないものだと予測できる。そうした問題は、アメリカを舞台にする資金資本が一九八〇年代に日本経済の買収を不可欠の問題にしたときから決まっていた。八〇年代前半の日本経済は、彼らの主「舞台」としてのアメリカを壊しかねなかったからだ。

それらは、単純な陰謀史観からではなく、530万年前の進化の発端以来とは言わないまでも、一〇〇〇年ぐらいのスパンで歴史を考察すると理解することができる。

先の若手経営者の動きも小泉の動きも、しばらく続くだろう国際資金資本の狙いと連動しているのだ。

小泉については、軽くだがヒトラー化の試みもされたようだ。そして彼はその試験で不合格になった。意外かもしれないが、ヒトラーを大衆の人気者にしたことと、ビートルズを大衆のヒーローにしたことが同じ根を持つことも論じている。考えていただきたい。大衆の気分も買えるし、テレビ局全体だって買えるくらいだから、テレビで一定の気分を意図的に大衆に売り込むことくらいいとも簡単なのだ。銀行もジャーナリズムも、ある連中にとっては簡単な支配対象となっている。

こうしたことに対して、当面、我々ができることといえば、「だまされないぞ」と心することくらいだろう。

もちろん、それだけでは何の解決にもなってはいかない。だが、まず安易な考えを捨てねばならない。そしてまたも安易なメシアニズムの虜になってはいけない。そうしたことを断固として拒否するところから初めて前進が始まるのである。

何百億、何千億円の単位でゲーム的にものを考えている人と、一〇万円のために死の淵に立つ人が同時に存在することの不条理さを決して忘れてはならない。それは不条理である。たとえばそういう親の子どもだったらどうだろう。世界はまるで違うものになるではないか。

そうした不条理をなくすべき闘いは、ただ単に経済的なものではない。ヒトが生きていくために頼っている「パンツ」を脱ぎ捨てる闘いにならなければならないのだ。その戦いの方向についても結論部で少しは述べた。だが、何よりもまず、現状を本気で深く認識し、格好はよくないかもしれないが一歩一歩の歩みを進めていかなければならない。

これが私が本書を『パンツをはいたサル』完結篇として書いた目的である。

栗本《くりもと》　慎一郎《しんいちろう》
一九四一年（昭和十六年）十一月、東京生まれ。慶應義塾大学大学院経済学研究科博士課程修了。天理大学専任講師、奈良県立短期大学（現奈良県立商科大学）助教授、ノースウエスタン大学客員教授を経て明治大学法学部教授。一九九九年脳梗塞に倒れるも、衆議院議員（二期）、経済企画政務次官、帝京大学法学部教授を経て現在、東京農業大学教授。
著書
『経済人類学』（東洋経済新報社）、『幻想としての経済』（青土社）、『光の都市闇の都市』（青土社）、『パンツをはいたサル』（光文社）、『脳梗塞、糖尿病を救うミミズの酵素』（たちばな出版）、『〈新版〉パンツをはいたサル』（現代書館）など多数。

パンツを脱いだサル
——ヒトは、どうして生きていくのか

二〇〇五年四月二十日　第一版第一刷発行

著　者　栗本慎一郎
発行者　菊地泰博
発行所　株式会社現代書館
東京都千代田区飯田橋三—二—五
郵便番号　102-0072
電　話　03（3221）1321
F A X　03（3262）5906
振　替　00120-3-83725

組　版　コムツー
印刷所　平河工業社（本文）
東光印刷所（カバー）
製本所　矢嶋製本
装　丁　中山銀士

校正協力／岩田純子
 ISBN4-7684-6898-5
定価はカバーに表示してあります。乱丁・落丁本はおとりかえいたします。
http://www.gendaishokan.co.jp/